大华语与语文教育

〔新加坡〕周清海 著

创于1897 商务印书馆 The Commercial Press

图书在版编目(CIP)数据

大华语与语文教育/(新加坡)周清海著. —北京:
商务印书馆,2022
ISBN 978-7-100-21632-6

Ⅰ.①大… Ⅱ.①周… Ⅲ.①汉语—对外汉语教
学—教学研究 Ⅳ.①H195.3

中国版本图书馆CIP数据核字(2022)第164860号

大华语与语文教育
〔新加坡〕周清海 著

商 务 印 书 馆 出 版
(北京王府井大街36号 邮政编码100710)
商 务 印 书 馆 发 行
北京虎彩文化传播有限公司印刷
ISBN 978-7-100-21632-6

2022年10月第1版 开本880×1230 1/32
2022年10月北京第1次印刷 印张9½
定价:68.00元

序一
以国际视野、全球眼光思考华语与华语教学

陆俭明

今年8月10日我接到新加坡周清海教授的电邮，要我为他新编就的论文集《大华语与语文教育》写序，并将论文集书稿发送给了我。周教授是我十分崇敬的一位学者，而且已成为我的挚友，他要我为他的新著写序，我当然乐意，而且深感荣幸。

我与周教授相识始于1985年。是年8月13日至17日在北京香山饭店举行“第一届国际汉语教学讨论会”，我有幸应邀出席了这一届盛会。这次讨论会规模很大，有来自19个国家和地区的246位专家学者应邀与会，其中中国与会者133位，其他国家和地区与会的专家学者有113位。我与周清海教授的相识就在这次研讨会上。吕必松先生告诉我，周清海教授是新加坡唯一的一位汉语言文字学教授，而且是李光耀总理的汉语老师。会议期间，在我跟周教授的交谈中，深感他对语言非常敏感。他到会才两天，就敏锐地感觉到我们的普通话跟他们的新加坡华语在语法上有差异。他知道我主要从事现代汉语语法研究，所以就把他的想法直截了当地跟我说了，并说“不知到底有多大差异”。我说：“差异肯定有，至于有多

大，这恐怕得做些调查研究，调查了解新加坡华语的特点，并与我们的普通话做对比研究，才能知晓。”可能是这句话搁在周教授心里了，所以在他一手创建的南洋理工大学中华语言文化中心成立不久的 1994 年年底，周清海教授就向我发出正式邀请函，邀请我于 1995 年 2 月至 8 月作为客座教授到他们中心从事新加坡华语与现代汉语标准语的比较研究。我应邀如期前往访问了。在那半年的朝夕相处中，我深深感到他学识十分渊博。他有很好的小学功底，古代汉语、古文字研究造诣都很深，对现代华语语法、词汇也都有很深入的思考，而他在华语教学上有很丰富的经验。他为人正直、厚道，很懂得关心人。在这半年中我与周教授十分投缘，无论在学术观点上还是在人生志趣上，共同语言很多。而在后来的交往中，特别是通过共同参与编写《全球华语词典》和《全球华语大词典》，我与他进一步成为挚友，成为至交。

他是我的挚友，更是我所敬重的学者。我之所以敬重他，不是因为他是李光耀总理的汉语老师，而是因为他的为人、为学。特别是他为了华文教育事业的发展一再发声呼吁，亲力亲为，这更值得我敬重；周清海教授也因此赢得了海内外同道的敬重。

周清海教授是新加坡人，李光耀总理在世时对周教授曾做过这样的评价：“周清海教授是华语文教学的先驱。”这一评价可谓实至名归。他为新加坡的华语研究、双语教学和华文教学，提出了不少具有前瞻性、建设性的意见。但他并不只是站在新加坡的立场来考虑华语研究和华文教学问题，而是站在全球华人社会、站在华语走向世界的立场与视角来考虑的。因此，进入 21 世纪，他先后倡议并积极参与《全球华语词典》和《全球华语大词典》的编写工作；而此项工程完成后，又倡议并积极参与全球华语语法研究。

《大华语与语文教育》充分反映了周教授的语言观、华文教学观，书中对华语研究与华文教学提出了许多真知灼见。

书中如下论述反映了周教授的语言观和语言政策观：

★ 语言是最能动人感情的，但是处理语言问题时却是需要更多的理智，最不能动感情的。语言的选择与语言政策的决定，考虑的不纯粹是语言因素而已。语言的选择与语言政策的决定，政治上和经济上的考虑远远超过语言上的考虑。

★ 一个国家的语文政策或者语文教育，都是以该国家的利益为考量的重点；由多民族组成的国家，各民族的利益，无论是语言利益、文化利益，都得服从于国家利益。所以，语言或语言教育，不只是属于"人"（不同民族）的问题，更是属于"地"（国家）的问题。如何处理好"人"和"地"的关系，是目前东南亚地区华人语文教育所面对的两难问题。

★ 语言的学习都是有功利目的的。你把这个功利目的摆在"人"上，还是摆在"地"上，就出现不同的政策和不同的做法。

★ 语言的和谐与沟通，是非常重要的。目前，尽管现代汉语的输入局面逐渐转为向华语输出，但促进语言和谐与沟通仍旧是我们的主要任务。

★"忽略语言的工具性，无视社会发展的交际需要，就会转向狭隘的民族主义；而无视语言在民族团结和发展中的积极作用，就会加速母语的消亡。"我们既不希望成为"狭隘的民族主义"者，又想保留自己的语言文化，在这样的大环境下，民族语言的学习，应该从国家利益、学习者的能力来通盘考虑。

> ★ 语言出现变异是免不了的，因此在语言的应用与推广方面，规范是必须的。
>
> ★ 谈论规范，既要注意交流的需要，也要尊重各个区域相对的自主性。从交流的需要说，华语必须保留共同的核心。各华语区，如何在交流和自主之间保持平衡，是必须慎重考虑的。

周教授对新加坡的华语研究与华文教学，提出了许多建设性的意见与建议。请看：

> ★ 我国的双语教育政策，不只解决了母语的政治问题，解决了我国成长时代就业不平等的社会问题，也将不同的、两极化的华英校学生，拉近了距离，而且在建国过程中，为母语提供了一个浮台，让母语保留了下来，更加普及化，并对我国的发展做出了贡献。
>
> ★ 如果我们没有办法做到让新加坡华人对华语和它所代表的文化具有认同感，让大家觉得学华语讲华语是天公地道的，觉得掌握双语是光荣的，那么，年轻人出现语言认同转移的可能性是存在的。……因此，对我国华人的语言应用情况，语言认同等问题，应该加以观察和研究。
>
> ★ 新加坡太小了，我们的语言教学与语言研究必须联系其他华语区一起进行，而且研究也必须有计划地进行，才能产生深远的影响。
>
> ★ 要解决汉语语言学和汉语教学交流出现困难的问题，必须要鼓励语文教师也参与语言现象的讨论与研究，我更希望

语言研究者和语法研究者，在自己论文的结论里，多给语文老师指出他们的研究对教学有什么意义，如果能更进一步提出教学的建议，就更好。我们应该提倡将研究回归到应用的精神。

周教授更以国际视野、全球眼光来考虑、谈论华语和华文教学，而且很有前瞻性。请看：

★ 现代汉语是“古今杂糅，南北混合”的语言。……我们研究现代汉语，无论是语法或者词汇，都不能不重视这些“古今杂糅，南北混合”的现象。

★ 我们正处于汉语的大融合时期。这个大融合的局面还没有固定下来。这个大融合给汉语研究和汉语教学研究提供了更大的平台，要求我们以更大的、更宽阔的视野，去看待语言研究和语言教学问题。

★ 高度统一的书面语和正式的标准口语，以及采用汉字记录语言的传统，是汉语融合的坚实基础。

★ 尽管华语的地区性变异不少，但只有维持华语的共同核心，向共同的核心靠拢，才有利于华语区之间的交际，也才有利于华语走向世界。

★ 从语文政策的高度，强调与维持华语共同的语言核心——向普通话倾斜，在语文教学和大众传媒方面，特别注重这个核心，使我们的华语走得出去。我们同时也提倡交流，互相吸收，提倡建立“大华语”的概念。这些做法，对新加坡这个只有人力资源的小国，是必要的；对于汉语的发展，汉语走向世界，我想也是必须这样做的。

★ 华语文的推广与发展，必须在“大华语”的概念下进行，在交流中趋同。各华语区应该尽量向普通话靠拢，避免提倡地区性语言。

★ 在这个汉语大融合的特殊时代，我们应该更注重华语区之间交流中达意的准确性，让华语在交流中自然融合。因此，我们必须了解各华语区的语情，才能让这个融合的过程更加顺利，才有可能协调和解决华语区里的语言变体问题。……从“大华语”的发展趋势看来，华语的逐渐融合几乎是不可避免的。

★ 我提议编撰《全球华语词典》《全球华语大词典》，也发起“全球华语语法研究”。这些提议，不只有益于新加坡华文的推广，有益于华语区之间的交流，而且开拓了新的研究领域，更影响了中国朋友对语言规范的看法。

★ 以开放的态度，从中华民族的立场，谈论语文和语文教学，这样就能够得到华语区更多的支持。这种不保守、开放的胸怀，将为中华民族的未来发展建立楷模。

为推进华文教学，周教授对教材和辞书编纂也提出了很好的建议：

★ 以内容为纲处理阅读教材，结合古代、现代、中外以及华语区共同的文化特点，这样将保持自己的文化生命力，使华文教学更具有现代性，更具有挑战性。

★ 编好现代汉语词典、现代汉语学习型词典都必须建立在了解古今汉语的基础之上。

以上介绍的周教授的这些观点和想法无疑对话语研究、华文教学，对汉语走向世界，不仅有很好的参考价值，更有积极的指导意义。

最后我还需指出，从《大华语与语文教育》一书中，我们也清楚地看到了周教授对语言高度的敏感性。《现代汉语里的特殊现象》一文就充分反映了这一点。

因此，《大华语与语文教育》一书很值得从事汉语 / 华文教学与汉语 / 华语研究的学者认真阅读与努力吸收。是为序。

陆俭明

2019 年 12 月 15 日

于北京大学蓝旗营寓所

序二
“大华语”的一面旗帜

李宇明

2019年8月9日，接到周清海先生电邮，希望我为他的著作《大华语与语文教育》写序，并且很谦虚地说：“我这辈子做的很多事，都是得到您的支持，才能完成的。”为周先生的大著写序，我作为晚辈实在不够资格，但是先生说我“支持”他做了一些事情，倒使我回忆起与先生交往的一些片段。

第一次与周先生见面是在香港。香港大学（简称港大）是香港较早开展普通话培训测试的。2002年5月，港大与国家语委普通话培训测试中心第三次续签合作协议，并举办“普通话教育的发展与推广国际研讨会”，我应邀出席了续签仪式和研讨会。周先生也出席了会议并作报告：根据新加坡语言规划的经验，香港应处理好英语、粤方言与普通话的关系；就香港推广普通话来说，普及比提高更重要。这个报告我记忆犹新，对香港今天的语言规划仍有借鉴意义。

不过，我仿佛也不能确定这就是第一次见面，因为周先生是我的导师邢福义先生的挚友，我很早就从邢先生那里了解到周先生的为人为学，也拜读过周先生的文章。也许此前已经见过面。周先生就是这样的一位长者，第一次见他，仿佛早就认识似的，没有生疏感，“即之也温”；见一面就熟识起来，不能忘记，仿佛是老朋友。

2002 年 11 月 27 日至 30 日，我去新加坡参加“第二届肯特岗国际汉语语言学圆桌会议”（The Second Kent Ridge International Round-table Conference on Chinese Linguistics）。会议由中文与东方语言信息处理学会主办，我提交的论文是《搭建中华全字符集大平台》。在会议的欢迎晚宴上，见到了周清海先生。周先生的晚宴致辞，讲要开展全球华语的研究，要编写全球华语的词典，也要做语法研究。周先生致辞临结束时说，这个工作需要中国领头做起来，并且还点了我的名。周先生的观点我是知道的，因为 2002 年 6 月，在庆祝《中国语文》创刊 50 周年的南昌大学会议上，周先生就发表过这一观点，引起许多学者的关注。当时国家语委也在考虑海外华语问题，酝酿成立海外华语的研究机构，以便了解海外华语状况，促进海外的华语教育。周先生讲完话，大家也要我致辞。我手端红酒，热切回应了周先生的提议。这便是后来“传说”的“红酒一诺”：不要轻易“喝红酒”，喝了红酒就得干好几年活。的确因那晚宴上的一声承诺，就有了《全球华语词典》《全球华语大词典》的 14 年的编纂故事。

新加坡之行，收获颇丰。除了会议和“红酒一诺”，我还接受了新加坡“新传媒电台”记者张燕萍女士的采访，还与陆俭明先生一起到访新加坡中华总商会企业管理学院，并作了《中国的语言教育》的学术演讲。回到北京，即同陆俭明先生一起与商务印书馆周洪波先生商议华语词典编纂事宜，得到积极响应。2002 年 12 月 30 日，伴着新年的喜庆在商务印书馆召开了编纂座谈会，参会的有周洪波、郭熙、厉兵、周荐、李志江、余桂林诸君。议定先从各华人社区有差异的词语编起，目的是沟通与引导；以中国大陆、中国港澳、中国台湾、日韩、东南亚和大洋洲几个地区为主，也照顾到北美和欧洲。中国大陆学者和各华人社区学者采取“混成编队”，每个社区的词语都有当地学者和大陆学者一同研究编写，会更为客观，更为精准。

当时根本没有预料到编写难度会如此之大，乐观地把编写时间预定为两年。其实，光筹备工作就做了两年，到 2005 年元月 17 日至 21 日，才在暨南大学召开了“全球华语词典”编写工作会。参加会议的，记得有周清海、姚德怀、汪惠迪、田小琳、陆俭明、李如龙、周长楫、郭熙、汤志祥、贾益民、周洪波、毛永波诸位。周先生不仅永远都是那么认真地发表意见，还带来新加坡《联合早报》的记者李气虹来采访我，采访内容发表在《联合早报》上。

2005 年 11 月 4 日至 7 日，南开大学、中国社会科学院语言研究所联合在天津举行首届“海峡两岸现代汉语问题学术研讨会”。周清海先生应邀与会。之前几天，我与周洪波先生还在商议华语词典编委会和顾问的事情：学术顾问希望请周清海、陆俭明、邢福义三位先生，此外，能否请李瑞环、李光耀等先生做荣誉顾问，请许嘉璐先生为词典作序，请范曾先生为词典题字。趁周先生来天津参加会议，我与洪波就到北京首都机场接他去天津。路上与他商量编委会、顾问等事，特别是邀请李光耀先生做顾问的事情。周先生很同意我们的想法，答应回去就向李光耀先生报告。这令我和洪波十分欣喜。且不久就得到了回话，李光耀先生同意担任词典的顾问。2006 年 4 月 22 日至 24 日，在深圳大学召开《全球华语词典》词表审定会。周清海、陆俭明、姚德怀、田小琳、汪惠迪、周长楫、汤志祥、郭熙、董琨、王铁琨、李志江、江远、周洪波、刘一玲、余桂林等都参加了。这是新马、港澳、台湾、内地四个组齐全的第一次会议，会上宣布了李光耀先生同意担任词典顾问的消息，大家都很兴奋。

这样的会议开过很多次，凡是较为重要的会议，周先生都要千里迢迢赶来参加。词典最后定名为《全球华语词典》，第八届、第九届全国政协主席李瑞环也同意出任顾问。我与时任商务印书馆的总经理王涛先生商议，《全球华语词典》的出版座谈会应在人民大会堂举行，请李瑞环、李光耀等出席，并应该到新加坡去拜会李光耀资政。

拜会李资政的信息通过周清海先生从中沟通，竟然得到了李资政的同意。我陪同教育部郝平副部长出访新加坡和马来西亚，王涛和陆俭明先生专程赶往新加坡。2009 年 7 月 7 日上午，我接受了新加坡《联合早报》潘星华记者的采访，之后见到了周清海先生。周先生告诉了我们拜见李资政的具体安排，就带王涛总经理、陆俭明教授和我去访问南洋理工大学孔子学院。下午 4 点多，中国驻新加坡大使张小康女士陪同，郝平副部长、王涛总经理、陆俭明教授和我去新加坡总统府，拜会李光耀资政。

李先生同我们一一握手，用华语与我们交谈了近一个小时，主要内容是谈新加坡推广华语的意义，新加坡华语的规范与中国大陆要一致，普通话十几亿人在使用，新加坡不能再有自己的标准。他还批评有些地区就看不到这一点，标准与大陆不同，不会成功的。李资政讲华语，开始时还有些吃力，但越讲越流利。我和王涛把《全球华语词典》荣誉顾问的大红证书，恭敬地送给李资政，并邀请他出席在人民大会堂举行的“《全球华语词典》出版座谈会”。李资政很高兴担任顾问，同意去中国出席词典的座谈会，还谈了词典在华人世界的意义。李资政与大家合影留念，并把我们送出大厅。资政接见我们时，周清海先生一直坐在他的旁边，事后周先生告诉我们，他提前去了总统府，陪李资政熟悉了一会儿华语，因为李资政接待我们时坚持要用华语。李光耀先生的“华语观”很有学术价值和政治价值，他对《全球华语词典》的支持令人感动。

从那时起，我们便开始准备《全球华语词典》的定稿、印刷和座谈会的事情，与周清海先生也经常保持着联系。2009 年 7 月 25 日，周先生来电子邮件：“今天早报的《四方八面》，潘星华写了你。”我到网上看到了以《李宇明》为标题的文章，便发电子邮件给潘星华女士：“星华大记者：今天收到周清海教授电子邮件……我立即到网上看到了你的文章，仿佛又回到了和你交谈的场景。那是一次愉快的采访，你的专业水平和敬业精神，给我留下了极深的印象。我希望有机会在北京接待你，我们还来谈语言问题，特别是华语问题。古人有一首用‘回文’和‘顶真’技法写成的诗：‘香荷碧水动风凉，水动风凉夏日长。’倒念也是两句很美的诗：‘长日夏凉风动水，凉风动水碧荷香。’构思很巧，华文很妙。以此祝你夏日舒爽安好！李宇明上”。潘星华记者回的电子邮件也很有意思，“宇明司长：您说得好，写文章是我的工作。找到好的写作对象，当然更要大写特写。但愿所有中国官员都能和您一样。……祝夏日清凉。星华”。由此我知道，周先生与媒体界也有很好的联系。

2010 年 5 月 17 日下午 3 点半，《全球华语词典》出版座谈会在人民大会堂举行，李光耀、李瑞环、许嘉璐等先生出席。李光耀先生用华语发言，讲了他的华语观，讲《全球华语词典》的意义。没想到在会上他还提出，《全球华语词典》的篇幅小了点，还可以编更大的词典，收更多的华语词汇。李瑞环主席当场赞同，并当场布置。座谈会上，周清海先生、陆俭明先生作为专家代表发言。整场气氛和谐，充满书香味，充满华人情，有点过节日的感觉。我写了一首《采桑子》来表示当时的感受：

天赐迎宾好时光，
细雨如酥，
微风送爽，
盛典欢颜大会堂。

华人华语谱华章，
好事多磨，
好曲难唱，
千日辛勤一时忘。

2010年5月19日上午，我在商务印书馆接受新加坡电视台董素华主播的采访，这也是周先生联系的。头几天周先生就跟我谈他将在人民大会堂的发言内容，与我交换意见，并希望以后要编写华语的“语法长编”；并约定我要接受董素华主播的采访，告诉我说，“董素华是马来西亚人，入籍新加坡，很漂亮的一位主播”。也就是那次采访，我讲了“红酒一诺”的故事。晚上，我和周洪波兄请周清海先生夫妇和田小琳先生聚餐，大家畅谈《全球华语词典》及其发布会的成功，且又在展望更大的华语词典。

大约一年后的2011年5月15日，周洪波兄发来电邮，告知《全球华语大词典》正式列入“‘十二五’国家出版规划”重点项目，希望尽快启动。2011 年 8 月 8 日，华中师大汪国胜兄来访，他受邢福义先生委托，来谈《全球华语语法长编》的事情，说此项目由周清海先生策划，邢老师主持，最近申报国家社科基金。当日，我还收到外交部亚洲司的交换件，是李光耀先生的《我一生的挑战——新加坡双语之路》书稿。李光耀先生希望李瑞环先生能为书稿拟序。这些都是人民大会堂座谈会的后效应。

2011 年 9 月 14 日，收到周清海先生惠寄的《人生记忆》（世界科技出版公司，2011 年 8 月版）。我给先生发邮件："清海先生：《人生记忆》收到。中午不愿休息，伴着书香就读起来。虽是秋寒时节，但却如坐春风。文如其人，娓娓道来。《我和〈全球华语辞典〉》，写得很有激情。《我的学生》，写得有情谊、有分寸、有雅量。通过书中记述的人和事，可以从一个侧面更加深入地了解新加坡的华文教育。李光耀先生对您的评价，我在与您的接触中，在您的著作中，都感受到了。《人生记忆》，真乃'君子之书'！"

《环球时报》2011 年 11 月 29 日，登载了李光耀先生《李光耀回忆录：我一生的挑战——新加坡双语之路》的新书发布会的消息。我看到消息，便给周清海先生发电邮："清海先生：在报纸上读到李光耀先生《李光耀回忆录：我一生的挑战——新加坡双语之路》发布仪式 28 日举行，十分高兴。李先生掌握多种语言，对语言学习和语言的作用有独特的心得，对于语言与国家的关系的思考，在全世界政治家中是首屈一指的。我能够在这部书出版之前拜读受教，是十分幸运的。《全球华语大词典》的编纂筹备工作，在商务印书馆的积极努力下，已经有些眉目。这部大词典也是李光耀先生、李瑞环先生一直关心的。今年，邢福义老师获得了国家社科基金'全球华语语法研究'重大项目，不久就要在广州开会论证，听说您也参加。这两个项目都是先生您提议、推动的，是可以彪炳华人文化史册的事业。我和中国的朋友们都很赞佩。谨颂冬安！”

2015 年 3 月 22 日，星期天。我怀着沉重的心情写电邮给周先生：“清海先生：近日从新闻中得知李光耀先生病重住院，我们的心情十分沉重，时时关注他的病况，祈祷他能战胜疾病，早日康复！李光耀先生非常关心华语事业，为新加坡制定了符合国情的语言规划，保证了新加坡的内部团结和国家发展。他曾在总统府接待我们，同意担任《全球华语词典》的荣誉顾问，还亲自出席在北京人民大会堂举行的词典出版发行仪式并讲话，提出了编写《全球华语大词典》的建议。他的《李光耀回忆录：我一生的挑战——新加坡的双语之路》是世界语言规划史上的重要文献，他请中国的李瑞环先生为这部大著作序，我有幸参与此事，更感到中新两国领导人之间的深厚情谊。我希望通过周先生以合适的方式，表达我及《全球华语词典》《全球华语大词典》编者们对他的关心和敬意。李光耀先生是有坚强意志的强人，祈祷他能重新站立起来！”落款是“北京语言大学校务委员会主任、《全球华语词典》《全球华语大词典》主编李宇明上”。

即日收到周清海先生的回信：“宇明兄：感谢发来祈祷李先生早日康复电邮，我已经转给总理李显龙先生。虽然我也默默为李先生祈福，但心里常怀着不舍的准备。我和他有将近 40 年的交情，被他称为‘老朋友’。因此这种不舍是割心的。李先生将新加坡建设成为今天的样子，这是何等的贡献！我已经写了‘怀念和李资政相处的日子’一书，让新加坡人民多了解他。问候嫂夫人。清海”。

周清海先生当日下午 2 点，即把我的电邮转给了新加坡总理李显龙先生。李显龙总理马上（3 点 27 日分）回信给周先生，表达对中国朋友的谢意。然而，就在那天夜里，2015年3月23日凌晨3时，《全球华语词典》荣誉顾问李光耀先生病逝，享年91岁。

《全球华语词典》用了8年时间，《全球华语大词典》也用了6年的时间，2016年出版。我在《全球华语大词典》最终审稿会上，感慨地说，为编写《全球华语大词典》，"能用之手段都用了，能用之心力都用了"。周清海先生对词典所秉持的"大华语"理念也十分赞同。他2016年11月27日给我来电邮说："'大华语'概念的提出，开了语言和谐的大门，对华语的推广，将发生巨大的作用。接下来应该考虑的是怎样带动'大华语'的研究。我初步认为应该将有关大华语的研究成果，编成丛书。马来西亚年轻学者邱克威计划出版自己的论文集。我通读了一遍，论文很有看法，水准不错，对马来西亚将来的华语研究必将起推进的作用，也和我们提倡的大华语研究有关。我建议兄为这本书写序，同时考虑大华语研究丛书的可行性。奉上邱克威的书稿，请您过目。清海"。

我28日即回电邮给周先生："周先生：您的两个建议都异常之好。关于编选华语研究丛书事，的确应有所策划，有所推进。我近期会与陆俭明老师和周洪波、郭熙二位商议。关于为邱克威先生大著作序事，也是很有意义的事情，一是文章写得好，二是应当对华语研究表示支持，不知此书何时在何处出版，此事可以让邱克威先生直接联系我。谨颂冬安！"

2017年3月19日，我写成《汉语是中国的，也是世界的——序邱克威〈马来西亚华语研究论集〉》。把序言发给周清海先生，听听他的意见。周先生回电邮："宇明兄：早。一、今早重读您的序言，感觉和昨天一样，亲切，有深度，有高度，而且表现了对年轻学者的欣赏与鼓励。马来西亚年轻学者非常需要提携与鼓励。您说‘汉语是中国的，也是世界的’，并且提出‘全球华语’的概念，都是非常有见地的看法。……如果从应用考虑，还可以有中医汉语、工程汉语等等，都需要研究发展。二、我经常鼓励年轻的学者关心中国，关心汉语。这就是我常常推荐他们的著作，请您写序的原因。希望他们能和中国相关的友人建立关系，也让各地的朋友了解相关的学者。谢谢您一路的支持。我的时间，有一部分是放在这里。……保重！清海”。

2017 年 4 月 10 日至 11 日，第九届“海峡两岸现代汉语学术问题探讨会”在澳门大学举办，距南开大学的“首届”会议已经持续 12 年了。周清海、陆俭明、李英哲三位先生都参加了这届会议。在会议的间隙，我们四人还专门讨论未来大华语的研究、组织、测试等问题。

2017 年 5 月 25 日，是我退出领导岗位第一天，上午睡到自然醒，8 点半！下午 3 点，收到周清海先生的微信：“宇明兄：知道兄离开了行政工作，心里有说不出的感觉。行政虽然负担，但能做很多实际的事。兄需要为自己做些适合自己的安排。在这里，让我再一次为我们完成的工作向兄道谢，没有兄的支持，一切都是空谈。谢谢，保重。在爱登堡的清晨。”周先生在时时关心着我，我们已经是莫逆之交了。

2017 年 6 月 9 日，收到周清海先生电邮：“在我的倡议下，香港教育大学的《国际中文教育学报》终于创刊了。这是唯一一本以国际中文教育为题的学报。希望在‘大华语’教育方面，能有所突破。国际中文教育不是对外汉语教学所能涵盖的。我送上自己的文章，请兄指正。里头引了不少兄的关键性论述。保重”。

我读了周先生发来的论文，回电邮：“清海先生：这篇论文又有新推进，提出来语文教学和评鉴等问题。如果说，过去的‘大华语’，重在解释华语现象，推进华语研究，那么，现在进入教育与实用的领域了。如果说，前一阶段主要依靠学者，下一阶段就更需要政策制定者的参与，需要教师的参与，因此工作难度更大了。需要我们进行更多的努力！香港教育大学办《国际中文教育学报》，非常好。希望她能够成为大华语研究与教育的一个重要园地，联系各华语社区的学者、教师持久地办下去。若需要内地支持，请学报主事者给我们联系，定会支持！谨颂夏安！”

次日，周清海先生回信："宇明兄：感谢支持。您的分析完全正确。我们开个头，希望后边有人继承下去。如果华语工作者把推广大华语当作自己的责任，将迎来一个大团结、令人振奋的时代。清海。"我回电邮："清海先生：大华语问题，牵涉到全世界华人的语言认同和华语兴旺，意义重大，值得大家花力气去做。"

此后，我与清海先生还常有信息交往，也常常见面，所谈话题，总离不开大华语的研究、教育和人才培养。正是清海先生的倡议与身体力行，大华语的理念才传播开来，大华语的辞书编纂、语法研究及大华语的教育，才有今天的局面。清海先生就是"大华语"的一面旗帜。当然最重要的是先生的身体力行。《礼记・中庸》云："圣人以身体之，力行近乎仁。"

李宇明

2019年10月18日

序于北京聚贤聊斋

目　　录

第一章　大华语与语文政治化

一、"大华语"的研究和发展趋势 *

文节对"大华语"的现状和发展趋势提出一些看法。分为三部分：第一部分谈"大华语"的现状，说明造成这个现状的特殊原因。第二部分谈及"大华语"的发展趋势以及应采取的对策。第三部分谈及目前应该做些什么。

(一)"大华语"的现状

1.1　李宇明先生给"大华语"的定义是"以普通话 / 国语为基础的全世界华人的共同语"。他在接受访谈时说："通过编这个词典（《全球华语词典》），我们认识到，全世界有一个比普通话更高层次的东西，那就是大华语。大华语是全世界华人的共同语言，这个概念就很不一样了，境界很高了。陆俭明先生也大力提倡'大华语'。接着要解决大华语的社区变体问题，大陆也是一个华语社区。"[1] 陆俭明先生认为："建立并确认'大华语'概念的好处是，首先有助于增强世界华人的凝聚力和认同感；其次更有助于推进世界

---

*　发表于《汉语学报》2016 年第 1 期。

1　邹煜：华语词典的红酒缘，见邹煜编著：《家国情怀——语言生活派这十年》，北京：商务印书馆，2015，页 120。

范围的汉语教学。……一方面要提倡以普通话为规范标准，另一方面我们又不做硬性规定，不一定要求境外华语非要不折不扣地完全受中国普通话规范不可，也可以有一个容忍度。”[1]

“大华语”的出现，是有特殊原因的。

1.2　1949 年以后到中国改革开放之前，是汉语的分离年代

1949 年之前，中国有很多知识分子通过中印半岛往南迁移，他们之中不少人到了东南亚——特别是新马，就留了下来。也有不少知识分子由广州到香港、澳门，之后就留在香港、澳门，或者通过香港到了其他地方去。华人大迁移所带去的“国语”和“国文”，在所居地发展而形成了当地华人的“华语”“华文”。

留在香港的学者、作家、记者和编辑，在香港出版了许多读物，向东南亚以及世界各地销售。香港的儿童读物，杂志和书刊，伴随着那一代东南亚和世界华人孩童的成长。这不只造就了香港的出版业，也影响了东南亚的华语书面语。

香港出版物所用的语言，就是 1949 年以前中国所用的“国语”“国文”；到东南亚定居的知识分子也是用“国语”“国文”办教育、写作和办报的。

各华语区之间比较接近（特别是港澳新马），交往比较多，彼此之间语言的相互影响也就比较大。华语区的华人又大都是操南方方言的，华语也就不可避免地受到南方方言的影响，因此各地“华语”之间也就具有相当多的共同性。

“冲凉”，华语区广泛使用，“洗澡”相对用得少。《现代汉语词

1　陆俭明：关于建立“大华语”概念的建议，见《汉语教学学刊》第 1 辑，北京大学出版社，2005。

典》给“冲凉”的解释是：“〈方〉洗澡。”《全球华语词典》用“洗澡，沐浴。源自粤方言”解释“冲凉”。“洗澡”是普通话，“沐浴”是书面语。“源自粤方言”，说明了“冲凉”的出身。

“冲凉”还有“冲个凉”“冲个热水凉”“冲个冷水凉”等等说法，和“洗澡”的说法完全相同。

香港报纸所使用的书面语词汇，如“坊间、公帑、诟病、绯闻、斥资”等等，香港学者认为“颇为接近早期的现代白话文”[1]。独用的“称”（述说），“逾”（超过），“遂”（就、於是），“故”（因此），甚至“人妖”“吊诡”等词都见于1936年出版的《国语辞典》。这些词，新加坡和其他华语区也用，都是“国语”现象的存留。

形容词加“过”，表示比较，“我高过你”“他聪明过你”，是各地华语的共同现象。普通话要说“我比你高”“他比你聪明”。当然，普通话也有“一浪高过一浪”的用法，只是比较少见。

普通话只说“少于”“多过”，不用“少过”；华语区除了“少于”“多于”之外，也用“少过”“多过”。

如果把华人大迁移所带出去的“国语”“国文”，和台湾地区现在用的“国语”“国文”分别开来，可以将它叫作“老国语”。李行健先生认为汉民族的共同语是“老国语”，“共同语分成台湾国语和（中国）大陆的普通话。也就是‘老国语’产生两种变体”[2]是有道理的。但李先生只注意两岸的差距，而没有注意到“大华语”。从

1　郑定欧：语言变异——香港粤语与广州粤语比较研究，《中国语文》1998年第1期。

2　李行健：我的殷切希望，见周荐、董琨主编：《我们一起走过的十年——海峡两岸现代汉语问题学术研讨会琐忆》，香港：商务印书馆国际有限公司，2015，页68—71。

现在的发展局面，以及中国的发展势头来看，“大华语”更值得我们关注。

各华语区的社会与语言背景不同，因此各地华语之间也是有差异的。

中国改革开放之前，很少和海外华语区交流。后来，现代汉语出现了自己显著的特点，如“（鸡蛋）紧张”“（她是我的）爱人”“（这件事应该再）议一议”。“同志 / 先生”在某些时期具有特殊的意义，如果你突然被称为“先生”，就暗示着和你划清界限。改革开放之后，“先生”才变得尊贵起来了。普通话口语里的“排飞机票”等特殊结构，都和“华语”不同。中国现代汉语和各地的“华语”“华文”的差距相当明显，尤其是词汇方面。这是汉语的分裂时期。

1.3　中国改革开放之后，就开始了汉语的大融合

中国改革开放之后和各华语区之间的交往频繁，在你来我往之中，现代汉语和华语的相互融合，是不可避免的。融合的速度随着交流的频繁而加快，其中以词汇的相互吸收最为显著。改革开放初期，现代汉语吸收了相当数量的华语词汇。这些词汇，有些就是“国语”词汇的回流。

“吊诡”，《全球华语词典》（2010 年）在“使用地区”下，注明是“台湾”，《现代汉语词典》第 6 版（2012 年）才收入这个词。其实，《国语辞典》（1936 年）早就收了“吊诡”，解释说：“谓言行诡异者，‘弔诡’见《庄子》。”

“儒雅”，《国语辞典》解释为“温文尔雅之谓”，《现代汉语词典》收了“儒雅”，不收“温文儒雅”，只收“温文尔雅”。其实，“温文儒雅”和“温文尔雅”都是“国语”早有的词汇。

“面谈”，《汉语新词语词典》（1993）收为新词，其实早见于《国语辞典》。《现代汉语规范词典》（2004）和《现代汉语词典》第6版（2012）才开始收“面晤”。“面谈”“面晤”，华语区都在用，全见于《国语辞典》。

“吊诡”“温文儒雅”“温文尔雅”“面谈”“面晤”等等，都是“国语”里早有的词汇。

华语的“理论”也是个动词，华语区广泛应用。1983年版的《现代汉语词典》解释说：“讲理，（多见于早期白话）”，2002年版才将括号里的几个字删去。“灌水”的引申义，《现代汉语词典》（2012，第6版）才收入，解释说“借指互联网上发表没有实际内容的帖子”。《全球华语词典》加收了另外的引申义：“不确实地夸大”，使用地区注明是“台湾、新马泰印尼”。

“检讨”的意思，中国偏在“查找并认识自己的缺点或错误”，华语区偏在“总结；分析研究”。

其实，这种词义的差距，在1949年以前，就出现在中国的国统区和解放区之间。国统区的人自己也感觉出来。冯友兰举了“合作”“登记”“意见”等例子，说：“在当时我同共产党接触的时候，虽然说的都是一样的字眼，可是各有各的了解，往往答非所问。在解放之初，许多知识分子都有这种情况……”[1] 这是中国国内国统区和解放区之间词汇上的差距。其实，国统区用的就是“国语”“国文”。

中国改革开放之后，随着和华语区的频繁交往，以及中国传媒影响力的扩大，现代汉语的输入局面正在逐渐转变为向华语输

1　冯友兰：《冯友兰自述》，北京：中国人民大学出版社，2004，页109—110。

出。华语里用“特好”替代了“特别好”，“手机”替代了“大哥大”；“切入”“误区”“对口”“单位”“（各位）领导”“接地气”“倒车”等词语也出现在华语里；“马到成功”和“马到功成”，中国倾向于用“马到成功”，华语区两者都用。我常听中国朋友说“议一议”，自己也不自觉挂在嘴上。这些都是现代汉语对华语的输出。

在香港和澳门住久了的中国朋友，就写出这样的句子：

在今时今日，国际的文化交流日益频密[1]。

现代汉语书面语有“今日”，但没有“今时”。广东方言才有“今时今日”。“今时今日”出现在中国一级语言研究学刊《中国语文》上，就意味着它的出现频率可能会扩大。

尽管如此，华语区的用词，仍然和现代汉语有差距。华语区用“冷气、塞车、马铃薯、赚钱、网络（路）、登机证”等等，现代汉语用的是“空调、堵车、土豆、挣钱、互联网、登机牌”。陆俭明认为现代汉语也用“网络”，而且现在似乎已逐步替代“互联网”；“赚钱”中国大陆也用，但只强调“盈利”的意思，没有“他出去打工挣钱去了”里的“挣钱”的意思[2]。

这个汉语大融合的时代，给汉语研究和汉语教学研究提供了更大的平台，要求我们以更大的、更宽阔的视野，去看待语言研究和语言教学问题。

1　程祥徽：传意需要与港澳新词，《中国语文》1996 第 3 期。

2　这是陆俭明先生对本文初稿所加上的看法。

（二）"大华语"的发展趋势：逐渐融合几乎是不可避免的

2.1　中国改革开放之前，所有的华人社区（包括欧美、东南亚、港澳等地），都和台湾地区有密切的关系。台湾的"国语"保留了许多五四前后期的特点。华语区的知识分子大部分都曾经在台湾地区受过大专教育，台湾地区不少学者也到华语区去从事教育工作。香港地区和新加坡，因为待遇比较优厚，就成为台湾学者集中的地区。因此台湾的"国语"对全球华语的影响是很大的。李宇明和陆俭明先生给"大华语"下的定义，一定是看到了这个事实。

2.2　但是，华语区应该如何处理彼此之间，以及和普通话之间的差异呢？新加坡已故资政李光耀先生认为，"创造自己特点的华语，对新加坡不利，也走不出去"，"英语、法语传播到国外，会变。英语有英国英语和美国英语。新加坡有 300 多万人口，要了解 13 亿人口的中国所讲的话，所写的字，就要以你们的为标准。台湾的想法不一定好。香港要故意弄点差别，台湾更不实际，国语、闽南话掺在一起……"[1]

我完全同意李先生的看法。我一向主张新加坡华语必须向普通话倾斜，尽量靠近普通话[2]。但是，语言是会演变的，各个地区华语的演变出现了许多特殊的现象——尤其是港澳的"中文"。我们面对华语的发展与变异，应该怎么办？

我们认为，从华语走向世界这个新的视角观察，华语的应用与规范问题，就不可能，也不应该只从中国国内的需要或角度考虑。

1　周清海：语言标准和语言规范，见周清海：《人生记忆》，新加坡：世界科技出版社，2011，页 187。

2　周清海：论全球化环境下华语的规范问题，《语言教学与研究》2007 第 4 期。

我们应该更注重华语区之间的交流，让华语在交流中融合。要解决大华语的社区变体问题，就得了解各华语区的语情。这就是我们编纂《全球华语词典》和《全球华语大词典》，以及研究“全球华语语法”的原因。

2.3 另一方面，华人的书面语教育高度一致，应用的语体文也比较统一。港澳、台湾地区和新马的书面语教育几乎完全一样，差距很小。新加坡的语文教学在建国以前就注重标准书面语，所用的语文教材和中国大陆 1949 年以前的完全相同。口语方面，所有华语区正式的标准口语，也基本一致。

高度统一的书面语和正式的标准口语，以及采用汉字记录语言的传统，是汉语融合的坚实基础。再加上中国门户开放，国力不断发展，增加了华语区之间交流的机会。在这样的局面下，华语的逐渐融合就是不可避免的。“随着中国整体国力的扩展，普通话的影响力将越来越大，各地华语的相互靠拢，使华语原来具有的共同核心更加坚实。这对华语的发展应该说是非常有利的。但如果要这种趋同更显著，则华语区必须有更大的共识，因为趋同是一种被动的行为。”[1]

2.4 华语区的日常口语，差距就比较大。以新加坡为例，早期新加坡社会的主要语言是各种汉语南方方言，因此方言对新加坡华语口语的影响非常大，许多典型的新加坡华语口语语法现象都有方言语法的痕迹。然而，随着方言的使用日益式微，越来越多的新加坡年轻人放弃了方言，他们所说的华语受到方言的影响也开始减弱。

---

1 周清海：论全球化环境下华语的规范问题，《语言教学与研究》2007 第 4 期。

现在，越来越多新加坡华人家庭的孩子是在以英语为主要家庭用语的环境里长大的，他们在日常生活中也很少说华语。新加坡双语政策的实施使他们所说的华语开始受到英语语法的影响。

1990年新中建交后，新一批中国移民涌入新加坡，语文教师里也有不少新移民，因此新加坡华语也明显地逐渐“向普通话靠拢”，进一步削弱了方言和英语对新加坡华语口语的影响。

我们要了解13亿人口的中国所讲的话，所写的字，就非得以中国的为标准不可。强调自己的特点，不但没有必要，也走不出去。所以我强调“向普通话倾斜”。

2.5　李光耀先生认为“我们要跟着大国的（语言）标准，英国要跟美国较劲，输了，美国有3亿人。新加坡老一代学的是英国英语，我越来越多地听到播音讲美国英语，常听就不能分别了，就接受美国英语了，美国媒体是英国的十多倍。中国也是这样，最好的办法是用法国的做法：减少差别”[1]。

詹卫东和陶红印也说：“Hundt（2001）有关英语变体语法差异的研究就显示，语法变异是在趋同（convergence），而不是趋异（divergence）。就英语对汉语语法的影响来说，海外华语和（中国）大陆标准汉语越来越趋向于同步发展。海外华语中可以看到的各种所谓“欧化”用法，在（中国）大陆汉语中也同样屡见不鲜，就是当前网络时代全球汉语宏观面貌的一个侧影。”[2]

上面的论述，都指出了华语的核心是不变的，但是我们所面

1　周清海：《人生记忆》，新加坡：世界科技出版公司，2011，页187—191。

2　詹卫东、陶红印：北美书面汉语语法特点探析——基于互联网中文文本的考察，《全球华语语法研究：美国卷》待刊。

对的变异仍然存在。目前的首要任务应该是打破藩篱，建立沟通机制。只有建立沟通机制，了解差异，才能减少差异，更好地为华语的融合建立基础。在了解各地华语语情之下，建立研究团队，扩大汉语的研究范围。

（三）目前我们能做些什么?

了解了“大华语”的现状和可能的发展趋势之后，我们现在能做些什么呢?

3.1 建立一个具有开阔眼光的研究团队，扩大语言的研究范围

我们必须完全摆脱冷战的思维，以开放的态度，从中华民族的立场，谈论语文和语文教学，这样就能够得到华语区更多的支持。这种不保守、开放的胸怀，将为中华民族的未来发展建立楷模。

我在《全球华语词典》的发布座谈会上说:“这部词典是大家智慧的结晶，也体现了‘泰山不让土壤，故能成其大’的精神。”[1]

李宇明先生也说:“《全球华语词典》使我认识了很多海外的朋友。而从《全球华语词典》到《全球华语大词典》的意义在于，我们的语言规划不能只做大陆，要把全世界华人的语言规划进行协调，而且要关注国际上语言规划的情况，特别是国际组织的语言规划情况。”[2]

邢福义先生在启动“全球华语语法研究”的项目时重点指出:“启动这一项目，既是为了深入了解华语语情，揭示华语语法的基本面貌，也是为了促进华人社会的语言沟通和汉语的国际教育与传

---

1 周清海:《人生记忆》，新加坡：世界科技出版公司，2011，页 89—110。

2 邹煜：华语词典的红酒缘，见邹煜编著:《家国情怀——语言生活派这十年》，北京：商务印书馆，2015，页 120—135。

播，为中华文化的发展和繁荣作出我们的努力。我们期待的是，本项目能够成为学界的一项共同课题，能有更多的学者加入研究的行列。”[1]

詹卫东和陶红印也说：“在这样一个大的时代背景下，海内外学术界也越来越关注把汉语（也有人倾向于用广义的‘华语’）放在全球视野中来勾勒它的整体面貌。过去有关海外不同地区汉语变体的研究，从地域上说，主要集中在离中国大陆比较近的港台、东南亚等地；从研究对象来说，主要集中在词汇方面，已经积累了不少成果。而进入新世纪后，关于全球不同地区汉语变体的语法特点的研究，也逐渐提上了日程。……反映了国家高层和学术界对这一问题的高度重视。”[2]

相对于词汇的整理，语法差异就比较隐性，不容易发现。陆俭明、邢福义等人在比较新加坡华语和普通话的语法差异后，就提出了许多我们新加坡人所没发现的差异。因此“揭示华语语法的基本面貌”，就是向语言研究者提出的任务。

另一方面，为了了解华语的应用情况，我们也应该启动对西方唐人街的语言调查。陶红印等人对美国唐人街的调查只是一个开端，他们认为“跟港台、东南亚地区的华语相比，北美汉语更像是一个汉语变体的大融合，因为北美汉语使用者正是来自这些不同地区但同属中华文化圈的移民”[3]。我们可以在这个基础上，展开澳洲、

1　邢福义、汪国胜：全球华语语法研究的基本构想，《云南师范大学学报（哲学社会科学版）》2012 年第 6 期。

2　李光耀：李光耀资政致周清海教授贺词，见周清海：《人生记忆》，新加坡：世界科技出版社，2011，页 221—225。

3　周清海：《人生记忆》，新加坡：世界科技出版公司，2011，页 187—197。

新西兰、欧洲等地的调查。东南亚、中印半岛、南非等地的调查工作也可以配合“一带一路”的发展而展开。

只有了解差异在哪里，才可能进行柔性的引导。除了编写《全球华语词典》《全球华语大词典》之外，编写“语法长编”，也是我们应该努力的方向。

李宇明先生强调：要关注国际上语言规划的情况，特别是国际组织的语言规划情况，我们也可以组织更多的世界各地的学术交流，包括跨语言的交流，让语言学者就“大语言”（包括大华语、大英语、大法语等等）一起分享其中演变、分合、推广的异同和心得经验，彼此借鉴学习，或更能促进世界语言研究和使用的发展。怎样配合“一带一路”的发展，扩大中国和世界的语言学术交流，也是值得考虑的事[1]。

3.2 组织海外编写小组，为海外提供汉语教材并编写词典

汉语教材都在中国编写，在海外不一定适用，造成了大量的浪费。如果我们能领导组织当地的编写小组，为当地提供合适的教材，就能占有华语教材的市场。也可以将这些教材转换成繁体字，以满足部分习惯使用繁体字的海外学习者的需要。

要增加全球华人之间的了解，我们也可以考虑：（1）借鉴“美国之音”（VOA）的做法，出版一本关于全球各地华人生活的网上中英杂志。杂志的文章应是真实语料，可以用作华语教材。（2）各地高等学府合作，根据这套教材制作一些教学配套[2]。

由中国教育部语言文字信息管理司与暨南大学于2005年共建

---

1 这是新加坡年轻语言学者陈志锐博士看了初稿后的建议。

2 这是陈照明博士看了初稿后的建议。陈博士是非常杰出的中英双语人才。

的海外华语研究中心，对海外华语语言进行全面的监测与研究。为了反映海外华语的语言使用状况，中心也建立了全球华语不同领域的语料库。我们应该在“大华语”的引导下，充分利用语料库的资料为各华语区的语言学习者编写词典。

香港的田小琳教授等人把北京商务印书馆版的《现代汉语学习词典》改编成繁体字词典，收入了香港和台湾的社区词，就是一个很好的开端。这是利用《全球华语词典》等辞书的资料，充分为“大华语”服务。这也是《全球华语词典》和《全球华语大词典》再开发的问题。

但田教授等人所改编的词典是一本“高阶”的词典，读者群必须具有中等以上的教育程度。为了照顾华语区不同语言程度的学习者，我们需要编辑“初阶”和“中阶”的词典（包括汉外双语词典）。

目前各地自行编辑词典，是物力人力的浪费。我主张建立一个统一的机构，在“大华语”概念的引导下，有计划地为华语区编写词典。

我希望北京商务印书馆能稍微调整业务，改变只偏重国内市场的做法，出来领导统筹这件事。商务或者也可以考虑在华语区之一的香港地区、新加坡等地寻找有潜能的出版社合作统筹，也是可行的。许多资深的国内外从事华语语言研究和语言教学的朋友大都退休了，我们有充分的人力资源做好这事。也可以在编写的过程中培养人才，建立团队。

3.3　学术研究的出版园地

《中国语言生活状况报告》已经出版十年了，而且有了外语版。《报告》的“工作篇”“专题篇”“热点篇”“港澳台篇”“参考篇”

等等，提供了不少语言变革与应用的信息，扩大了我们的语言应用视野。我也非常高兴看到中英双语学术刊物《全球华语》第一期的出版。刁晏斌等人的努力是值得赞许的。中国国家语委学术指导、北京商务印书馆创办的《语言战略研究》双月刊也将创刊了。

但是，如果结合中国的发展趋势来看，上面的出版显然是不够的。我更倡议在中国之外，和有关的大学合作成立翻译组，将各华语区的研究成果用英文出版。这样不只带头组织了研究团队，也能为中国在语言学、社会语言学和语文教学等领域的发展奠下国际化的基础。

关注“大华语”的发展，建立研究团队，拓展语言和语言教学研究的范围，扩大国际对中国语言和语言教学研究的了解，应该成为中国语言学界的“中国梦”。

二、"大华语"与语言研究*

（一）华人的大迁移与华语

1949年之前，中国经过了抗日战争、解放战争。这期间，有很多知识分子通过中印半岛往南迁移，他们到了东南亚——特别是新马，就留了下来。也有很多人由广州到香港、澳门，之后就留在香港、澳门；或者通过香港到了其他地方去。在中华民族苦难与大迁移的这个时期，这些知识分子也带去了"国语"和"国文"，并在所居地发展而形成了当地的"华语""华文"。

华语区的书面语和语体文是高度一致的，差距很小。这是因为大部分的华人移民受教育程度都偏低，而移民知识分子在中国所受的语文教育向来都是注重标准书面语的，这些知识分子在华语区办报或办教育，所用的语言和中国大陆1949年以前的完全相同。

香港地近中国内地，荟萃了许多人才。香港的影视业，娱乐业、出版业就为全世界的华人提供了精神食粮，也影响了广大华人的语言。当时香港的书面语，仍旧是语体文，还没有出现所谓的港式中文，而影视片也大多说"国语"。

中国大陆之外，其他华语区之间比较接近，彼此的交往比较多，相互之间的影响也就比较大。华语区的华人又大都是操南方方言的，华语也就不可避免地受到南方方言的影响。因此各地"华语"的发展，以及华语之间就具有相当多的共同性。

---

*　发表于《汉语学报》2017年第2期。

毛泽东的《在延安文艺座谈会上的讲话》强调“要使文艺很好地成为整个革命机器的一个组成部分，作为团结人民、教育人民、打击敌人、消灭敌人的有力的武器，帮助人民同心同德地和敌人作斗争”。为了达到这个目的，就必须用老百姓听得懂、看得懂的语言。在这个精神的引领下，延安的报纸、新闻广播、文学作品创作等的实践中，延安的语言风格逐渐与国统区有了差异。国统区用的就是“国语”“国文”。这种差异在中华人民共和国成立以后逐渐扩大。

1949 年以后，到改革开放之前，很少和海外华语区交流的中国现代汉语，出现了自己显著的特点。中国现代汉语和各地的“华语”“华文”，差距是相当明显的。中国推广普通话非常成功，在分歧的口语（方言）的基础上，出现了普通话通行全国的现象。

改革开放之后，中国和华语区之间的交往频繁。在你来我往之中，现代汉语和华语的相互吸收与融合，就是不可避免的。融合的速度随着交流的频繁而加快，其中以词汇的相互吸收最为显著。目前，现代汉语吸收了相当数量华语区的词汇，这些词汇，很多是早期“国语”词汇的回流，而不是所谓的新词。随着交往的频繁，以及中国国力和经济的发展，传媒影响力的扩大，中国现代汉语的输入局面正在逐渐转为向华语输出。现在我们正处在一个汉语大融合的特殊时代。

在这个汉语大融合的时代里，大部分的海外华人已经放弃了“落叶归根”的信念，而发展为“落地生根”。他们不再是孙中山先生所说的是中国的“革命之母”，而转变为效忠所在地的华裔公民。他们的语言，也从乡土方言转变为华语。这些华人和中国人，在语言文化上的认同，远远超过政治上的认同。

我们认为，从华语走向世界这个新的视角观察，华语的应用与规范问题，就不可能，也不应该只从中国国内的需要或者角度考虑。中国和华语区的交往，在语言方面，需要更多的协调与融合。目前，我们应该更注重华语区之间的交流，让华语在交流中自然融合。

因此，我们需要了解各华语区的语情，才能让这个融合的过程更加顺利，才有可能协调和解决华语区里的语言变体问题。这就是我们编纂《全球华语词典》[1]和《全球华语大词典》[2]，以及研究"全球华语语法"[3]以期最后编成"全球华语语法长编"的原因。

通过编纂《全球华语词典》和《全球华语大词典》，我们认识到，全世界有一个比普通话更高层次的东西，那就是"大华语"。李宇明先生给"大华语"的定义是"以普通话/国语为基础的全世界华人的共同语"。他说："这是在多年探讨、多人研究的基础上得到的一个共识性表达。"[4]

本文将在"大华语"的概念下，探讨各地华语研究与语文教学的情况。论文将包括下列四个问题：一、在"大华语"概念下谈论语文课程的设计和教材的选取；二、对全球华语进行全面考察的设想；三、现代汉语与地区华语研究的不足；四、关于华语教材、读物的编撰。

---

1 李宇明主编：《全球华语词典》，北京：商务印书馆，2010。

2 李宇明主编：《全球华语大词典》，北京：商务印书馆，2016。

3 邢福义、汪国胜：全球华语语法研究的基本构想，《云南师范大学学报（哲学社会科学版）》2012年第6期。

4 李宇明：大华语：全球华人的共同语，《语言文字应用》2017年第1期。

（二）“大华语”概念下的语文课程

华语区的华人，除了新移民之外，老华人的第二第三代，乡情逐渐减少，甚至消失。他们大部分都没有“乡愁”。但高度一致的书面语教育给华语区留下共同的文化与习俗。在华文教材的内容方面，华语区之间的传统维持了最大的共同点，维持了共同的文化核心。这个传统，应该继续保持下去，因为只有在文化和语言方面有共同的核心，才有利于华语区之间的交际，也才有利于华语走向世界。

在华语扩大用途时，我们的语文课程与教材，就不能只是考虑自己的需要，或者一切以中国为中心，而必须从整个华语区的需要着眼。华语区不同的作品、语言现象，可以让语言学习者了解其他华语区的社会与语言，方便学习者以后与其他华语区交往。语文课程必须包括华语区的社会人情、语言文化等等，而文化和语言的各种差异，必须通过注释等手段，加以说明。

在语文教材里容纳华语区的作品，对以华语文创作的写作人，是极大的鼓励。有计划地结合语文教学介绍各华语区的读物、教材，能促进华语区之间的了解，这都是应该受到重视的。过去屠格涅夫的《麻雀》，高尔基的《海燕》，曾经作为语文教材，如果换成华语区的作品，将能让下一代熟悉华语区华人的生活。

汉语水平考试应该注重华语里语言的共同核心，也可以考虑在重要的华语区举行的汉语水平分卷考试，适当地融入当地的一些语言现象。语言师资的培训不一定全在中国，培训的内容更应该适当地照顾各华语区语言的差异[1]。

1　更详细的讨论见周清海：“大华语”与华文教学，《国际中文教育学报》2017 年第 1 期。

（三）对全球华语进行全面考察的设想

《全球华语词典》《全球华语大词典》是目前唯一从全球华人的立场，为全球华人服务的词典。这是对不同地区华人智慧的肯定，也是向全世界表明中国对语言和谐的重视。这两部词典的编纂，只是全球华人合作的一个开端，也是人和的具体表现。

《全球华语词典》《全球华语大词典》为华语词典的编纂开了个好头，规范性的词典，如《现代汉语词典》等，就可以不必太注意“查考的需要”。《现代汉语词典》因为要兼顾“满足查考的需要”，第五版开始增加了大量的词条，一些还不一定十分稳定的新词就这样收入了，这就不一定能和“对语言的正确使用起到积极的指导”的规范任务相符合[1]。有了《全球华语词典》《全球华语大词典》为“满足查考的需要”而编纂的词典，规范性的《现代汉语词典》就可以减少收入一些尚不十分稳定的词语与用法。各华语区的语文学习词典，也应适当地收入该地区通用的词汇。

陆俭明先生提议：“大华语”以普通话为基础而在语音、词汇、语法、语用上可以有一定的弹性、可以有一定宽容度。但是，如何具体理解“弹性”，具体该如何掌握“宽容度”之度，在语音、词汇、语法、语用上具体该如何操作，怎么落实，目前尚无研究。……上述问题无疑应作为首要课题列入“全球华语研究”之中[2]。

为了了解“大华语”的语法变异，邢福义先生也启动了“全球

1　周清海：现代汉语词典和全球华语词典，见周清海：《全球化环境下的华语文与华语文教学》，新加坡：青年书局，2007。

2　陆俭明：华语的标准：弹性和宽容，《语言战略研究》2017 年第 1 期。

华语语法研究”。他在启动这个项目时重点指出:“启动这一项目,既是为了深入了解华语语情,揭示华语语法的基本面貌,也是为了促进华人社会的语言沟通和汉语的国际教育与传播,为中华文化的发展和繁荣作出我们的努力。我们期待的是,本项目能够成为学界的一项共同课题,能有更多的学者加入研究的行列。”[1] “全球华语语法研究”第一期的工作已经结束,今年将由北京商务印书馆出版六卷研究报告:香港卷、澳门卷、台湾卷、新加坡卷、马来西亚卷和美国卷。

过去对不同地区华语变体的研究,从地域上说,主要集中在离中国大陆比较近的港台、东南亚(新马泰)等地;从研究对象来说,主要集中在词汇方面。进入新世纪后,关于全球不同地区华语变体的语法特点的研究,也逐渐提上了日程。我们把华语研究放在全球视野中来勾勒它的整体面貌。另一方面,为了更全面了解华语的应用情况,我们也启动了对西方唐人街的语言调查。陶红印等人对美国唐人街的调查只是一个开端,他们认为“跟港台、东南亚地区的华语相比,北美汉语更像是一个汉语变体的大融合,因为北美汉语使用者正是来自这些不同地区但同属中华文化圈的移民”[2]。我们也开展了澳洲、英国唐人区的语言调查。新西兰、欧洲等地,以及东南亚(菲律宾、印尼等)、中印半岛(缅甸、泰国等)、南非等地的调查工作也可以配合“一带一路”的发展而展开。在过去世界方言分布的调查基础上,我们的研究更进了一程。

---

1 邢福义、汪国胜:全球华语语法研究的基本构想,《云南师范大学学报(哲学社会科学版)》2012 年第 6 期。

2 詹卫东、陶红印:北美书面汉语语法特点探析——基于互联网中文文本的考察,见《全球华语语法研究:美国卷》待刊。

在了解各华语区华语的语法特点之后，最终将编写“华语语法长编”。“华语语法长编”将反映华语共同的语法现象，同时对各地的语法差异也将加以说明。

希望通过《全球华语词典》《全球华语大词典》的编撰、全球华语语法的研究，能为新加坡培养华语语言研究人才，同时也为他们搭建国际联系的桥梁。我更期望在国际上能建立一个具有开阔眼光的研究团队，把“大华语”放在全球视野中来勾勒它的整体面貌。这就扩大了语言研究的范围。在词汇和语法方面的研究完成之后，能对华语传媒用语、教科书的编撰、语言教学人员的培训等等，起到积极的作用，更能引导华语的发展与融合。

《全球华语词典》和《全球华语大词典》，“全球华语语法研究”对汉语的推广以及各地的华语教学，包括教材、评鉴等方面，都将提供许多值得研究和思考的课题。如果考虑在重要的华语区举行的汉语水平考试设立分卷考试，也需要这些研究的支持。北京语言大学张倪佩的硕士论文《马来西亚华语与普通话词语对比研究——基于〈全球华语词典〉的考察》就提出了下面的问题：“马来西亚教育部和马来西亚玛拉工艺学院从2007至2011年起派了马来储备师资到北京外国语大学和北京语言大学就读汉语本科，以期毕业回国后在各源流中小学教华语。马来储备师资当中只有极少数人受过马来西亚华语教育，其余绝大部分从零起点开始学习。基于华语词语与普通话词语存在许多差异，因此接受普通话教育的马来储备师资毕业回国后可能会面对与当地华人交际障碍的问题。由于他们来华之前不谙马来西亚华语，在马来西亚也不常与华人接触，对华人社会的现象、习惯和用词都不了解。”这类问题不只马来西亚，其他地区来华学习汉语者，也同样面对。怎样解决这些问题，值得我们思考。

（四）现代汉语与地区华语研究的不足

从近代汉语过渡到现代汉语，也有许多研究不足的地方。就以现代汉语里的新词为例，王力先生的《汉语史稿》，认为中国的现代词汇是通过日本进入中国的，比如“议会”，就是从日本传入的，因为早期很多知识分子是留日的，他们很自然地把日本的译名搬到中国来[1]。其实，现代汉语的新词有很多是传教士翻译的。清末传教士要把西方的事物，如地理知识、政治知识介绍到中国来，想借此改变中国人以中国为世界中心的观念，不得不创造汉语新词。传教士的汉语翻译著作，有许多是在新加坡、马六甲印刷的，然后通过澳门进入中国。我们对过去的了解不全面，而误把新词的创造权归给了日本。我们对早期现代汉语的研究，需要有世界眼光。澳门具有特殊的地理与历史优势，希望澳门的学者能集中力量，研究这方面的问题。年轻的澳门语言研究学者，如王铭宇等人，开始注意这方面的问题，是一个非常好的开端。我们也应该为早期汉语建立语料库，才能让我们更全面地了解早期现代汉语的情况。语料库对语言与文化交流的实况，能提供更可靠的实证[2]。

“《全球华语大词典》……这项语文建设工程不但彰显了中国的汉语词汇研究和辞书编撰工作进一步向纵深拓展，而且彰显了从今而后，我们将以超越自身生活的圈子为视野来开展词汇研究和辞书

---

1 王力：《汉语史稿》，北京：中华书局，2001，页519。

2 周清海：汉语融合时代的语言研究与语料库，《中国语言学报》，香港：香港中文大学出版社，2015。

编撰工作。”[1] “今后编写中华大辞典一类工具书时，会把港、澳、台、新、马等地的用语和语义都收进去并标以流行地区。这实际上是这部词典在华语的进步、扩散、发展所做出的贡献。” [2]

华语区的学习词典，应该收哪些词？怎样解释词义，在《现代汉语词典》和《全球华语大词典》的基础上，需要进一步探讨。

《全球华语词典》《全球华语大词典》所收入的华语区特有词语，新加坡的特有词最少。这些年来，新加坡华语向普通话倾斜，使新加坡华语最接近普通话。因此，在华语全球化的新形势下，新加坡所受到的语言压力也最小。李光耀生前说：“我们可以让新加坡华人讲正确的华语，这就是吸纳新移民的优势。电视、电台不应该说不规范的语言，我在 2010 年 5 月到北京为周清海倡议的《全球华语词典》主持发布仪式，现在全世界都说华语，新马、港台词汇和短句的用法都不一样，这本词典当然有其作用。周清海认为，语言始终会有一个当地的版本，但必须向普通话倾斜。我的看法相反，为什么我们需要一个单独的语言？外界要理解你会变得困难，我不认为我们应该这样做。其他国家可以这样做，但我们只有 300 万华人，为什么我们要形成自己特色的‘方言’？我们应跟随 13 亿人正在使用的语言，制造自己的语言用法并没有为我们带来任何优势。……香港也有特殊的粤语词汇，但没有意义。以前当家的英国殖民当局对此持放任态度，有他们的政治目的，这样可以使香港人与内地区别开来。今天的

1 汪惠迪：大华语：汉语词汇研究与辞书编撰的视野，《马来西亚华人研究学刊》2012 年第 15 期。

2 许嘉璐：《全球华语词典》序，见李宇明主编：《全球华语词典》，北京：商务印书馆，2010。

香港人也很坚持，很为自己的语言骄傲。但他们的词汇在中文字典里是找不到的，我认为这样很不智。……新加坡的华语水平现在比较低，口语能力应该尽量提高，但书写能力要求不能太高。如果你想要提升华文，就必须放弃英语，这是不可能的。”[1] 所以，我们应该从全球性的视角，展开华语的语言规划与语言战略等问题的研究。

《全球华语词典》《全球华语大词典》在解决了华语区的交流困难之外，其实也提供了很多语言和语言交流有待研究的问题。比如“咖啡乌”，《全球华语词典》的释义是“只加糖不加奶的咖啡。马来语音译”。其实，这是误解。“咖啡乌”是卖咖啡小贩叫喊的语言：“咖啡——乌”，喊了“咖啡”，让冲泡的人先知道是“咖啡”，再喊“乌”，表示只加糖，不加奶，就像“咖啡——白”一样。“茶乌”，以及泰国地区的“咖啡凉、咖啡热”，都是如此，而不能解释为受外语影响的结果。“米暹”是新加坡和马来西亚华语以及方言里的外来词，“米”是“米粉”，“暹”是“暹罗”（泰国）。“米暹”是泰式烹调的米粉。“米暹”的“暹”是修饰成分，位置在中心语的后边。“米暹”是马来语里的外来词，用的是马来语的语法结构。方言将它音译，成为音译词。“咖啡乌”和“米暹”，表面上看是相同的结构，其实大不相同。方言里外来词的研究，也为方言研究开拓了新的研究范围。

我曾说：“多语环境里生活的华人，在方言和汉语标准语之间，以普通话替代方言，是必然的趋势。尤其在全球化的压力下，华人

1 李光耀：《我一生的挑战——新加坡双语之路》（中文版），新加坡：联合早报出版社，2011，页 239—247。

必须掌握当地的高层语言，掌握英语、汉语标准语，要再掌握自己的方言，困难非常大。方言退出教育、交际的场合，几乎是迟早的事，必然的事。”[1] 方言的消亡研究，也是一个待开拓的研究范围。语言是在运用中发展、丰富起来的。方言在大部分的华语区缺少应用的社会环境，它也就不可能发展、丰富起来。我们不能以中国的方言情况为根据，而得出没有方言，华语就成为“无源之水”的结论。

研究华语的区域变体，都普遍存在下列的不足：(1）过去研究华语的共同倾向是从普通话的立场来单向地看待语言变异。在这种研究模式下，研究者“挑出”华语中与普通话不同的语料加以讨论，认为这些就是不同地区华语的特点。然而，这并不足以让我们看到各地华语的整体面貌。这种研究方法只告诉我们各地华语“变”了什么，却忽略了“不变”的部分。“不变”的部分之所以重要，是因为过于强调“变”的部分容易出现以偏概全的毛病。(2）过去的研究只让我们看到了各地华语“有”而普通话“没有”的现象，却忽略了普通话“有”而各地华语“没有”的现象。(3）华语区的口语研究，仍有待展开。华语的书面语，比较稳定，口语却是变化最大的，受当地不同语言的影响也最多。

中国的语文教育注重书面语，因此在现代汉语的书面语上，保留了许多传统书面语的成分。不同地区的方言对书面语的学习，也产生渗透作用。我用“古今杂糅，南北混合”来描述现代汉语。对这种“古今杂糅，南北混合”的现象，研究得还不全面。

1　周清海：海外汉语方言研究的意义，见周清海：《变动中的语言》，新加坡：玲子传媒，2009，页156—171。

（五）关于华语教材、读物的编撰

在“大华语”的概念下，推广华语就是所有华语区的责任。因此，我们必须考虑怎样充分调动华语区对推广这个语言的积极性，并提供充分的机会让他们参与。从语言研究、教材编撰、读物编写到师资培训与认证，教学人员的交流，等等，都需要全面考虑。这里，我要特别强调语言教学与出版的企业化，让企业家参与大华语的推广工作。最适合语言教学与出版企业化的地区，我认为是香港。香港是国际化开放的城市，和中国内地、澳门和台湾地区以及各华语区都有联系。

华语区的华人，除了新移民之外，老华人的第二第三代，乡情逐渐减少，甚至消失。“乡情”在华语区起到的相互联系的作用正在减弱，但新一代的华人仍热衷于保留自己的文化与语言。“乡情”的减弱，意味着和中国的联系，以及华语区之间靠“乡情”建立的人际关系的减弱。在中国发展的大背景下，为各华语区提供语言学习与重建人际关系的机会，并且培养熟悉各华语区情况的新一代华人，都应该一并考虑。

怎样通过语言的学习，重建各地华人的人际联系？怎样在华语文的学习框架下，促进各华语区的语言教学机构的联系？各地区大学与研究机构之间的联系，也应该扩大。华语文的学习与研究，不一定只在本地，也可以是跨区域的学习与研究。

目前各地自行编辑词典、分级读物、软体教材，出现了许多物力人力的浪费。我主张建立一个统一的机构，在“大华语”概念的引导下，有计划地收集出版华语区现行的优秀教材、分级读物，以及为华语区编写词典。汉语教材都在中国编写，在海外不一定适用，造成了大量的浪费。我们应该在当地领导组织编写小组，为当地提供合适的教材。北京商务印书馆如果能稍微调整业务，改变只偏重国内市场的做法，出来领导统筹这件事，就非常好。当然，商务印书馆或者也可以考虑在华语区之一的香港、新加坡等地寻找有潜能的出版社合作统筹。当然，香港也合适带头做这件事。这是语文教学的企业化，同时也可以在编写的过程中培养人才，建立团队[1]。

1　更详细的论述，请参考周清海："大华语"与华文教学，《国际中文教育学报》2017 年第 1 期。

三、“大华语”与华文教学*

论文分为五个部分：一、为什么要提出“大华语”这个概念；二、“大华语”的内部差异与语文课程的设计和教材的选取；三、“大华语”与语言测试；四、“大华语”与文化问题；五、结论。

（一）为什么要提出“大华语”这个概念？

1. 我关心“大华语”的问题，开始于1985年8月，参加在北京香山举行的“第一届世界汉语教学研讨会”。那是我第一次到北京，第一次接触北京人说的普通话和北京方言。当时，我觉得北京人说的普通话非常好听，但和新加坡华语有许多不同。从此，我就关心这两个语言的差距问题，也思考新加坡华文教学里的语言规范问题。

陆俭明先生也回忆说：“他（周清海）来北京只几天就敏锐地感觉到我们的普通话跟他们的新加坡华语有差异。他知道我主要从事现代汉语语法研究，所以就把他的想法跟我说了，并说‘不知到底有多大差异’。我只随口说了一句：‘这恐怕得做些调查研究，调查了解新加坡华语的特点，并与我们的普通话作对比研究。’可能是这句话放在周教授心里了，所以1994年在他一手创建的南洋理工大学中华语言文化中心成立不久，就邀请我来从事新加坡华语与现代汉语标准语的比较研究。”[1]

---

* 发表于《国际中文教育学报》2017年第1期。

1 陆俭明：《新加坡华语语法》，北京：商务印书馆，2018，页1。

南洋理工大学中华语言文化中心成立之后，我把新加坡华语和现代汉语的比较研究作为中心的研究项目之一。陆俭明先生为中心做了新加坡华语与现代汉语语法的比较研究，写了《新加坡华语语法的特点》，李临定教授和汪惠迪先生做了词汇的比较，分别写了《新加坡华语词汇和中国普通话词汇比较》《新加坡华语特有词语探微》等论文。萧国政教授也和我合写了《新加坡华语词的词形、词义和词用选择》，发表在1999年第4期的《中国语文》上。这些成果大部分收入我编的《新加坡华语词汇和语法》[1]一书里。我也在2001年和2002年的《中国语文》上发表了两篇论文[2]，从语言研究和语言评鉴的角度谈及华语研究的相关问题。在2002年的文章里，我强调："处在中国改革开放的年代，在面向世界的年代，我们对汉语应该有一个世界的观点。制定语言政策时，思考角度要宽广一些，要顾及世界各地区华人使用汉语的情况。中国的语言工作者、研究者也应该研究世界各地区的华语，了解它们在当地的使用情况，它们和大陆普通话有哪些变异和区别，在这方面应该做些什么有益的事情等等，都应该提到日程上来了。"

2002年6月27日至29日，为庆祝《中国语文》创刊50周年而在江西南昌大学举办国际学术研讨会。这个研讨会得到南洋理工大学中华语言文化中心财务上的支持。我在会议上也正式提议编写《全球华语词典》（当时我将这样的词典取名为"华语通用词典"）。我说："新加坡华语词汇的使用中约有几千条词和（中国）大陆普通

1　周清海：《新加坡华语词汇和语法》，新加坡：玲子传媒，2002。

2　周清海：语文测试里的语言问题，《中国语文》2001年第1期；周清海：新加坡华语变异概说，《中国语文》2002年第6期。

话有差异，其中有不少已长期稳定下来，今后还将继续稳定地使用下去。为了沟通的需要，现在应该是考虑编撰‘华语通用词典’的时候了。吸收各地的词汇与用法，促进各华语区的交流，让各种差异在交流中彼此融合，比人为的非我不容的做法要好。”[1]

2003 年，李宇明先生到新加坡访问，在宴会上我向他提出编撰词典的事，得到他的积极回应[2]。

其实，在 1999 年，汪惠迪编著的《时代新加坡特有词汇词典》（联邦出版社）就出版了。汪先生在前言里说：“南洋理工大学中华语言文化中心成立后，主持其事的周清海教授拟定了一系列跟本土有关的科研专题。在周教授的鼓励和推动下，笔者才下决心整理所搜集的资料，撰写论文，并编写这本小词典。”因为有这本词典的出版，我才有信心在 2002 年提议编写《全球华语词典》，并且在 2004 年，率先在新加坡成立新马编写组。2005 年词典的编写计划得到中国国家语言文字工作委员会正式立项支持。从 2005 年开始编写，到 2010 年出版《全球华语词典》，共计用了六年的时间。

从 2002 年提议编写词典开始，到 2016 年出版的《全球华语大词典》，前后 12 年。《全球华语大词典》算是这项工作的结集。参与了《全球华语词典》和《全球华语大词典》的编撰工作，我更有了下面的认识：

词典能很好地引导各地华语向普通话靠拢，也向全世界表明用汉字表达的词语，都是华人的共同财产。词典也充分表现中国在汉

1 周清海：新加坡华语变异概说，《中国语文》2002 年第 6 期。

2 邹煜：华语词典的红酒缘，见邹煜编著：《家国情怀——语言生活派这十年》，北京：商务印书馆，2015。

语的相互融合上的柔性引导与协调的精神。这是向全世界表明中国对语言和谐的重视[1]。

词典主编李宇明先生说："编纂华语词典的设想，起源于上世纪末本世纪初，由新加坡周清海教授所倡导。具有百年出版历史的商务印书馆，知早行快，酝酿谋定，即于2004年组建编纂团队，艰辛六载，纂成《全球华语词典》。2010年5月17日，出版座谈会在人民大会堂举行，嘉宾云聚，李瑞环、李光耀、许嘉璐等贵驾莅临。会上，李光耀提议编纂词量更大的华语词典，李瑞环当即表示支持，全场报以热烈掌声。遵长者善言，又历六载，成《全球华语大词典》。《全球华语大词典》是《全球华语词典》的升级版。"

"更为珍贵的，是《全球华语（大）词典》所秉持的'大华语'理念。所谓'大华语'，就是以普通话/国语为基础的全世界华人的共同语。清末以降，国语运动迭兴。以新国音、新词汇、新语体为代表的国语教育，伴随着反对封建、昌明科学、复兴民族的社会大潮，从中国内地兴起，逐渐波及港澳、台湾及海外华人社区。这是现代汉民族共同语（国语）的第一波扩散。20世纪50年代以来，中国大陆（内地）进一步规范汉民族共同语，简化汉字，制定并推行汉语拼音，大力推广普通话。随着中国的改革开放，普通话也在持续地影响港澳台及海外，波及华人社会之外。这是现代汉民族共同语（普通话）的第二波扩散。同时，以老国语为基础的港台及海外华语，也不断登陆回乡。新老华语相互接触、相互借鉴、相互吸收，逐渐形成了现在覆盖全球的'大华语'。"[2]

1　周清海：《人生记忆》，新加坡：世界科技出版公司，2011。

2　李宇明：华人智慧华人情怀——序《全球华语大词典》，见李宇明主编：《全球华语大词典》，北京：商务印书馆，2016。

李宇明先生把现代汉民族共同语的扩散分为两个时期，和我2010年10月在华中师范大学语言与语言教育研究中心的演讲所提出的看法是一致的。我认为：我们处在一个特殊的时代——汉语大融合的时代。

1949年之前，中国经过了抗日战争、解放战争。这期间，有很多学者通过中印半岛往南迁移，他们到了东南亚——特别是新马，就留下来。也有很多学者由广州到香港、澳门，之后就留在香港、澳门，或者通过香港到了其他地方去。他们带去的“国语”和“国文”，在所居地发展而形成了当地的“华语”“华文”。

香港有更大的发展空间。香港的影视业，娱乐业、出版业就为全世界的华人提供了精神食粮，也影响了广大华人的语言。当时香港的书面语，仍旧是语体文，还没有出现所谓的香港中文。

华语区的书面语和语体文是高度一致的，差距很小。这是因为华语区的语文教学有注重标准书面语的传统，用的语文教材和中国大陆1949年以前的完全相同。

中国之外，各华语区之间比较接近，交往比较多，彼此之间的相互影响也就比较大。华语区的华人又大都是操南方方言的，华语也就不可避免地受到南方方言的影响，因此各地“华语”之间就具有相当多的共同性。

1949以后，很少和海外华语区交流的中国现代汉语，出现了自己显著的特点。中国现代汉语和各地“华语”“华文”，差距相当明显。

改革开放之后，中国和华语区之间的交往频繁，在你来我往之中，现代汉语和华语的相互融合，就是不可避免的。融合的速度随着交流的频繁而加快，其中以词汇的相互吸收最为显著。目前，现代汉语吸收了相当数量的华语词汇，这些词汇，有些就是“国语”词汇的回流。随着交往的频繁，以及中国传媒影响力的扩大，现代汉语的输入局面正在逐渐转为向华语的输出。

我们可以说，1949以后到改革开放之前，是汉语的分离年代；改革开放之后，就开始了汉语的大融合。这个大融合的时代，给汉语研究和汉语教学研究提供了更大的平台，要求我们以更大、更宽阔的视野，去研究语言和语言教学问题。

在这个大融合的时代里，海外华人已经从过去的“落叶归根”的心态，发展为“落地生根”。他们不再是孙中山先生所说的是中国“革命之母”，而转变为效忠所在地的公民。他们的语言，也从乡土方言转变为华语。这些华人和中国人，在语言文化上的认同，远远超过政治上的认同[1]。

2. 这18年来，除了对全球华语词汇的关注之外，我们也在邢福义教授的带领下，进行了“全球华语语法研究”。邢福义先生和汪国胜先生说：“对于全球华语的研究，以往未能受到学界的足够关注和重视。2005年启动、2010年完稿出版的《全球华语词典》，只涉及词汇层面。对于全球华语的语法问题，学界至今无人提出研究计划。2009年，新加坡著名学者周清海先生提出，应将全球华语语法提上研究日程，并多次与我们沟通，希望以我们研究中心为依托，立项并组织对全球华语语法的研究。这一倡议，反映了世界华人的寄托和期望。作为教育部的人文社会科学重点研究基地，我们有责任也有义务，用实际行动做出积极而有效的回应”，“启动这一

1　周清海：汉语融合时代的汉语语言与语言教学研究——面向语言专业研究生的演讲，见周清海：《汉语融合与华文教学》，北京：社会科学文献出版社，2020。

项目，既是为了深入了解华语语情，揭示华语语法的基本面貌，也是为了促进华人社会的语言沟通和汉语的国际教育与传播，为中华文化的发展和繁荣作出我们的努力。我们期待的是，本项目能够成为学界的一项共同课题，能有更多的学者加入到研究的行列”[1]。

这个重大的研究项目获得中国社科基金的支持。第一期的研究已经结项，2021 年将由商务印书馆出版 6 本书：香港卷、澳门卷、台湾卷、新加坡卷、马来西亚卷和美国卷。

3. 在词汇和语法研究的项目展开之后，我和中国语言研究以及语言教学界的友人逐渐有了明确的“大华语”的概念。李宇明先生给“大华语”的定义是“以普通话 / 国语为基础的全世界华人的共同语”。他在接受访谈时说：“通过编这个词典（指《全球华语词典》），我们认识到，全世界有一个比普通话更高层次的东西，那就是大华语。大华语是全世界华人的共同语言，这个概念就很不一样了，境界很高了。陆俭明先生也大力提倡‘大华语’。接着要解决大华语的社区变体问题，大陆也是一个华语社区。”[2]

又说：“大华语”指称的是除了地区方言之外的海内外“华语”。在“华语”前加一“大”字，既为避免“华语”的……歧义，也是在强调看待华语的全球视角、全球意识，强调一种“新华语观”。……“全球华人共同语”概念的提出，是很有意义的。……这一命题的提出及华语研究，有助于科学认识各地华语的关系，有助于加深对各地华语现象的认识，有助于促进世界华人的沟通，有

1 邢福义、汪国胜：全球华语语法研究的基本构想，《云南师范大学学报（哲学社会科学版）》2012 年第 6 期。

2 邹煜：华语词典的红酒缘，见邹煜编著：《家国情怀——语言生活派这十年》，北京：商务印书馆，2015，页 120。

助于强化世界华人的认同。并且说："这是在多年探讨、多人研究的基础上得到的一个共识性表达。"[1]

中国到现在的经济腾飞，只不过是短短30年左右的时间。中国国家的旧印象仍然深深地刻印在华人心中。中国和华语区的交往，在语言方面，需要更多的协调与融合。"大华语"的概念就能促进这个协调和融合。

陆俭明认为："建立并确认'大华语'概念的好处是，首先有助于增强世界华人的凝聚力和认同感；其次更有助于推进世界范围的汉语教学。……一方面要提倡以普通话为规范标准，另一方面我们又不做硬性规定，不一定要求境外华语非要不折不扣地完全受中国普通话规范不可，也可以有一个容忍度。"[2]

李宇明也对"大华语"的意义做了很好的总结："这种新华语观，不再忽视对海外华语和唐人街华语的关注，不再把普通话作为教学的唯一规范标准，不再人为强化普通话与台湾'国语'之间的差异与对立（包括简繁汉字之间的差异与对立），而是把各种华语变体都看作是华人的语言智慧而珍重它，而是更加关注各华语社区的交流与沟通，在交流与沟通中相互理解、借鉴和吸收，进而使各华语变体趋近趋同。同时，各华语社区也利用自己的资源，协力向世界传播华语和中华文化。这种新华语观，无疑会理性推进华语社区的语言互动，加大华语变体间的相互影响。"[3]

---

1 李宇明：大华语：全球华人的共同语，《语言文字应用》2017年第1期。

2 陆俭明：关于建立"大华语"概念的建议，见《汉语教学学刊》第1辑，北京：北京大学出版社，2005。

3 邹煜：华语词典的红酒缘，见邹煜编著：《家国情怀——语言生活派这十年》，北京：商务印书馆，2015，页120。

我们现在是在改革开放取得成就的新局面下谈论华文教学。而从“大华语”的概念看来，所谓“华文”，不是指现代汉语普通话，不是指台湾地区的国语、国文，也不是指香港地区的中文，而是指世界华人的共同语言。

华语区的华文教学，除了港、澳、台湾之外，大部分是作为第二语言的母语教学，这个教学既在培养用汉语进行交际的能力，同时也有文化植入的任务。

我们就结合“大华语”和“作为第二语言的母语教学”的观点，进行下面的论述。

（二）“大华语”的内部差异与语文课程的设计和教材的选取

1.“大华语”的内部差异既表现在词汇上，也表现在语法和语音上。

现阶段，我们对词汇的差距了解得比较多。中国朋友说“倒车”，我说“退车”。华语区有“同志”（同性恋）、“触电”（比喻男女瞬间产生爱意的感觉）、“没心没肺”（《现代汉语词典》释为“①形容不动脑筋，没有心计②指没有良心”。新加坡华语只有义项②的意思）。“心病”，新加坡华语指“关系不好，有矛盾：他们两个有心病”，和现代汉语的“指忧虑或烦闷的心情”不同。

“再”和普通话的“才”也有差异：“提纲拟好之后，不急于改写，等全书编好之后再写。”（吕叔湘《马氏文通读本》手迹）这个句子里的“再”，新加坡华语多用“才”。

台湾地区的“案子”是指“书面计划”，“告诉”是指“受害人向法院提出诉讼”。“框限”是台湾地区用词，和“框定”将来怎样分工，有待观察。

香港地区的“醒目”是“机灵”，“照会”是“通知、告诉”，中国大陆没这个意思，但华语区都这么用。“执勤”和“值班”在华语里没分别，但在大陆，“执勤”指部队或治安人员在规定时间担任工作。“头脸”是“面子”，也说“有头有脸”。但“没头没脸”在中国大陆却是“劈头盖脸”，如：“婆婆把脸一沉，大烟袋锅子没头没脸打下来。”（杨朔《春子姑娘》）这些都跟华语区的用法不同。

词语的褒贬意义也有差距：“一小撮”的贬义色彩，新加坡华语里有逐渐消失的趋势。“出笼”也比喻坏的作品发表或伪劣商品上市等。新加坡和香港都没有贬义。“党魁”：政党的首领（多含贬义），台湾新马都不含贬义。“扩张”：在“扩大（势力、领地）”这个义项上，新加坡的是含贬义的。“卷土重来”：比喻失败后重新组织力量再干，多用于贬义。新加坡和马来西亚都这样用：“竞赛将于 2015 年 11 月卷土重来，为您送上无限惊喜。”“倾巢而出”：出动全部力量（多含贬义）。新加坡报章的“各政党的领导人都倾巢而出”，显然不含贬义。

2. 社区词是香港学者田小琳首先提出来的，我是第一个支持这个概念的[1]。因为这些词“多半在本社区流通”，在全球化的环境下，就得特别加以关注。

新加坡的“资政、集选区、拥车证、官委议员、大学先修班、乐龄、挥春、固本、现金卡、财路易通卡、市镇理事会、理事长、奎笼、开黄腔”；

马来西亚的“巫统、马华、华小、董教总、国民型中学、东马、西马、茶钱、暗探”；

1　田小琳：《田小琳语言学论文集》，沈阳：东北师范大学出版社，2006。

台湾地区的“泛蓝、泛绿、草莓族、长青族、扫街拜票、背书、统独、一边一国、擦地板、菜鸟、叩应”；

香港地区的“高买、特首、负资产、饮咖啡、大信封、高官问责制、廉政公署、财爷、粤语残片、车公诞”；

中国的“工程、菜篮子工程、四化、两会、特区、四美三热爱、三个代表、改革开放、一国两制、擦边球、高价生”等等。

从汉语全球化的立场来看，社区词特别重要。因为学汉语用汉语，不一定只在中国。华语区之间，华语区与中国大陆之间的交流，最大的语言藩篱，恐怕也是这些数目不小的社区词了。这些社区词，是没有办法规范的，是我们到那个社区去，所必须了解和掌握的。社区词在多个社区使用之后，就可能成为华语的共同词语。

3. 从目前的信息交流之迅速程度看来，词语的规范问题更应该注意的是交流中达意的准确性，而不必太快决定取舍。“一直以来、见钱眼开、搞定、乐龄、按揭、崩盘、比拼、包装、飙升、强暴（指强奸）、愿景”等词语，就是在交流中进入了普通话的。

当然，中国改革开放之后，随着和华语区频繁交往，以及中国传媒影响力的扩大，现代汉语也正在逐渐向华语输出。但尽管如此，华语区的用词，仍然和现代汉语有差距。华语区用“冷气、塞车、马铃薯、赚钱、网络（路）、登机证”等等，现代汉语用的是“空调、堵车、土豆、挣钱、互联网、登机牌”。陆俭明认为现代汉语也用“网络”，而且现在似乎已逐步替代“互联网”；“赚钱”中国大陆也用，但只强调“盈利”的意思，没有“他出去打工挣钱去了”里的“挣钱”的意思[1]。

1　这是陆俭明先生对《“大华语”的研究和发展趋势》初稿所加上的看法。

上面所举的都是些常用词，在口语和书面语教学上，都会碰到。词汇语义的差异，只会增加交流的负担，因此，从规范的角度看，是最需要处理的。但处理这些问题，华语区之间需要有更大的共识。目前，我们所应该采取的态度是尊重华语区的语言变体，容忍差异，让语言在交流中慢慢融合。

4. 我对过去新加坡华语语法研究，说了下面的话：过去，新加坡华语语法的研究有个共同的倾向，就是从普通话的立场来单向地看待新加坡华语语法的特点。在这种研究模式下，研究者“挑出”新加坡华语中与普通话不同的语料加以讨论，认为这些就是新加坡华语语法的特点。这样的研究并不足以让我们看到新加坡华语语法的整体面貌。

> 这种研究方法只告诉我们新加坡华语“变”了什么，却忽略了“不变”的部分。“不变”的部分之所以重要，是因为过于强调“变”的部分容易出现以偏概全的毛病。
>
> 其次，现有研究让我们看到了新加坡华语“有”而普通话“没有”的语法现象，却忽略了普通话“有”而新加坡华语“没有”的语法表现[1]。

这个总结，也可以包括所有华语区的华语语法研究。现阶段，我们对各地华语的语法差距，还了解得不全面，希望“全球华语语法长编”编成后，能更全面地呈现这个差距。

---

1 周清海：全球华语语法研究新加坡组结项报告，见周清海：《汉语融合与华文教学》，北京：社科文献出版社，2020，页 65—72。

在"大华语"的观念下，语文研究和语文教学人员应该研究和了解各华语区的语言变体。这就意味着我们必须以更宽容的态度来看待现代汉语的规范问题，不一定要求境外华语非要不折不扣地完全受中国普通话规范不可，也可以有一个容忍度。

5. 在"大华语"概念下，语文课程的设计与教材的编写，应注意：

（1）在华语扩大用途时，不能只是考虑自己的需要，或者一切以中国为中心，而必须从整个华语区的需要着眼。了解华语区的人情社会状况，熟悉当地的语言状况，应该成为语文学习的目的之一。因此语文课程应该更包容，因为学习者可能在不同的华语区生活工作。

（2）过去中国语文教材里收录了苏联作家的作品，目的是了解苏联，让学习者亲近苏联。现在为了了解华语区、鼓励华语区的文学创作，华语区或者中国的语文教材里，收入华语区的作品，就是必要的。

（3）在教材处理上，必须指出语言文化差异，让学习者知道这些差异，以便他们到其他华语区时能够恰当地应用语言。我强调：编写语文教材时，不应该忽视、回避地域性差异，无论是课堂教学，或者编撰课本、词典，等等，都应该提供这些差异的信息[1]。

（三）"大华语"与语言测试

1. 2000 年，我参加香港理工大学主办的语文测试国际研讨会，发表了《语文测试里的语言问题》[2] 一文，就提出一些华文测试的原

1　周清海：《全球化环境下的华语文与华语文教学》，新加坡：青年书局，2007，页 53—66。

2　周清海：语文测试里的语言问题，《中国语文》2001 年第 1 期。

则性问题。我认为："因为各地华语之间具有共性，也有差异。华语之间的共性，使各华语地区之间的交际得以顺利进行。但是存在的差异，也不能不加以重视。在语文测试中，如果忽视这种差距的存在，将直接影响测试结果的可靠性，使测试失去信度。"

2. 从《汉语水平考试大纲》的语法点看，双音形容词和双音动词，华语区有"AB 不 AB"和"A 不 AB"两种重叠方式，而更常用的是"A 不 AB"的方式。陈建民认为："原先，北京口语里是'AB 不 AB'（如'不管孔圣人愿意不愿意'——《老舍选集》）。近年来，'A 不 AB'的格式已渗入北京口语了。"[1] 我问过一些北京的朋友，他们都不认为北京口语有"A 不 AB"的格式。因为普通话没有省略第一个音节的形式，所以《汉语水平考试大纲》里不收这个句式。

《汉语水平考试大纲》的口语格式里有"看 / 瞧把……得"的格式，如：

（1）你看把他们醉得。

（2）你看把个老头乐得。

其他华语区恐怕很少这么说，都在"得"的后边，用上补语，至少也得用上"这样子"。"A 不 AB"和"得这样子"，如果依《汉语水平考试大纲》的标准，这些说法都是不规范的。

各地区在语音方面，也有差距，如新加坡华语和台湾国语里的 zhi，chi，shi，与 zi，ci，si，不分，轻声与非轻声不分、没有

1　陈建民：《汉语口语》，北京：北京出版社，1984，页 29。

儿化……普通话常用的语气词“呗”，时态助词“来着”（有时省作“来”）都不见或少见于其他的华语区；华语区常说的“轻松轻松一下”，不见于普通话，等等。当我们对各地区的华语做进一步的研究后，将会发现更多的差距。

3. 在语文评鉴方面，我强调四点：

（1）汉语水平考试应该注重华语里的共同性，减少区域性的特征，不管是普通话，台湾地区的“国语”，香港地区或者新加坡华语里的特殊成分，都不应该作为汉语水平测试的项目。也就是说，汉语水平测试，应以华语的共同核心为测试依据[1]。

（2）各地区不能避免地要接受自己的常用词汇、语音特点以及语法句式，也应该将这些包括在各地区自己的测试范围之内。也就是说各地区的语文测试必须包括各自的语文特点。

如果要更大地调动华语区教学人员的积极性，可以考虑设立汉语水平考试的地区分卷。这份考卷的核心部分，由中国负责；让各地区的人员参与设题，构成地区分卷。这才能做到汉语水平考试的国别化。

（3）对书面语和口语也可以做不同的评鉴要求。书面语更强调华语的共同核心，而口语中可以接受某些固定下来的用法，因为口语本身具有即时性和不完善、不规范的特性[2]。

（4）教学从严，评鉴从宽：我们的经验是大众传媒与语文教学方面尽量“从严”，尽量向普通话靠拢，因为“英语、法语传播到国外，会变。英语有英国英语和美国英语。新加坡有300多万人口，

1　李宇明：《中国语言规划三论》，北京：商务印书馆，2015。

2　徐峰：《海外汉语词汇语法教学与研究》，上海：复旦大学出版社，2015，页54。

要了解13亿人口的中国所讲的话，所写的字，就要以你们的为标准。”（李光耀资政生前会见中国教育部副部长郝平时的谈话）而一般的语言应用和语文教学里的语文评鉴则应该“从宽”，允许一些地区性的词汇和语法现象，因为“忽然间改变，听起来不舒服，不习惯”[1]。

（四）“大华语”与文化问题

1. 从文化上看，高度一致的书面语教育也给华语区留下共同的文化与习俗。新加坡华人学习的华文被定义为“母语”的学习，就表示学“华文”既是学习本民族的语文，同时也是学习本民族的文化。李宇明所说的“作为第二语言的母语教学”[2]，新加坡的华文教学就是典型的代表。

在华文教材的内容方面，华语区之间必须维持最大的共同点，维持共同的文化核心。只有在文化和语言方面，有共同的核心，才有利于华语区之间的交际，也才有利于华语走向世界。

哪些是我们共同认可的文化核心？我们可以用以前的或者现行的华语区的语文教材，从文化与价值取向等方面，进行分析，以求得大概的了解。

语文学习里的文化问题，既和各地区自己的本土认同有关，也和华语区之间的共同文化认同有关。华人之间的民族认同，怎样在不同的语文程度里体现出来，怎样在不同的社会制度下体现出来，

1　周清海：汉语融合时期的语言与语言教学研究，见庄华兴、潘永强、许德发等编：《变迁中的马来西亚与华人社会（人文与文学卷）》，马来西亚：华社研究中心，2014。

2　李宇明：《中国语言规划三论》，北京：商务印书馆，2015，页337。

都是应该思考的。语文教学里的民族文化得不到重视，就是忽视了语文的认同功能。“语文认同消失了，民族也就消解了。没有民族认同的人群，是没有根基的。”[1]我们应该珍惜和保留共同的文化基础。

2. 在新加坡的华文课程里，我们选取了不少本地作家的作品，是期望语言学习者胸怀国家，从本地出发去看世界以及华人世界。

有一篇《新加坡河——我们的母亲》的课文里有这样的句子：“如果说黄河是中华文明的摇篮，那么，新加坡河便是我国繁荣的起点了。”

课文将“新加坡河”与“黄河”并列，并提及“中华文明”，这表现了我们除了热爱自己的国家之外，也积极向中华文化认同[2]。

中国改革开放之前，我们的华文教材所强调的文化内容是向传统认同，从传说、历史人物、历史事件、古典文学、近现代作家作品的介绍等等，都没有涉及当代中国。从“夸父”到“秋瑾”“詹天佑”；从“盘古开天辟地”到“虎门销烟”；从《封神演义》到《老残游记》；从梁启超到徐志摩、鲁迅、丰子恺等等。

中国改革开放之后，了解中国成为我们的一个重点，因此华文教材增加了当代中国的作家作品，包括地理名胜、历史文化等内容，如《东方明珠——上海》《香山红叶》《深秋的北风》《从甲骨文到电子书》等等。也选了中国当代作家，如冯骥才、贾平凹、刘心武等人的作品。作家和作品，除了能带来新的词汇，也带来新的

1　这是友人李宇明先生的观点，我完全同意。

2　周清海：新加坡华文课本所反映的语文政策与文化问题，见《跨疆越域的追寻：2007 年世界华文文学与华语文教育国际学术研讨会论文集》，台湾，2007。

社会生活和地域情况的内容。这些内容，为了解中国铺垫基础，也提供了我们和香港、台湾等社区华人谈话的共同话题。

在全球化的大环境下，香港台湾以及其他华人社区的作家作品，也出现在我们的华文教材里。容纳不同华语区的作品，是必须的。我认为：各地不同的作品、语言现象，可以让语言学习者了解其他华语区的社会与语言，方便学习者以后与其他华语区交往。在华语扩大它的用途时，我们的课程与教材，就不能只是考虑自己的需要，或者一切以中国为中心，而必须从整个华语区的需要着眼。

在华语扩大用途的情况下，新加坡的华文阅读教材所采取的选材与编辑路向，可能值得大家思考。但是，在国家认同与文化认同之间，如何才能取得平衡？华语文程度和文化认同的关系应该怎样建立？怎样的语文程度才是合适的？这些都是需要我们不断关心的问题。

3. 学习文言也是为了语言和文化的传承。我认为现代汉语是“古今杂糅，南北混合”的语言。学习文言，能增进我们对现代汉语的了解。但是文言的教学，必须和现代的需要接合起来，才能让文言的学习更有意义。

多年前，吕叔湘就曾提出现代汉语和古汉语分科教学的问题。他认为：“在充分掌握了现代汉语的基础上，学习文言，达到能阅读一般文言的程度，我估计至少得学习五六百课时，差不多要占去高中阶段的全部语文课的教学时间，课外作业时间还不算。还要具有较好的文言修养的教师和合适的教学方法。现行的教材编法和课时安排都还不能符合要求。

“文言和白话不一定要求一个教师教，甚至可以分作两门，各编课本。

“新的书面语又会从旧的书面语吸收有用的成分：在现代汉语书刊里，文言成分，特别是利用文言词素造成的新词，比《水浒传》和《红楼梦》里多得多。”[1]

可见文言的学习负担是很重的，但为了文化和语言学习的需要，我们又不能不学习文言文。在全球化的时代，我们同时也需要减轻学生学习文言的负担。我建议放弃全篇选读的做法，只选有意义的段落。吴楚材他们编《古文观止》的时代，文言是通行的语文，书写文言是当时必需的，今天我们已经不写文言了。我们必须以现代的需要，从“古为今用”出发，重新考虑语文教学问题。尤其是在知识近乎爆炸的时代，在全球化的年代，适当地减轻学生的语文和文化的负担，对于一个历史悠久的中国，这个问题是应该提到日程上来考虑的。……以内容为纲处理阅读教材，结合古代、现代、中外以及华语区共同的文化特点，使华文教学更具有挑战性[2]。

我更提倡以不同的课题为中心，将文言和现代汉语的选文结合起来，组成单元，进行教学。如“恋爱观”“友谊”“诚信”“务实”“移民问题”“外来人才”“民主”“爱国”“人性”等等，都可以成为课题，选取现代的文章，结合不成篇的文言，将“古今”融合起来，做到“古为今用”。当然对于中文系的学生和语文教师，可以有不同的要求、可以有更高的要求[3]。

---

1 吕叔湘:《吕叔湘语文论集》，北京：商务印书馆，1983，页 42、319、330。

2 周清海：对大专院校中文教学的一些看法——在“大专中文教学与教材研讨会”上的演讲,《华文教学与研究》2011 年第 3 期。

3 周清海：中国国民的语言文史修养，见周清海:《汉语融合与华文教学》，北京：社会科学文献出版社，2020，页 18—26。

（五）结论

1. 在“大华语”概念下，华文教学在教材、语言评鉴以及文化认同等方面，需要做些适当的调整，才能符合华人身份的转变，以及全球化的要求。但华文教学里书面语高度统一的传统，是应该继承和保留的。此外，从语文政策和语文推广的需要看，下面几点也应受到重视：

2. 从语文政策的高度，强调与维持共同的语言核心，使我们的华语走得出去，这是我们的目的。我们同时也提倡交流，相互吸收，提倡“大汉语”的概念。这些做法，对我们这个只有人力资源的小国，是必要的；对于汉语的发展，汉语走向世界，我想也是必要的（这是徐峰先生在他的著作里引了我 2006 年 3 月 24 日在《联合早报》上的谈话）[1]。当时我用“大汉语”，现在改为“大华语”。

3. 推广大华语，是所有华语区的责任。那么，华语师资的培训，师资资格的论证，华语教材的编写与出版，不一定要全在中国。汉办目前所采取的“派出去和请进来”的做法，以及（包括侨办）定期组织中国国内的教学专家前往海外，为当地教师举办培训班的做法，就是没有充分考虑大华语这个概念，没有充分调动华语区在推广大华语中的作用。

4. 调动华语区推广华语的积极性，不只有助于华语区语文教育的发展。鼓励华语区的语文教育企业化，对培养具有国际观的研究人员、语文教师都有好处，更将给汉语的国际化带来新的动力。汉语国际化，不能单靠经济力量，软实力的建立，需要华语区的配合，也需要了解中国语言文化的国际友人的支持。

1　徐峰：《海外汉语词汇语法教学与研究》，上海：复旦大学出版社，2015，页 3。

5. 李宇明先生认为："海外华语教学……是汉语教学最为重要的部分，也是国际汉语教学的最为重要的部分。因此，应当受到进一步的重视。"[1] 这个"国际汉语教学的最为重要的部分"，希望在中国的发展过程中，在"一带一路"的思考中，能受到有关单位充分的关注，而华语区之间，也应充分合作，在大华语的概念下，共同思考这些问题。

1 李宇明：《中国语言规划三论》，北京：商务印书馆，2015，页 343。

四、从“大华语”的角度谈语言融合、语文政治化与语文教学*

1992年之后，我们预测中国的稳健发展，将给世界，特别是小国新加坡，带来重大的影响。作为新加坡的学术人员，我们有责任帮新加坡年轻的大学生做好准备。1994年，南洋理工大学正式成立中华语言文化中心，开设了许多和现代中国以及中国文化、历史、语言有关的选修课程，也邀请了中国的学者来新加坡从事华语和普通话的对比研究，颁发研究生奖学金给中国大学的毕业生，正式开始了和中国的学术交流[1]。

经过研究，我们对普通话和新加坡华语的差距，有了比较深入的了解，同时也进一步思考语言交流之后可能带来的语言融合问题。在这个思考下，我和中国友人——邢福义先生、陆俭明先生、李宇明先生等人，共同提出“大华语”的概念，也在李宇明先生的带领下，商务印书馆的支持下，编纂出版了《全球华语词典》《全球华语大词典》，并在邢福义先生的带领下，进行了全球华语语法研究[2]。

华语的国际化是必然的趋势。在中国或者其他华语区学习华语的人，二三十年之后，可能在不同的华语区生活、流动。东南亚和中印半岛更是将来的发展中心。为了面对将来的发展，我们现在的

---

* 发表于《中山大学学报（社会科学版）》2021年第3期。

1 周清海：我和南洋理工大学中华语言文化中心，见周清海：《人生记忆》，新加坡：世界科技出版公司，2011。

2 李宇明：“大华语”的一面旗帜——序周清海先生《语言选择与语文教育》，《华文教学与研究》，2020. 1。

语言研究、语文教学，难免要考虑如何配合这个发展，如何调整我们所关注的重点等问题。本节就考虑在这个发展的前提和设想下，讨论相关的三个问题：一、华人的迁移和语言的传播与融合；二、应该避免语言文字政治化；三、语文教育的调整。

（一）华人的迁移和语言的传播与融合

新马的华人，十六世纪就生活在新马一带。他们大多数是从中国南方的省份移民到新马，很早就有华人移民和当地的土著女人通婚的少数例子。庄钦永先生所收集的马六甲、新加坡的华文碑文里，有一块汶来氏墓碑（万历四十二年，公元1614）：

甲寅年吉日立
明故妣汶来氏墓
孝男洪世立石

庄先生解释说："她是来自文莱的土著女人。她与其夫所生之子洪世，乃是马六甲早期的峇峇。"[1]这是庄先生所收集的148个马六甲华文墓碑里最早的一个，也是现在能看到的华人与异族通婚的唯一墓碑。

从十六世纪到二十世纪之间，移民东南亚的华人，大部分都是没受什么教育的农民。他们所说的南方方言里也没有读书音的文读，只有白读。"峇峇"的语言，是白读的闽南话和马来语的混合

1 庄钦永：《马六甲、新加坡华文碑文辑录》（民族学研究所资料汇编12），台北："中研院"民族学研究所，1998。

语言。“峇峇”只是华人移民中的少数，早期都集中在马六甲，后来也移民到槟城、新加坡等地。他们保留了许多华人的习俗。

从二十世纪开始，才有比较多的华人知识分子从中国向东南亚移民。他们给广大的东南亚地区带去了国文。这些移民知识分子，在东南亚用国文办学、办报，国文也就成了东南亚华语区的书面语。东南亚的华文和中国当时的语体文是高度一致的。

华语区对中国晚清时期推翻满清政府的活动，也是积极支持的。所以，孙中山先生说“华侨是革命之母”。后来国民政府推动的“国语”，华语区也是热情欢迎的。“国语”在华语区的推广，尤其是新马、印尼、菲律宾等地，是非常成功的。这些地区的华人，在教育语言上都主动地从南方方言转为“国语”。尽管大部分教师说的是带浓厚乡音的“国语”，准确度不高，而流利度却是非常高的。我中学时的华文老师，就是说着流利的海南话，而他自己以为说的是“国语”。因为华语区所说的“国语”是没有口语基础的，所以融入了大量的书面语词汇。广大华语区与中国的语言血脉相连，一直延续到现在。

1949 年以后到中国改革开放之前，海外华语区和中国大陆很少交往。这一段时期，现代汉语普通话跟海外的华语也少有交流的机会。海外的整个大华语区是“国语 / 国文”的天下。这是汉语的分离时期。

改革开放之后，中国和华语区的交流越来越广泛、频繁，这就开始了汉语的大融合。融合的速度随着交流的频繁而加快，其中以词汇的相互吸收最为显著。目前，现代汉语吸收了相当数量的华语区的词汇，这些词汇，有一大部分是“国语”词汇的回流。随着交往的频繁，以及中国经济、传媒影响力的扩大，现代汉语的输入局面逐渐转为向华语输出[1]。

汉语的大融合是当前现代汉语和国语/华语的现状。在汉语大融合的特殊时代里，应该更注重各华语区之间在交流中达意的准确性，让语言在交流中自然融合。因此我们应该了解彼此的语言差异，才能减少差异，更好地为汉语的和谐融合建立基础。这是我和中国朋友们这些年来一直在做的事情。我们编纂了《全球华语词典》《全球华语大词典》，进行了全球华语语法研究，目的就是希望了解华语区的语言，使融合更和谐。

现在谈论华语的应用和规范问题，就必须从国际的视角观察，不能只从中国国内或华语区的需要考虑。《现代汉语词典》是中国为了国内规范的需要而编写的词典，并不能规范华语区的语言应用。比如文字上将用“熔”替代“镕”，但在人名里，中国和华语区都仍旧用“镕”。华语区在“钻石”之外更创造了“瑄石”。有些地区，不愿意将锺/鐘都简化成“钟”，姓氏仍旧坚持用“锺”。这是华语的应用情况。

如果只从中国的立场，或者只从华语区的立场看待语言问题，就会出现许多似是而非的论断。《联合早报》2020年6月6日的言论版上《新加坡采用“华语”还是“汉语”？》一文说：

> “试问，如果把‘峇峇’一词改为‘巴巴’。我相信无人会知道这是何物。为了规范而不许用‘峇’字的做法，从政治学的角度来看，是一种语文‘霸权’，也使丰富的中国文字贫瘠化。”

---

1 周清海：汉语融合时代的语言与语言教学研究，见周清海：《汉语融合与华文教学》，北京：社会科学文献出版社，2020。

这就是彻底误解了中国的规范。中国的规范是为了全国的需要，《现代汉语词典》说“峇厘，今作巴厘”。我们不必反对，也无权反对。新马印尼喜欢用“峇厘”，就用“峇厘”好了。这和语文“霸权”毫无关系。如果我们非要中国用“峇厘”，不能用“巴厘”，那才是真正的“语文霸权”。

至于“峇峇”一词，在中国没有实用的价值，不是现代汉语里的词汇，《现代汉语词典》当然可以不收。如果为了参考的需要，《现代汉语词典》当然也可以收录。

《全球华语词典》《全球华语大词典》就收了“峇峇”，解释说：“指14世纪中叶后，从中国移民到马来半岛和印度尼西亚等地的汉族男子跟当地马来族女子结婚所生的男性后代。他们已经不大会说华语而以讲英语或马来语为主，但仍保留华人的习俗。”《全球华语词典》《全球华语大词典》是站在全球华语的立场上而编纂的[1]。

语言出现变异是免不了的，因此在语言的应用与推广方面，规范是必须的。尤其是“大华语”所包含的各华语区的变异情况，更为多样、更为复杂。各华语区可能都有自己不同的规范标准，很难统一。所以，谈论规范，既要注意交流的需要，也要尊重各华语区相对的自主性。从交流的需要说，华语必须保留共同的核心，才有利于华语的全球推广。各华语区，如何在交流的需要和自主之间保持平衡，是必须慎重考虑的。

为了汉语和谐融合的需要，我和陆俭明先生、李宇明先生也先后提出“大华语”的概念。陆先生说：“建立并确认‘大华语’概念

1　周清海：全球华语与全球华语大词典，见周清海：《汉语融合与华文教学》，北京：社会科学文献出版社，2020。

的好处是，首先有助于增强世界华人的凝聚力和认同感；其次更有助于推进世界范围的汉语教学。……一方面要提倡以普通话为规范标准，另一方面我们又不做硬性规定，不一定要求境外华语非要不折不扣地完全受中国普通话规范不可，也可以有一个容忍度。"[1]李宇明先生也写了《大华语：全球华人的共同语》一文[2]，解释这个观念。

（二）应该避免语言文字政治化

我们既看到世界各地的华语有共同的核心，也看到各地华语有自己的一些特点，因此只有把握"大华语"的概念，才有助于减少语言的矛盾，让语言和谐地融合。我们不能以自己的语言标准，去要求其他的华语区。这会造成不必要的语言矛盾。因此，我强调，华语有共同的核心，应该向普通话倾斜[3]。这个观点，在我们的语文教学里是应该这样贯彻的：教学从严，评鉴从宽。也就是教学上尽量靠拢现代汉语，而在语言评鉴和应用上尽量从宽，容忍差异。

在汉语相互融合的现阶段，语言的差异，仍旧存在，因此也常常被政治化。这是应该避免的。把语言政治化，受伤害的是下一代，将给下一代造成无可弥补的损失。

在新加坡成长的我这一代人，就曾经受过语言政治化的伤害。在英国统治新加坡的时期，反殖民斗争在政治和教育上，也是反英文的，认为英文是殖民地政府的语言。新加坡华人团体发展华文教

---

1 陆俭明：关于建立"大华语"概念的建议，见《汉语教学学刊》第1辑，北京：北京大学出版社，2005。

2 李宇明：大华语：全球华人的共同语，《语言文字应用》2017年第1期。

3 周清海：论全球化环境下华语的规范问题，《语言教学与研究》2007年第4期。

育，不重视英文的学习，是当时的普遍现象。我这一代的新加坡人，有超过一半是华文教育出身的，他们的英文大体上都不好，在社会上也就失去了竞争的条件。新加坡独立后，才实现双语教育。1999 年，我对新加坡的双语教育做了这样的评价：我国的双语教育政策，不只解决了母语的政治问题，解决了我国成长时代就业不平等的社会问题，也将不同的、两极化的华英校学生，拉近了距离，而且在建国过程中，为母语提供了一个浮台，让母语保留了下来，更加普及化，并对我国的发展做出了贡献。虽然，我们母语的程度稍微降低了，但这样的牺牲也是无可奈何的事[1]。

我们经过了四五十年，才化解了语言政治化的危机，并且使新加坡成为世界上少有的双语社会。在新加坡学习语言（华语 / 英语 / 马来西亚语 / 淡米尔语），就可以在社会上直接应用。新加坡所提供的语言应用的社会环境，是其他地区所不能企及的。在中国没有办法制造应用双语的社会环境。社会应用双语，是新加坡的特色。

这个特色，有无限的发展潜力。

台湾地区曾经将简体字称为“匪字”，有意将语言文字政治化。其他一些华语区，也有学台湾地区的，教育上只用繁体字，反对简体字。澳门有人强调“繁简由之”。中国大陆之外，新加坡是最早在教育上采用简体字的，马来西亚后来也跟随采用。我们政府的文告，用的是简体字，传媒也全用简体字。我们是从学生学习负担的

1　吴元华：《务实的决策——人民行动党与政府的华文政策研究》序，见吴元华：《务实的决策——人民行动党与政府的华文政策研究》，新加坡：联邦出版社，1999。又见吴元华：《务实的决策——新加坡政府华语文政策研究》，北京：当代世界出版社，2008。

角度考虑，认为简体字能减轻学生学习汉字的负担。新加坡建国以来，就避免将语言文字政治化。

大部分的华语区，接受普通话、也接受“国语”和华语。在交流中，尽管可能偶尔出现一些达意上的小困难，但交流的障碍并不大。台湾地区有一个时期强调闽南话，即所谓的“河洛话”，在国际学术研讨会上，竟然用“河洛话”发言，用“河洛话”做学术总结，试图以“河洛话”取代“国语”。后来不得不放弃，因为“河洛话”只能让自己越来越孤立。将语言文字政治化，可能牺牲下一代。

香港是比较特殊的地区。粤语代表了香港人的身份。粤语在香港的特殊地位，是这四十几年造成的。

1967 年到 1969 年，我在香港生活了两年。那时我不会粤语，香港人总亲切地问我：“你是不是上海佬？”当时，邵氏影片说的是国语，粤语影片是“广东残片”[1]。

从对国语的认同，转变为对粤语的认同，有意突出粤语在香港人身份认同中的作用。这是语言政治化的做法。香港语言文字政治化的做法，大概发生在 20 世纪 70 年代，这是在政治上有意为之的——让香港人的语言身份和中国内地不同。我希望香港的朋友，能研究这个课题。

二三十年后，华语的应用将是跨地区的，更国际化的。没有掌握好华语，香港人将面临语言交流的困难，也会失去不少的竞争优势。现在，人为地将粤语和普通话对立起来，让自己在交流中形

---

1 友人邓思颖教授认为：五六十年代那些黑白粤语电影，称为“粤语长片”。因故事情节慢，追不上时代，因而谑称“粤语残片”。粤语“长”“残”读音相近。

成语言孤立。这个做法是不明智的。香港人将语言文字政治化的结果，将使下一代受到伤害。

面对华语跨地区的应用，香港如果要为将来出现的局面做好准备，语文教育就应该做一些调整。香港的朋友告诉我，现在的香港人，有一半能用普通话沟通。这是好的发展。对普通话不必要的敌视，只有让自己失去竞争的条件。而令人挂心的是抱这种语言态度的大部分是年轻的香港人[1]。

处理语言问题，应该避免政治化。我对新加坡的语言问题，说了这些话："新加坡为了让学生更好地学好母语（华语），我们限制方言在娱乐和传媒里的应用，同时推行讲华语运动，使华语成为学生的生活语言。在有华语口语作为生活语言的基础上学习华文，也就容易多了。我们更从语文政策的高度，强调与维持华语共同的语言核心——向普通话倾斜。在语文教学和大众传媒方面，特别注重这个核心，使我们的华语走得出去。我们同时也提倡交流，互相吸收，提倡建立'大华语'的概念。这些做法，对新加坡这个只有人力资源的小国，是必要的；对于汉语的发展，汉语走向世界，我想也是必须这样做的。"[2]

我强调"向普通话倾斜"，就是要让交流不会出现中断，让语言融合更和谐。在华语全球化的大背景下，将语言政治化，伤害的是下一代。华人有共同的语言，是一个财富，应该继续爱护和保留的财富。

1　关于新加坡和香港的语言问题，我在《多语环境里语言规划所思考的重点与面对的难题——兼谈香港可以借鉴些什么》一文，有详细的讨论，见周清海：《全球化环境下的华语文与华语文教学》，新加坡：青年书局，2007。

2　周清海：语言与语言教育的战略观察，《中国语言战略》2016 年第 2 期。

（三）语文教育的调整

不同的区域有不同的历史背景，有不同的需要；语言的应用，语法和词汇也有差异。如果不尊重各个区域的需要，就会带来很多问题。

1949年之后，中国出现了统一的口语。没有统一的口语，中国不可能实现今天的发展。口语的统一是中国语言规划最重要的成就。普通话能普及，靠的是全国人民高度的爱国热诚。中国广东人学普通话比较困难，但他们都愿意学，现在广东人说普通话也说得非常自然，非常流利。但在海外其他地区，可能做不到。

在华语区推广普通话，困难也比推广书面语大。我常常提醒在香港推行普通话的朋友：普及普通话比提高普通话的水准更重要。香港朋友说普通话说得不标准也无所谓，大家听惯了，对语言有感情了，再去提高，困难就不大了。中国的朋友不理解这点，香港的推普朋友也不能体味。他们在香港推广普通话就从提高开始、从标准开始，因此语言学习者所面对的困难非常大[1]。

内地在香港做事的朋友，如果能用不标准的粤语，说两句广东话，也能淡化语言的政治化。以前，我听到内地的朋友只会说“你好嘛？”，现在也能说“有无搞错？”“关你么嘢事？”这也是一个进步。

新加坡从来没有一种共同语言，但建国后，各民族之间需要有一种共同的语言，英语便被提到日程上来。为了新加坡的发展，以及将来的需要，英文教育出身的开国总理李光耀先生用了四五十年

---

1 周清海：《全球化环境下的华语文与华语文教学》，新加坡：青年书局，2007，页105—114。

的时间学习华语。这是多大的付出！如果他没决心学好华语，不能用华语演讲，不能用华语与中国来访的客人交谈，我们建国初期所面对的语言政治化问题，就没办法解决；建国后所推行的双语教育，也不能这么成功[1]。

台湾地区说闽方言的人有多少？整个福建省说闽方言的人数远远超过台湾，整个东南亚地区的闽南人人数，也超过台湾，但东南亚华人都学习普通话。尽管我们不能说标准的普通话，我们说的是“华语”。东南亚的华语区并没有将说闽南话和说普通话政治化。

语言问题是最能动人感情的，但是处理语言问题需要更多的理智，是最不能动感情的。如果我们接受“大华语”的概念，中国的汉语教师到海外教学，不是教普通话，而是教“大华语”的北京版。如果是教“大华语”，那么教的人就不一定是从中国来的，也可以是当地的华人，也有可能是马来人/印尼人/菲律宾人/印度人等等。

教华语的不一定是中国人，应该作为华语国际化的一个重要标志。我们应该去当地培养人，让这些人在当地教学，让当地的人组编教材，这样他们就会觉得这是自己的责任，而不是外来的事务。

如果我们接受“大华语”的概念，那么就会出现一个特殊的时代：推广汉语/华语/中文，责任不全在中国。中国一定要和华语区充分协作，不能把华语当作对外汉语，只考虑向外派人。在“大华语”的观念下，应该鼓励华语区参与华语的教学与研究工作，充分调动华语区推广华语的积极性。

新加坡、马来西亚等地都有不少华语人才，如果马来西亚的学

1　李光耀:《李光耀回忆录 1965—2000》，新加坡：联合早报出版社，2000。

生到中国学习汉语，或在大学中文系读书，毕业以后由中国派到马来西亚去教汉语，恐怕比中国的教师更加了解马来西亚。

华语文课程与教材，也必须从整个华语区的需要着眼。今天“一带一路”提倡往外走，那么二三十年之后，中国往外派出的年轻人，对“一带一路”沿线国家应该有所了解。新加坡、马来西亚等地有很多写得不错的文学作品，可以作为中国或其他华语区的语文教材，或者作为儿童读物，都能让中国的年轻一代了解华语区，也能促进华语区之间的相互了解。应该通过语文教育，引导中国或华语区的年轻人走出去，愿意走出去。中国现在的语文教材，都只注重自己国内的历史、文化、文学等等，这不能配合中国国家发展的需要。

语文教材容纳华语区的作品，对华语区的写作人，也是极大的鼓励。我们可以通过教材或读物，通过语文的学习，重建中国和华语区年轻华人的人际联系，让他们了解不同的华语区。文化上的认同，也应该充分体现在华语文的教材里，体现在教学中。

我们也应该有一个机构，有计划地收集与出版华语区的优秀教材、分级读物，并为华语区编写语文词典。华语教材都在中国编写，在海外不一定适用。应该在当地领导、组织编写小组，为当地提供合适的教材。华侨大学贾益民教授主编“华文教育研究丛书”就是研究出版方面的先行者。

港珠澳大湾区的发展，更应该将这个纳入发展的计划之一。香港的出版业在华语区，有很好的基础，今后在这方面也应该能发挥积极的作用。

第二章　汉语的语言研究与战略观察

五、汉语里字词的关系 *

（一）引言

1.1 “字”，也就是语素。字和词的关系，就是“语素”和“词”的关系。吕叔湘先生说：“有人主张只讲词义，不讲字义，这也是片面的。汉语词汇的基本单位还是一个一个的单字。应该把现代汉语中最有活力的两千来个字（估计不超过此数）给学生讲清楚。不能把汉字只看成符号，像对待外国语的字母那样。”[1]

1.2 汉语词汇的发展，是建立在“字”的基础之上。“聊”构成“聊赖、闲聊、聊备一格”等词语，“聊”字的意义不同。要通过语文教学把这两千来个字给学生讲清楚，不是一件容易的事。这涉及教材、教学法以及对词汇和字的关系的认识。这里，我将集中从语文应用、词典编撰和语文教学的角度谈字与词的关系。

---

* 本文是根据 2017. 5. 3 在华侨大学“华文教育系列学术讲座”的演讲稿改写而成的。曾发表于《世界华文教学》2018 年第 1 期。这里在文字上做了一些修改。

1　吕叔湘：谈语言的学习与教学，见吕叔湘：《吕叔湘语文论集》，北京：商务印书馆，1983，页 318。

（二）重视字的意义

2.1 近日报章出现“台游览车事故凸显陈疴”。《国语辞典》（1937）收“沉疴”，《现代汉语词典》和《现代汉语规范词典》也收“沉疴”，解释为“长久而严重的病：妙手回春，沉疴顿愈”。这三部词典都不收“陈疴”。只有网上词典收了“陈疴”，解释是“积久不愈的疾病”。

“沉”是程度深：沉痛、沉醉。“陈”只有“旧、时间久”的意思：陈年老酒、推陈出新、陈词滥调、陈旧、陈套。“陈”是“旧”，而“沉”是“长久、严重”，用“沉疴”显然比“陈疴”更恰当。

2.2 台湾地区出现过“日治”和“日据”的争论。台湾当局1951年发出这样的通告：“公文处理统一使用‘日据’。”周婉窈认为：“如果说‘日据’和‘日治’有何差别，除了意指不同之外，我认为还有一个重要的差别，那就是‘日据’不是研究者自发的用语，是官方‘矫正’的用语；‘日治’则可以看成解严之后台湾史研究界逐渐形成的用法，是自发的，某种程度也算是共识的结果。……‘日治’一词作为自发性用语，起源很早。……早在战后初期就出现，但在距今六十一年前，被禁止使用。”[1]

“治”和“据”的差别，也突显了“字”的问题。“治”有“治理得好，安定太平”的意思，“治”和“乱”常常并举：“桀纣以乱亡，汤武以治昌。”（《战国策·齐策》）“禹以治，桀以乱，治乱非天也。”（《荀子·天伦》）难怪新加坡《联合早报》资深报人严孟达说：“‘日治’一词一向给我一种不甚舒服的感觉。这是‘日本统治’的

1 http://tw.myblog.yahoo.com/jw%21uduCo2SGHRYWIzLEAu0T/article?mid=1320.

简称，是个中立的客观表达；……‘治’又有正面积极的意义……”[1]只看到“治”是“统治”的简说，而没有看到“治”含有“治理得好，安定太平”的含义，是对汉字缺乏认识，这也可能是反映了台湾历史研究者的价值观。严孟达对汉字的感觉显然是非常深刻的。

2.3　用“字”构成词，对“字”是有所选择的。周祖谟说：“在词典里给出了整个词的词义，而没有点到其中有必要解释的词素的意义。……在编者可能认为没有必要，也许觉得那样做会支离破碎，过于繁琐，不符合一般词典的体例，不过，我觉得要真正理解一个词的词义所包含的内容就应当有所说明。”[2]这个看法是正确的。对字（语素）有了正确的理解，才能准确地应用词语；才可能减少书写白字。

（三）词典对字义的处理

3.1　自从西方“词”的观念介绍到中国来了之后，语言研究和语言教学都非常注重“词”，而忽略“字”。黎锦熙说：“文法中组织句子，分别词类，是把词作为单位；不问它是一个字或是几个字，只要是表示一个观念，就叫作词。”[3]这种只关注词而忽略字的观点，影响了语文研究和语文教学。现在的语文课本以及老师的教学，都注重词义，不注意字义；现代汉语辞书的释义上，在字和词的处理上，也有很多不完善的。

3.2　辞书释义中对于字的处理，就有许多待商榷的地方：

“狼藉”，《现代汉语词典》将“狼籍”用括号收在“狼藉”之

1　严孟达：话说“伪昭南”，《联合早报》2017 年 2 月 25 日。

2　周祖谟：《周祖谟学术论著自选集》，北京：北京师范学院出版社，1993，页 52。

3　黎锦熙：《新著国语文法》，北京：商务印书馆，1992，页 15。

后，接受“狼籍”的写法。《现代汉语规范词典》特别注明“不要写作‘狼籍’”。“藉”和“籍”是意义不同的两个字。我认为，《现代汉语规范词典》是对的。

“死心塌地”，《现代汉语词典》收了，第六版开始收“死心踏地”。《现代汉语词规范词典》说“不要写作‘死心踏地’”。“踏”和“塌”也是意义不同的两个字。

《现代汉语词典》收了“老羞成怒”，解释为“因羞愧到了极点而发怒”；也收了“恼羞成怒”，解释为“由于羞愧和恼恨而发怒”。这都是恰当的解释。但《现代汉语词典》收了“小气”，不收“小器”，《现代汉语规范词典》两个都收，说“现在一般写作‘小气’”。这些差异，都和“字”有关。

3.3　词典对字义的解释，也有不完美的地方：

“救”，《现代汉语词典》说：“援助人、物使免于（灾难、危险）：救亡 | 救荒 | 救灾 | 救急。”《现代汉语规范词典》改为：“采取措施，使灾难或危急情况终止。”其实，救，《说文解字》：“止也。”“季氏旅於泰山。子谓冉有曰：女弗能救与？”（《论语·八佾》）用的就是这个意思。救，就是终止（灾难）。

“轮流”在《现代汉语词典》的定义是：“按次序一个接一个地，周而复始：轮流值日、轮流坐庄。”《现代汉语规范词典》改为“按次序一个接一个地”，删了“周而复始”。1937年的《国语辞典》下的定义是“依次更替”，显然《现代汉语规范词典》的根据是《国语辞典》。“轮流”不一定有“周而复始”的意思。新加坡小学语文课本《看企鹅》一课里，“企鹅一只接着一只地轮流上前吃”和学生造的句子“同学们一个接着一个轮流上巴士”都是对的。

“遗骸”，《现代汉语词典》的定义是：“遗体；尸骨：生物遗骸 |

迁葬烈士遗骸。”“残骸”，定义是：“人或动物的尸骨，借指残破的建筑物、机械、车辆等：寻找失事飞机的残骸。”而“骸”的解释是“骸骨、借指身体：形骸、遗骸”。“骸骨”是“人的骨头（多指尸骨）”，而“残骸”却有“借指残破的建筑物、机械、车辆等”。显然对“骸”的解释是不全面的。

“不速之客”，《现代汉语词典》的解释是：“指没有邀请而自己来的客人（速：邀请）。”“不胫而走”，解释是：“没有腿却能跑，形容传布迅速（胫：小腿）。”“首当其冲”，“比喻最先受到攻击或遭遇灾难（冲：要冲）。”这些释义从 1983 年起沿用至今。从这些释义里，我们看到词典编者相当重视成语里所保留的“字”的古代意义。可惜这个原则，从 1983 年起到第五版，都没有充分贯彻。

“不胜枚举”“不胜其烦”“不胜感激”“不可胜数”的“胜”，都是“尽”的意思。这些用法都是从文言继承下来的。粤语里的“饮胜”也是“尽”的意思。《现代汉语词典》在“不胜枚举”之下的解释是“无法一个一个全举出来，形容同一类的人或事物很多”。《现代汉语规范词典》解释为：“不可能一个一个全举出来（胜：尽；枚举：一一列举）。形容同一类的人或事物很多。”

其他成语如“走马看花、耳聪目明、固若金汤”等的“走、聪、汤”，都保留了古汉语的字义。词典应该怎样处理这些“字”的意思？

“元”，《现代汉语词典》列出下面的意思：① 开始：元旦。② 为首的：元首。③ 主要的：元素等。《现代汉语规范词典》增加了“人头”义。“元”的“人头”义只见于古汉语：“勇士不忘丧其元。”（《孟子・藤文公下》）《说文解字》给“元”的定义是“始也”，这不是本义。现代汉语的“元”没有“人头”的意思，只有“冠”字是

“手（寸）拿帽子戴在头上”。在构字里保留了“元”的本义。《现代汉语规范词典》给“元”增加了“人头”义，显然是没有必要的。

“页”，《说文解字》定义为“头也”，现代汉语里“页”部的字都和“头”相关，但“页”没有这个用法，所以两部词典都不收“头”这个义项。

“字”，《说文解字》定义为“乳也”。两本词典“字”下都没有“乳”的意义。书面语有“抚字”，意思是抚育爱护，抚养爱护：～唯勤｜～得法。“字”，用为“乳”的意思，只见于古汉语：“妇人疏字者子活，数乳者子死。”（《论衡》）“字”“乳”相对用。词典如果不收“抚字”，当然不必处理“字”的“乳”义。

“斤”，两本词典都有“古代砍伐树木的工具”的解释。这个意思也只见于古汉语：

“斧斤以时入山林”（《孟子·梁惠王上》）。现代汉语的词和成语里没有保留这个意思，只有用部首“斤”构成的字，如“斩”“断”等字，“斤”才有“斧斤”的意思。

对“元”“页”“字”和“斤”这一类字，在为现代汉语编写的词典里，应该怎样处理？应不应该收入现代汉语已经消失的字义？该收哪些字义，不该收哪些字义？怎样处理这些词语里的字义比较适当？都是应该关注的。

（四）从语文应用上看字

4.1 对“字”（语素）的意义，如果不能准确地掌握，在语文应用上就会出现语病。邢福义先生曾举了下面的例子：

“1993 年 6 月 20 日，某中级人民法院、某人民检察院等四个单位却贴出了这么个通告，某大城市里到处可以看到，标题是：关于敦促在逃刑事犯罪分子投案自首的通告。”[1]

通告对“在逃刑事犯罪分子”用“敦促”。“敦”有“诚恳”的意思，表示“尊重”，如“敦请”“敦聘”，不能用在“在逃刑事犯罪分子”身上。“促”没有“尊重”的意思。如果用“催促”，或者用“促在逃刑事犯罪分子投案自首”，就比用“敦促”好。或者如邢先生所建议的，改为“勒令”。《现代汉语词典》“敦”字下本来只有“诚恳”一个意思，后来增加了“② 督促”，这个增加是没有必要的。“敦促”用“催促”解释，只解释了“促”的意思，举出的用例是“敦促作者早日交稿”，也显然不当。这个现象说明了对“字”义的理解不深刻，就像接受“狼籍”“死心踏地”一样，都是不好的。

作为“介词”，“乎”“于”在古汉语里是相通的。“明乎此”就是“明于此”。《体育之研究》一文，就用“明乎此”。下面的句子连用了“乎于”：

“向科学进军的道路是不平坦的，明乎于此，就不会对人们在实践中遇到的挫折大惊小怪了。”[2]

作者也可能了解古汉语里“乎”和“于”的介词功用是相同的，但受了四字格的影响而这样用。

4.2 词里的字义也有消失的现象：“凯旋”是“胜利归来”，

1 邢福义：表达正误与三性原则，见中国对外汉语教学学会秘书处、《语言文字应用》编辑部编：《语言教育问题研究论文集（2000）》，北京：华语教学出版社，2001，页10。

2 《咬文嚼字》2001年第8期，页25。

“旋”是“归来”，因此，能不能说“凯旋归来”“凯旋而归”？“凯旋”里“旋”的“返回、归来”义被语言运用者遗忘了，因此出现了“凯旋归来”的用法。

“夙愿”是“很早就有的愿望”，“夙”是“旧有的”，能不能说“长期以来的夙愿”？“返”是“回来”，能不能说“遣返回来/回去”？“截至、直至、波及、触及、顾及、累及、推及、谈及、涉及”等词的“至”和“及”都是“到”的意思，后面可以加“到”吗？这些词语都重复了“旋”“返”“及”的语素义，但已经成为现代大多数人的用法了[1]。

4.3 字和语言变体：有些字，在华语区[2]是词，但在普通话里却是不能单用的“字”，如“面”，在普通话里是个字，不是词。用“面”构成的词，如“面貌”“面孔”“面目”“面额”“面色”“面对”等，一般也不再用来造新词。“脸”是字也是词，除了独用外，也用来造新词，如“脸盆”“脸色”等。南方方言里没有“脸”这个词，只有“面”。新加坡华语受南方方言的影响，将“脸盆”说成“面盆”，并且有“面纸”“面市”的说法。如果以普通话作为规范的标准，就该用“脸盆”“纸巾”和“上市”（《现代汉语词典》收了“上市”，也收“面市”。“上市”有两个意思，第一个意思就是“面市”）。现代汉语里有“面色”，也有“脸色”，“面色苍白”也说成“脸色苍白”，在表示“气色”这个意义上通用。但只有“看人脸色”，没有“看人面色”。

表示“锋利”的“快”是词，可以说“这把刀很快”；“利”不是词，不能独用。新加坡华语受方言的影响，将“利”用为词，说

1 周清海：《变动中的语言》，新加坡：玲子传媒，2009，页15—37。

2 华语区指港澳台、新马等地区。

“这把刀很利”。按照现代汉语的用法，只能说“这把刀很快”。

“今”（现在、当前）是字，不是词。除了构成“今天”“至今”“今日”之外，普通话里没有“今次”“今期”“今时”的说法。香港的书面语，以及新加坡的部分书面语，受到粤语的影响，出现了“今次”“今期”和“今时”的说法。普通话都应该说成“这（一）次”“这（一）期”和“这个时候”。只有书面语里用“今时”“今日”。这是因为粤语里的“今”字比普通话多了一个意义：此、这。

“迟”和“晚”，华语里用“迟”：等他发现时，已经太迟了。“重”和“沉”，华语里用“重”：东西这么重，你也提！“倒”和“退”，华语用“退车”，北京的朋友说“倒车”。

用语素构成词，华语区对语素的选择和普通话可能不同，如：“登机证/牌”“登机门/口”“过身/世”“数位/码”“义拍/标”“拍/标价”“住客/开房率”“退/倒车”“震央/中”等等。这些现象应该怎样处理？这些不同的语素所构成的词，只能在交流中慢慢融合，不合适做硬性的规定。

在汉语大融合的时代，注意华语区词汇与现代汉语词汇的差异，让语言在交流中和谐地融合，是编撰《全球华语词典》和《全球华语大词典》的主要目的。如果《现代汉语词典》能适当地吸收这两部词典的词汇，对汉语走出去，对中国人走出去，将大有帮助。这是关注汉语语言命运共同体应该有的想法。

《全球华语词典》和《全球华语大词典》是在“大华语”概念下编成的，更能配合汉语国际化的需要。希望和推广汉语有关系的人员，能更好地利用这两部词典。

4.4　字也有褒贬义，“嘴”和“口”意义相近，但“嘴”多用在贬义，如“油嘴”“油嘴滑舌”“嘴脸”“嘴硬”；“口”却多褒义，如“口感”“口碑”等。这可能和“嘴”原来是指鸟类的“嘴”有关。粤方言就没有这个分别，所以香港不用“嘴硬”而用“口硬”。“巢”也多含贬义，如“老巢”“巢穴”“匪巢”等，成语“倾巢而出”（又作“倾巢出动”），都有贬义。但这个贬义也正在消失之中，现在更有“共筑爱巢”的说法。

对“字”和“词”的了解，可以解释华语区域变体产生的原因，对语言规范、语言教材的选取和语言教法等方面，也有诸多的启示。

（五）语文教学、语料库和字

5.1 语文教学里，让学生学会词语，同时也应该了解组字成词的字义。学了“家具”“工具”“餐厅”“餐桌”，如果在阅读中不了解“餐具”的意思，就是教学的疏忽。

汉语的词是建立在汉字的基础之上，我们应该充分利用汉字，让学生类推新词的意思，这是培养阅读能力的有效办法。学了“花园”“瓶子”，就可以在阅读里类推“花瓶”的意思。因此在教学上需要做到“以词带字，由字释词”。

“首要”，“首”是第一。“首先、首创、首当其冲”都是这个意思。“错”在“交错、错综复杂、错落”里的“错”是“相互交叉”的意思。“迁徙”，就是迁移，“徙”是移。书面语的“徙倚”就是“徘徊”。“竭”不独立应用，但作为语素，构成“竭诚、竭泽而渔、竭尽全力”等词语。所以，“竭力”就不能只解释为“尽力”，应该也把“竭”为“尽”的意思也说出来。“汇报”，《现代汉语词典》的解释是“综合材料向上级报告，也指综合材料向群众报告”。其实，“汇”是“聚合”，“汇报”的词义是“聚合提出报告”，对象可以是上级，也可以是任何一个你所尊敬的人或者一群人。“汇”构成了“字汇、词汇、总汇、汇集、百川所汇”等词语。

“陈”构成“陈列、陈述、陈旧”等词，“陈”有几个语素义？“新陈代谢、推陈出新、陈词滥调”的“陈”，“陈言务去”和“率直陈言”的“陈”，意思一样吗？这些都和语素义有关。

要了解词的意义，就不可以忽略词的语素义。忽略语素（字）的意义，恐怕是二十世纪初引进西方语言学“词”的观念时，过分强调“文法中组织句子，分别词类，是把词作单位”[1]的结果。

5.2 我曾说：“从普通话作为‘话’的角度来看，新加坡、香港和台湾地区的一些普通话教材，就不够口语化。例如：“兜售”“严重的疾病”“循……途径升迁发展”“我一定会打电话与你联络”等等。因为这些地区，都是在没有普通话口语基础上推广普通话的。口语和书面语不分的弊病，在中国的对外汉语教学的教材里就没有发现。中国是汉语的故乡，因此，语言教学人员对语言，尤其是口语，敏感度比较高。”[2]从另外的角度看，上面那些词用的字，都是古汉语的字义，用了古汉语字义的词，大部分是书面语，不适合用在口语中。

我曾说：“华文学习里经常被忽略的语素义（通俗地说是字义）和词汇的关系问题。比如‘书’，在华文教学里，只注意字形的教学，而忽略‘书’的语素意义，以为‘书’就是‘书籍、书本’。香港理工大学编辑的《中英对照香港学校中文学习基础字词》，‘书’下只收 book 一个意义，而‘书’字下所列的词，远远不是 book 所能包括的。这显然是疏忽。其实，‘书’有如下的语

1　黎锦熙：《新著国语文法》，北京：商务印书馆，1992，页 15。

2　周清海：《变动中的语言》，新加坡：玲子传媒，2009，页 64—76。

素义：

一、装订成册的著作：一本书、书籍
二、写：书写、书法、大书特书
三、信：家书、书信、书如其人
四、字体：楷书、隶书、草书
五、文件：说明书、保证书

学生在哪个年级该学哪几个语素义？哪几个词？阅读的教材该包括哪些语素义？学生用的词典，该收哪几个以‘书’构成的语词？等等，都是过去华文教学所忽略的问题。”[1]

如果我们观察中国改革开放以来的情况，就会发现，在市场经济的推动下，利用文言语素所造的新词，比过去任何时期都更多，更加明显。这更突显了字义的重要性。吕叔湘认为：“新的书面语又会从旧的书面语吸收有用的成分：在现代汉语书刊里，文言成分，特别是利用文言词素造成的新词，比《水浒传》和《红楼梦》里多得多。”[2]这是吕先生对中国改革开放初期的观察，现在的情况恐怕更甚。

要客观地了解“字”和“词”的现象，我们就应该充分利用现在的语料库，为上面的问题寻找答案，让语料库更好地为语文研究和教学服务。

---

1 周清海：《新加坡学生日常华文用字频率字典》序，见林进展、吴福焕、赵春生编：《新加坡学生日常华文用字频率字典》，新加坡：华文教研中心，2013。

2 吕叔湘：语言和语言学，《语文学习》1958 年 3 月号，又见吕叔湘：《吕叔湘语文论集》，北京：商务印书馆，1983，页 42。

六、现代汉语里的特殊现象

（一）前言

1.1　语言里大家遵守的规律，有一般的，也有特殊的。这些规律，保证了语言交流的可能性和准确性。语言教学的目的，就是把这些规律教给语言学习者，并且提供教学活动，让学习者将这些规律内化，成为自己的语言能力。无论是语言学习或者语言习得的过程，都是这些规律的内化过程。

我强调："汉语走向世界，学习汉语的人，无论数量或语言背景都和过去大不相同，因此，要求语言教学者，对所教的语言，有深刻的认识，不能只凭自己的语感进行教学；也对语言研究者提出加强汉语研究的要求。"[1]

我们要求语言里出现的新说法、新格式，在结构关系上跟原有的基本格式一样，这是语言发展中的一种制约力量，使语言更合乎一般规律。但是，语言里除了符合一般的格式、受语言一般规律制约的现象之外，也有不少特殊现象。

1.2　所谓特殊，是指那些已经约定俗成而又不完全符合，或者不符合一般规律的语言现象。这些特殊现象，常常不能用一般的规律加以解释。语言研究者和语言教学者因此常为这些特殊现象所困惑。

现代汉语是"古今杂糅，南北混合"的语言。这个语言的口

1　周清海：华语研究与华语教学，见周清海：《变动中的语言》，新加坡：玲子传媒，2009，页100—116。

语和书面语，还有许多地方没弄清楚。因为是“古今杂糅，南北混合”，所以它所含有的特殊现象就比较多，令人感到困惑的地方也比较多。

特殊现象虽然跟一般规律不完全相符，但是大部分还是可以解释的。语言研究者必须研究这些特殊的现象，为语言教学者、语言学习者，提供足够的信息，方便他们教导和学习语言。李临定先生说：“对学习理解一种语言来说，认识它的构造特别的内容部分，显得更加重要。”[1] 这是正确的。

现在这篇论文，特别注重讨论语言里复音词结构、词语用法与缩略语，以及短语和句法结构的特殊现象，并且建议编纂解释这些特殊现象的语文工具书，供汉语教学者和学习者参考。

（二）复音词结构、词语用法与缩略语的特殊现象

2.1 现代汉语的复音词，除了联绵词和音译词之外，大多数是由词组演变来的，因此，复音词的结构规律同句法是一致的。句法里有的结构，都反映在复音词的构词里。如：主谓式：地震、海啸、气虚；谓宾式：管家、知己、立春；补充式：跳远、推动、提高；并列式：功劳、答应、吹嘘；主从式：黑板、白菜、回顾；其他格式：讨厌（“讨厌”，可以说“讨人厌”。更有“讨人喜欢”的用法。应该归为兼语式）、报考（“报考”，是“报名考试”，应该归为连动式）。

上面这些复音词的构词方式，和句法结构完全一致，都是合乎

1 李临定、许小颖：现代汉语短语解析词典·前言，见李临定、许小颖编著：《现代汉语短语解析词典》，北京：商务印书馆，2008。

现代汉语句法的一般构词规律。

但是，语言里有些特殊的例外现象，如“养病、养老、养伤”，显然和“养鱼”“养家”的谓宾式结构不同，“病、老、伤”都是“养”的原因，表示“为病而养”“为老而养”“为伤而养”，不是“养”的对象，李行健先生因此认为：我们只有按照动状结构去分析这些词语，才能使语法结构形式和意义统一起来。因此，在构词法中，可以考虑设立“动状”结构这种构词形式。这种结构格式正是来源于古代汉语中的状语后置的造句法[1]。

李先生的建议，有一个基本的大前提，那就是应不应当根据特殊的语言现象归纳成为一般的语言规律？根据特殊的语言现象归纳规律，和一般的语言规律混在一起，有没有必要？让我们观察古汉语里的谓宾关系，如：

伯夷死名于首阳之下。(《庄子》)

伯氏苟出而图吾君，申生受赐而死。(《礼记》)

居庙堂之高，则忧其民；处江湖之远，则忧其君。(《岳阳楼记》)

“死名”，是“为名而死”，“图吾君”是“为吾君而图”，“忧其民”是“为其民而忧”，这种句法结构，在古汉语的研究里都包括在谓宾关系里。古汉语表示“为……而”的意义，和“养病、养老”等词的结构所表示的意义完全一样。“死名”这一类的谓宾关系，是不可能用“动状”关系来解释的。

1　李行健：汉语构词法研究中的一个问题——关于“养病”“救火”“打抱不平”等词语的结构,《语文研究》1982 年第 2 期。

古汉语里的这种句法结构，在现代汉语句法里几乎已经消失了，但却保留在复音词的结构里。

常听到的口语句子："你在忙什么？——在忙晚饭。""忙晚饭""忙工作"是"为晚饭而忙""为工作而忙"。另外"矮他一头"是"比他矮一头"，就像"低人一等"是"比人低一等"一样，也都是谓宾结构。这种表示"为……而""比……"等的谓宾关系，古汉语早就存在了，我们不必因为现代汉语里的少数特殊构词现象而特别建立"动状"一类。如果这样做，将增加现代汉语语法结构的类别，也将牵动古汉语里一般的谓宾关系。

2.2 古汉语句子里，除了动词以外，形容词也能带宾语。这有两种情况：

（一）表示使动的意思：

去顺效逆，所以速祸也。（《左传·隐公三年》）

能富贵将军者，上也。（《史记·魏其安侯列传》）

（二）表示意动的意思：

孔子登东山而小鲁，登泰山而小天下。（《孟子·尽心上 24》）

滕公奇其言，壮其貌，释而不斩。（《史记·淮阴侯列传》）

现代汉语里的"温酒""繁荣经济"等词语，就是保留了古汉语形容词的使动用法。其他例子如：安定人心＝使人心安定；端正态度＝使态度端正；方便顾客＝使顾客方便；熟练技术＝使技术熟练；完善现有的词类系统＝使现有的词类系统完善。现代汉语单音形容词也有使动用法：湿了您的东西。/ 肥了个人，瘦了集体，亏了国家。/ 这饭应该热一热。——我热饭去了。句子里的“湿”“肥、瘦”“热”，都是用单音形容词，表示使动。

现代汉语里这类用法，也是特殊现象，但正在发展之中。究竟有多少形容词能这么用，谁也说不准。“整齐”和“安静”也是形容词，就没有“整齐队伍”（使队伍整齐）、“安静课室”（使课室安静）的说法。

形容词带宾语，除了表示使动之外，也还表现了另外一种特殊的意义，就是李行健先生所说的“动状关系”。如：淡泊名利（对名利淡泊）；疏远我（对我疏远了）；重男轻女（认为男的重要，女的不重要）；厚此薄彼（对这个重视，对那个不重视）；大我三岁（比我大三岁）；重我一公斤（比我重一公斤）。

新加坡华语里也有一些形容词带了宾语：你生气妈妈（对妈妈生气）；亲爱父母和兄弟姐妹（与父母和兄弟姐妹相亲相爱）；恐惧自己会老死（为自己会老死而恐惧）；恼怒你的直率（对你的直率感到恼怒）。“生气、亲爱”这类形容词带上宾语的用法，只见于新加坡的书面语，普通话没有这么用的。

从形容词带宾语这个特殊现象来看，新加坡学生用形容词时出现了一些特殊语言现象，如：“他们一连清洁了十八间课室。”“在英校教华文，有机会进步你的英语。”“清洁”“进步”都是形容词，现在都认为不能带宾语，是病句。将来“及格”“清洁”，以及“整齐”等等形容词，会不会发展成为能带上宾语，谁也说不准。但是，即使发展了，也都只能当作语言里的特殊现象，不是一般的规律。

我们承认特殊现象的存在，但不赞成把特殊现象和一般规律混同起来。如果因为“养病”一类的结构而增加“动状”构词，就是不分一般和特殊，而且跟古汉语的现象也不一致。至于“秃了头发（头发秃了）”“红着脸（脸红着）”，却是地地道道的一般谓宾关系。怎样看待这一类形容词带宾语的现象，语法学界还有争论。如果要维持能不能带宾语作为形容词和动词区别的标准，那么这一类“地地道道的一般谓宾关系”里的形容词，可以当作形容词和动词的兼类词处理。

2.3 谓宾结构的复音名词大部分是名词语素在后的，如“烧饼”“领队”“管家”等。过去，新加坡教育部华语规范委员会，将新加坡和台湾地区的食品“蚝煎”改为“煎蚝”，就是认为谓宾结构的复音名词没有名词语素在前的。但是三十几年后，新加坡人用的仍旧是“蚝煎”，没有人用“煎蚝”，台湾也说“蚝煎”。“蚝煎”是闽南方言。新加坡教育部华语规范委员会对特殊现象缺乏认识，才会做出违反语言习惯的规范建议。

其实现代汉语谓宾结构的复音名词，也有名词语素在前的，如“笔洗”“腰围”“肚兜”，只是数量较少罢了。这些名词语素在前的名词，是现代汉语复音词构词里的特殊现象。我们不必因为这些特殊现象而在构词法里增加“宾谓”一类，更不适合用人为的方式将“笔洗”“腰围”“肚兜”改为“洗笔”“围腰”“兜肚”（《现代汉语词典》只收“兜肚”，《现代汉语规范词典》“肚兜”和“兜肚”两个词都收）。

主从结构的复音词，一般都是修饰语素在前，如“火热”“奇迹”“手指”“白发”，但也有少数是中心语素在前，修饰语素在后的，如：脚板（比较“板鸭”，是以“鸭”为中心）；脸蛋（比较“鸭蛋脸”，是以“脸”为中心）；骨盘（《现代汉语词典》只收“骨盘”，不收“盘骨”，新加坡就叫“盘骨”。“盘骨”才是以“骨”为中心）；宅院（带院子的宅子，泛指住宅）；卧病（因病躺下）（《现代汉语词典》不收“病卧”。“病卧”才是以“卧”为中心。港台新马“卧病”和“病卧”都用）。这种修饰语素在后的现象，戴昭铭《一种特殊结构的名词》一文里举了不少例子[1]。张清常认为：既然全中国“地无分南北，时不论古今”，古代汉语和现代汉语普通话、方言，都有“中心语＋修饰语”的现象，似应把这种现象解释为汉语所固有，是远古、上古汉语的遗迹，并非仅受兄弟族语言影响而偶然渗入的现象[2]。

因为只见一般，不见特殊，台湾地区便有人说“熊猫”，应该改为“猫熊”，因为“熊猫”不是“猫”。但是，似乎没有人因为“蜗牛”不是“牛”，而提议将“蜗牛”改为“牛蜗”的。

关于“蜗牛”，《广韵》：“蜗牛，小螺也。”《释文》：“蜗虫，有两角，俗谓之蜗牛。”王念孙说：“案：蜗牛有壳者，四角而小，色近白；无壳者，两角而大，色近黑，其实则一类耳。谓之蜗牛者，有角之称。”[3]

和“熊猫”“蜗牛”相同结构的复音词，还有“蠹鱼、犀牛、茶砖、雪花”等等。赵元任认为：“被修饰语—修饰语的造句次序，

1　戴昭铭：一种特殊结构的名词，《复旦学报（社会科学版）》1982年第6期。又见周荐编：《二十世纪现代汉语词汇论文精选》，北京：商务印书馆，2004。

2　张清常：上古汉语的SOV语序及定语后置，见张清常：《语言学论文集》，北京：商务印书馆，1993。

3　见王念孙：《广雅疏证》卷十下，台湾：五洲出版社，页371。戴昭铭已引，见戴昭铭：一种特殊结构的名词，《复旦学报（社会科学版）》1982年第6期，又见周荐编：《二十世纪现代汉语词汇论文精选》，北京：商务印书馆，2004，页113—119。戴氏将王念孙误作王引之。

中文里是不可能有的。”[1] 丁邦新也说：“总的来说，汉语无论在历史上或者方言里都没有‘中心语—修饰语’这种结构存在的痕迹。”[2] 他们都说得太绝对了，是不可靠的。

2.4　再从缩略语的情况观察。人们认为缩略语的用字是表义的，因此常常用语素义来看缩略语的用字，用一般的结构方式对缩略形式的内部结构和组成提出要求。将“调查研究”缩略为“调研”，将“北京腔调”缩略为“京腔”，都符合这个要求。吕叔湘、朱德熙认为“文言成分，在用汉字写文章的今天，不仅还不容易避免，而且有时对于现代语的表现力还有点贡献”[3]。因为我们现在还应用汉字，所以复音词减缩为单个汉字（语素），才成为可能。

短语“邮政编码”，按一般的减缩，应该是“邮码”，而不是“邮编”。因为“码”是“编码”的减缩，“编码”是“名词”，只能用名词语素“码”。“码”所构成的词，如“密码、暗码、号码、代码、电码、价码、加码”，都是名词。这是一般的现象。“编”却是动词语素。

现代汉语里动词语素不能带名词语素做定语。“蜂拥、鼠窜、瓜分”一类的复音词，用“蜂”“鼠”“瓜”来修饰动词语素“拥”“窜”和“分”，名词语素在前面，动词语素在后，构成状动关系，而不是构成主谓关系，这是古汉语用法的遗留：庶民子来

1　赵元任：《赵元任全集》第1卷，北京：商务印书馆，2012，页439。赵元任这个说法不完全对。造句没有，但构词是有的。造句里定语和状语后置，在口语、特殊文体里，如诗和翻译文学，也还是有的，只是数量较少而已。

2　丁邦新：论汉语方言中“中心语—修饰语”的反常词序问题，《方言》2000年第3期。

3　吕叔湘、朱德熙：《语法修辞讲话》，北京：中国青年出版社，1952，页3。

（《大雅・灵台》）；豕人立而啼（《左传・庄公八年》）。

以名词修饰动词，现代汉语句法里少见，却保留在少数复音词里，如“蜂拥”“鼠窜”“家居”的结构里，以及成语如“川流不息”“涣然冰释”之类。孙德金说：“单音节名词加单音节动词在古代汉语中是一种句法形式，表现为状中关系，但到了现代汉语中主要地成了一种构词形式，如‘枪毙、云集、电疗、火化、空投、水解、函授、下放’等等。属于句法构造形式的一般限于书面上的文言形式。例如：a. 我们将血战到底。b. 飞机下滑五百米。c. 机车前行一百米。（＊机车前走一百米。）”[1] 这是正确的。

使用“邮编”，以“编”表示“编码”，“编”是动词语素，而且用“邮”来修饰。“邮编”既不是动词，也和现代汉语的一般规律不合。但现在“邮编”却固定在现代汉语里了，我们只能承认“邮编”（名词）是“蜂拥”（动词）等一类词之外的特殊现象。

俞理明建议，如果以“编”为名词语素的用法增多了，恐怕也要和“委”一样，增加一个新的名词语素的意义。“委”是动词语素，如“委任、委托、委派”。用“委”表示“委员”，也是将动词语素用为名词语素，这是语言的特殊现象。《现代汉语词典》第五版和《现代汉语规范词典》不得不给“委”增加“委员或委员会的简称”的意义，如“党委、市委、省委、政委、国委、立委、执委”[2]。

当然也可以以“编”为“编码”（名词），给“编”增加新的名词语素的用法。“编”在“主编”等词里是“编辑”（名词）之外，增加了“编码”（名词）的意义。

1　孙德金：现代汉语名词作状语的考察，见胡明扬主编：《词类问题考察》，北京：北京语言文化大学出版社，1996，页108—120。

2　俞理明：《汉语缩略语研究》，成都：巴蜀书社，2005，页37—38。

上面所讨论的构词、词语用法和缩略的特殊现象，都可以在现有的句法关系里处理，没有必要因为语言里的特殊现象而建立特殊规律，破坏了一般的语言规律。

（三）短语和句法的特殊结构

3.1 1959年，《北京日报》为“恢复疲劳”展开了讨论，最后以张志公先生的文章《语言规范和“约定俗成”——从“恢复疲劳”所引起的讨论谈起》为结束，当时，张志公的结论是“目前还不宜于无保留地去提倡它”[1]。

其实，“恢复疲劳”，1934年就出现在鲁迅《随便翻翻》一文里：“觉得疲劳的时候，也拿这玩意来作消遣了，而且它也的确能够恢复疲劳。”[2]

七十五年后的今天，“恢复疲劳”几乎是定居下来了，网上的用例，不计其数。五六十年前的特殊现象，今天却定居在现代汉语里，我们就不得不承认它的正确性了。

比较古汉语的谓宾关系，我们是不是可以在不增加“动状”的情况下，给“谓宾关系”增加这一类的内容呢？“恢复精神”是一般的谓宾关系，“恢复疲劳”是“从疲劳中恢复”，这个谓宾关系所表示的内容和“恢复精神”“消除疲劳”不同。“消除疲劳”是一般的、常见的谓宾关系，而“恢复疲劳”是特殊的动宾关系。汉语的谓宾关系所表示的内容，无论是古汉语还是现代汉语，都比英语丰

---

1 张志公著，在文中编：《张志公汉语语法教学论著选》，太原：山西教育出版社，1997，页341—346。

2 鲁迅：《且介亭杂文》，见鲁迅：《鲁迅全集》第六卷，北京：人民文学出版社，1973年，页137。

富，“写字”和“写黑板”“写楷体”，“吃饭”和“吃餐馆”“吃大腕”，都是现代汉语的谓宾关系。

3.2 “亲朋好友、亲戚朋友”都符合汉语短语的结构，但“亲朋戚友”却不符合汉语短语的结构。因为“戚”只有名词性的用法，如“皇亲国戚”“外戚”，从来不用来修饰名词的。“戚”用为形容词，是“忧伤”的意思。如果“戚”和“友”用在一起，意义就不清楚了。但是语言应用里却出现的“戚友”，当作是并列结构，指“亲戚朋友”：

一句谎言说过三次就自己也信以为真的，我们戚友间不乏事理[1]。

把“亲戚朋友”缩减为“戚友”，意义虽不明确，但用开了，只能当语言里的特殊现象。《现代汉语词典》“戚”字下收了“戚谊”（亲戚关系）、“戚友”（亲戚朋友），《现代汉语规范词典》不收。“戚”也是“慼”的简化字，是忧戚的意思。

两部词典都不收“亲朋戚友”。“亲朋戚友”的误用，就像“绘声绘色”是“绘声绘影”的误用[2]一样，谁也没办法纠正。“亲朋戚友”和“戚友”可能留在汉语里。

因此，如果以华语的普遍用法为依据，“亲朋戚友、戚谊、戚友”都是语言的特殊现象。

3.3 词语里也出现贬义消失的特殊现象。如“扩张”有两个意思：① 扩大（势力、领地）：跨国公司把势力扩张到世界各国。

1　杨绛：《走到人生边上——自我自答》，台湾：时报出版，2016，页 174。

2　吕叔湘：《未晚斋语文漫谈》，北京：语文出版社，1992，页 7—8。

②（血管）舒张。“扩张”的第一个意义，普通话没有贬义，但在华语区是含贬义的。

“始作俑者”，见于《孟子·梁惠王上》：“仲尼曰：始作俑者，其无后乎？”，因此《现代汉语词典》说“比喻恶劣风气的始创者”，《现代汉语规范词典》说“比喻恶劣先例的始创者”，都是正确的。百度·百科增加了“现在常被误用指第一个做某一件事或某一项任务的人”的说明。百度里所说的现象，只能当作特殊的现象。成语里有不少这一类的特殊现象，如“倾巢而出”“罄竹难书”“面目全非”“摇身一变”等等，贬义都有消失的趋势，值得我们注意。

3.4 吕叔湘先生的一篇论文里，讨论了“了”的位置，如“说了”“出售了”“出借了”等，“了”都出现在动词后边。下面却是一些特殊的现象：

放在心上——放在了心上
坐在地上——坐在了地上
飞向很远的地方——飞向了很远的地方

句子里的动词是“放、坐、飞”，都是单音动词，“了”都出现在“在、向”之后。复音动词就没有这种现象，如：“瘫痪在地上——瘫痪了在地上”。吕先生认为这和双音节有关[1]。单音节动词和介词“在、向”结合，再用上“了”，是不是要看作是单音动词

1 吕叔湘：现代汉语单双音节问题初探，《中国语文》1963年第1期，又见胡裕树主编：《现代汉语参考资料》，上海：上海教育出版社，1980，页284—310；马庆株编：《二十世纪现代汉语语法论文精选》，北京：商务印书馆，2005，页386—404。

的普遍规律，还是当作特殊现象，是值得讨论的。

“们”是后缀，表示和人有关的词语的复数，但语言里却有“它们”的用法。这是欧化的现象。《现代汉语词典》说：“用在代词或指人的名词后面，表示复数”，《现代汉语规范词典》更进一步说“修辞上的拟人手法除外，如‘星星们……’‘猴子们……”。这些都是在不增加语言规律情况下的处理方式，既注意一般现象，也说明特殊现象。

古代汉语的第三人称代词通常不充当主语，句子里的主语是第三人称时，通常用零形式回指，或重复用名词。现代汉语继承这个习惯，因此句子的主语也不用“它”，更不用“它们”。可是，现代汉语里的欧化句法，不只用“它”，也用“它们”。这种欧化和传统并存的现象，就是一般和特殊并存的现象。在词典或语法规律的说明里，都应该注意这些特殊现象。

3.5　“加以”，《现代汉语词典》说“用在多音节动词前，表示如何对待或处理前面所提到的事物”。这里指出了“加以”后边的双音节动词是外动词，而且动词的“宾语”是提前了。但是，下列句子里，“加以”出现的位置却和上述的说明不符：

（1）许多基本词，基本上是经过千百代保存下来而没有加以变化的。……如“不、鸡、羊、牛、下、来”等，保存到现代语里，没有加以变化[1]。

（2）目前量度词已成为一个大类，并且只要稍加运用想象力，新的量度词就会不断出现[2]。

1　张世禄：《张世禄语言学论文集》，上海：学林出版社，1984，页 379。

2　曹逢甫：《运用语言学的探索》，台北：文鹤出版社，1993，页 293。

第一句的“变化”是内动词，不是外动词，却用在“加以”的后边。第二句的“稍加”是“稍稍/稍微加以”，动词“运用”后边却跟着宾语“想象力”。这两个句子都不符合《现代汉语词典》等辞书的说明。我们更发现下列的句子：

（3）需要加以突出的古汉语的特殊句式有哪些?

句子用“加以突出”来修饰宾语“古汉语的特殊句式”。如果依照《现代汉语词典》等辞书的说明，句子（3）只能说成:“古汉语的特殊句式，有哪些需要加以突出的？”

这些都是“加以”的特殊现象，和一般用法不同。特殊的用法，在任何语言里都存在，语言研究者和语言教学者，都必须对它有一定的认识，否则，面对疑难，就没有办法处理。

（四）结论

语言里普遍存在一般规律之外的特殊现象，对这些特殊现象，我们过去注意得不够，也不充分。

在华语全球推广的新局面之下，对华语的研究者和教学者，提出新的要求：研究和说明这些特殊现象。

当然，我们也知道，语言符号和意义形成了固定的联系之后，这个符号的组成原因，不是语言学习者必须了解的，如“蜗牛”为什么不叫“牛蜗”？“熊猫”为什么不叫“猫熊”？语言学习者可能是没有兴趣知道的。但是，像“看了”，却也说“看在了眼里”，还是该说“看了在眼里”，就是需要知道的了。

发现特殊现象，并加以合理的解释，是不容易的。《咬文嚼字》

登载了邢福义先生的文章《“救火”和“救人”》[1]，他说：“救生”和“救死”都能说，但各有用处。“救生衣、救生圈、救生艇”如果改说成“救死衣、救死圈、救死艇”，谁会去买？谁会去使用？“救死扶伤”是个例外，由于“死”和“伤”照应使用，说明轻重不同的两种情形，修辞效果好；如果说成“救生扶伤”，反而不佳。

云起先生却为文反驳，认为：“救生”，当为“救而生之”，或者是说“救而使之生”，“生”是使动用法……而“救死扶伤”的“救死”，“死”是名词，意为“将要死的人”，该短语是动宾结构，意为救助可能就要死亡的人[2]。

其实，邢福义先生的说法是正确的。“救生”和“救死”都是谓宾结构，“救生”就是“救护生命”，“救死扶伤”的“救死”是指“救活将死的”。云先生把一般现象当作特殊现象解释，认为“生”是使动用法，似乎没有必要。

这个例子说明了发现和解释特殊现象，不是一件简单的事。但是，特殊现象的发现和解释，对以华语作为第二语言或外语的教学者，特别重要。因为他们的教学对象，都没有或者很少有口语的语感基础。因此，我建议有关研究机构，组织研究人员编写一本参考工具书，专门处理现代汉语里的特殊现象，以补充语法书里所谈论的一般规律。这是有必要的，这将对汉语的国际推广做出贡献。

---

1 《咬文嚼字》2007 年第 7 期。

2 《咬文嚼字》2008 年第 6 期。

七、汉语融合时代的语言研究与语料库[*]

（一）前言

现代汉语可以分为两个阶段。1949 年到中国改革开放之前，是一个阶段，可以叫作现代汉语的分裂阶段；中国改革开放之后到现在，是现代汉语的融合阶段[1]。1949 年以前的“国语”，无论词汇或语法现象，都保留在各地的华语里。加上华语区多语社会的影响，使各地华语出现许多特点。这些部分我们以前都关心得不够，研究也做得不多。

我一直关心邹嘉彦教授主持的语言资讯科学研究中心的“泛华语地区汉语共时语料库（LIVAC）”。如果能充分利用这个共时语料库，将能推动香港的语文教学，甚至是其他地区的华文教学。在汉语的世界传播方面，这个语料库将能起到更大的作用。香港教育学院以及中国的相关单位，应该给这个语料库更大的支持，让它发展成为世界性的，涵盖面最广的语料库。

以汉语的分裂和融合来分别建立语料库，也是非常有意义、有价值的。我们不应该只为现代汉语的现况建立语料库。

从近代汉语过渡到现代汉语，也有许多研究不足的地方。现代汉语的新词有很多是传教士翻译的，而不是从日本传入的。传教士要把西方的地理知识、政治知识和科学知识介绍到中国来，以期改

---

* 香港教育大学《文言文教与学论坛场刊》，2018，页 35—43。

1 周清海：汉语融合时代的语言与语言教学研究，见周清海：《汉语融合与华文教学》，北京：社会科学文献出版社，2020。

变中国人以中国为世界中心的观念，不得不创造汉语新词。我们对过去的了解不够，而误把新词的创造权归给了日本。对早期现代汉语的研究，需要有世界眼光。为早期现代汉语建立语料库，能让我们更全面地了解早期现代汉语的情况。

（二）现代汉语的分裂与融合

现代汉语的发展可以分为两个阶段。1949 年到中国改革开放之前，是一个阶段，是现代汉语的分裂阶段；中国改革开放之后到现在，是现代汉语的融合阶段。汉语融合之后，现代汉语将出现新的面貌。

五四以后到 1949 年以前的汉语，可以叫作“国语”。1949 年以后，“国语”分布在华语区；因为冷战关系，普通话就只在中国大陆独立发展，很少影响其他区域。

“国语”的传播，是在 1949 年之前。当时，中国的许多知识分子通过中印半岛往南迁移，有很多人到了新马就留了下来。东南亚本来就是华人移民最多的地区。这些知识分子就在那个地区或者通过教育，或者办报，传播“国语”。也有很多学者留在香港，或者通过香港到了海外。也有通过上海、福建等地，到了台湾以及其他地区。这种多渠道的迁移，将“国语”传播开来。

华语区各地的“华语”，都是以 1949 年以前的“国语”为基础而发展起来的。各地“华语”相互之间的交流与相互之间的影响比较大，因此也具有相当多的共同性。

1949 年以后到中国改革开放之前，现代汉语在政治环境的影响下发生了较大的变化。这些变化，因为很少和其他区域的“华语”交流，对其他区域的“华语”也就没有什么影响。现代汉语出现了许多“华语”所没有的特点，尤其是词语和语用等方面的特点，所以我们把中国改革开放之前，划为汉语的分裂阶段。

中国改革开放之后，随着交流的频繁，现代汉语和各地的华语开始了大范围的接触，进而相互融合。许多过去在“国语”里本来就用而现代汉语却不用的词语，重新出现在现代汉语里，而被误认为是新词语，如“吊诡”。1937 年出版的中国大辞典编辑处编的《国语辞典》就收了这个词，传入内地时被认为是港台传入的新词。“寮”，《国语辞典》就有“小屋”的解释，而“寮屋、寮房”竟然被当作港台词语。

旧词语也会出现新的意义，如“五湖四海”本来是指中国国内各地，但华语区却是指世界各地。《论语》里子夏说的“四海之内皆兄弟也”的“四海”，就是由于古代认为中国四面环海，之后“四海之内”就用来泛指全国各地。如果认为“海”就是“海子”。“海子”，北方称湖沼。赵孟頫《初至都下即事》诗“海上春深柳色浓，蓬莱宫阙五云中”。自注：“北方谓水泊为海子。”[1]那么，五湖就是四海，指的是中国全国各地，而不是世界各地。百度百科的释义是“指全国各地，有时也指世界各地”。

一些中国大陆的新词语，如“爱人”，在某些场合，应用时令人觉得有些不习惯，其他华语区用的是“内人”（指自己的妻子），“外子”（指自己的丈夫），中国传媒把受访人口中用的“内人”，在字幕上改为“爱人”[2]。《国语词典》收了“内人”“内子”和“外

1 龙潜庵编著：《宋元语言词典》，上海：上海辞书出版社，1985。

2 董琨：语言文字发展的多元性和规范性，见李雄溪、田小琳、许子滨主编：《海峡两岸现代汉语研究》，香港：文化教育出版社，2009，页 24—29。

子”，可见这是国语的老词。《现代汉语词典》也收“内人”和“外子”，只有在“外子”下注明〈书〉。

此外，其他区域里华语的新词、新用法，也影响着现代汉语，使现代汉语出现了许多新的词语，新的语法现象。语法如“我高过你”“研不研究”“漂不漂亮”“不加讨论”等，越来越多人用；词语如“搞定”“大牌”“打拼”，“美食城”的“城”（其他如影城、大学城、电器城、服装城等等），“来福士广场”的“广场”，“个人秀”的“秀”等，也非常普及。当然现代汉语也影响着华语，如“对口”“单位”（机构）、“论证”“各位领导”“上纲上线”“扣帽子”等等，有的已经为华语区所接受，有的还没有那么普及。但随着交往的频繁，中国传媒和互联网的影响，现代汉语和华语之间出现“你中有我，我中有你”的现象，就是不可避免的。这就开始进入了汉语融合的年代。

（三）共时语料库

1949年以前的“国语”，无论词汇或语法现象，都保留在各地的华语里。加上华语区大部分是多语社会，华语受到不同语言的影响——包括方言和当地主流语言的影响，使各地华语出现了许多特点。这些部分我们以前都关心得不够，研究也做得不多。

以汉语的分裂和融合来分别建立语料库，是非常有意义、有价值的。我们不应该只注意现代汉语的现况，只为现代汉语的现况建立语料库。

我一直关心语言资讯科学研究中心的“泛华语地区汉语共时语料库（LIVAC）”。这个语料库就包含了华语和现代汉语。并且我认为，这个语料库是一个宝库，但没有好好地加以开采，而收词的范围似乎也应该扩大些。

“第一时间、手机”等词，这个语料库里好像没有。至于“房配、打房、超级车模”之类的新词，收了没有？只有扩大收词范围，才能表现“共时”的特点。

我和陆俭明先生都认为，新加坡华语口语体不成熟。其实，口语体不成熟应该包括所有的华语区。因为华语区都是在没有北方基础方言支持的情况下，推广华语的。我们都是根据词典的注音来说华语的。我曾在2005年7月26日的《现代汉语词典》第五版出版座谈会上说：以新加坡为例，我们的华语，在新中建交之前，完全没有普通话的直接影响。没有普通话口语为基础而发展起来的新加坡华语，在发音、构词和用法等方面，几乎都以《现代汉语词典》为依据。《现代汉语词典》在维持华语核心的一致性方面，起了非常大的作用[1]。

现代汉语被动句的介词，书面语用“被”，而口语用“叫、让”，新加坡华语没有这个分别，书面语和口语都用“被”，“叫、让”反而非常罕用。在现代汉语可以省略“被”或不用“被”的地方，无论书面语或口语，新加坡华语大都倾向于用“被”。如果做词频统计，新加坡“被”字的词频，恐怕比其他华语区都高。这是受英语影响的结果。

现代汉语的语气词“呗”，其他华语区几乎不用，而“咩”作为语气词，除了新加坡以外，也不见于其他华语区的口语里。

“泛华语地区汉语共时语料库（LIVAC）”应该适当地照顾口语，

1　周清海：现代汉语词典和全球华语词典，见周清海：《全球化环境下的华语文与华语文教学》，新加坡：青年书局，2007，页67—74。

才能使语料库表现“共时”的特点。

以泛华语地区汉语共时语料库为基础而进行的研究，也应该好好地发展起来。这方面的研究，对语言学、词典编撰，以及语言教学都能做出巨大的贡献。尤其是语言资讯科学研究中心现在设在香港教育学院，更应该在香港的语言教学方面发挥更大、更积极的作用。

各地区不同的语用习惯，在词库里也应该有所反映，这些也应该是语言研究所关心的范围。2010 年 5 月 16 日，《全球华语词典》正式发布，隔天在北京人民大会堂举行词典出版座谈会。我是词典编撰的倡议人，也是词典的学术顾问之一，因此被安排在出版座谈会上讲话。当天出席的还有李瑞环先生、李光耀先生和中国的其他高级官员。李资政和李瑞环先生是词典的荣誉顾问。我的演讲原稿最后有这样的一段：“我要特别感谢李资政和李瑞环先生。李资政特别从上海飞北京，就为了主持这个发布仪式。您们两位的出席，就是肯定了我们这些年的工作是意义重大的。袁贵仁教育部长，以及其他来宾，也谢谢你们的支持和鼓励。”

中国朋友看了以后告诉我，北京人民大会堂是不能举行新书发布会的，这个是《全球华语词典》出版座谈会，而李瑞环先生和李资政是出席出版座谈会，不是主持发布仪式。“出席”表示了他们两位崇高的地位。当天主持座谈会的是袁贵仁教育部长，他的称呼中国惯用的是教育部袁贵仁部长[1]。

“老谋深算”，《现代汉语词典》的解释是“周密的筹划、深远

1 周清海：《对大专院校中文教学的一些看法》，见 2011 年 1 月 15 日，香港城市大学专业进修学院主办“大专中文教学与教材研讨会”的主题演讲。

的打算。形容人办事精明老练。”清代曾朴《孽海花》第二十九回：“沉毅哉！老谋深算，革命军之军事家。”显然是褒义的。但是，现在“老谋深算”常常和“诡计多端”用在一起，说“老谋深算的、诡计多端的”。下面的句子里，“老谋深算”显然是贬义的：

从文章中看不出祁黄羊是大公无私，倒可以看出他老谋深算。

天真黑客遇上心怀叵测的美记者/天真中国黑客遭遇老谋深算CNN

所以，当李扬说“马英九胜在老谋深算”，是贬义还是褒义就不清楚了。

无论是语用方面的，还是词义和词用方面的，都和语文教学息息相关，如果能充分利用这个共时语料库，进行这些方面的研究，将能推动香港的语文教学，甚至是其他地区的华文教学。在汉语的世界传播方面，这个语料库将能取得更大的作用。香港教育学院以及中国的相关单位，应该给这个语料库更大的支持，让它发展成为世界性的，涵盖面最广的语料库。

再从语言交流的角度看，语料库可以提供客观的资料。

“手机”1992年第一次出现，以后逐年增加，到2001年和2002年已经是2,600次和3,268次[1]。

“猫步”是catwalk的直译。*Collins Cobuild English Language*

1　郑锦全：词语消长微观，见李雄溪、田小琳、许子滨主编：《海峡两岸现代汉语研究》，香港：文化教育出版社，2009，页17—23。

Dictionary 有两个解释，第二个解释是：A catwalk is a narrow platform that models walk along to display clothes in a fashion show。

汉语里的“猫步”是指时装模特儿表演时所走的台步。因走这种台步表现得非常轻盈，像猫行走的样子，故称。例：走猫步，最佳猫步小姐，迈着猫步。这是《现代汉语词典》和《全球华语词典》的解释。“猫步”的意义和 catwalk 完全不同。

新词和外来词在语言里出现的变化，从语料库里可以得到一些观察，但仅仅止于观察是远远不够的。就好像郑锦全先生的敏锐观察，他认为“手机”使用频率逐年不断增加，呈现巨大的活力。但“手机”为什么取代了“大哥大、手提电话”？和汉语的构词，音节的数目有没有关系？各华语区最后都选择了“手机”，这个选择趋势是哪个华语区带动的？从各个华语区的语料里必然可以反映出来。

从 catwalk 到“猫步”，意义变了，就像“幽默”到了现代汉语里，可以用“幽他一默”“幽默一下”，语法作用也变了。

马来语的“baru”有形容词的用法，意义是“新的”，也有副词的用法，意义是“刚刚，刚才，仅仅”，但借用到闽南话来，却只有副词的用法。是不是因为汉语的形容词用来修饰名词时，位置在名词的前边，而马来语的形容词却要放在名词的后边，和汉语的语序完全相反，所以 baru 的形容词用法不被闽南话接受？马来语和闽南话的副词修饰动词时，语序完全相同，所以闽南话就只能接受 baru 的副词用法。这完全是语法上的差异决定的吗？“mana”在马来语是代词，意思是“哪里”“怎么”，闽南方言“去哪里？”绝对不用“mana”，而“怎么可以？”却常用“mana”，“mana”被借用到闽南话来，只留下一个意思，原因又何在呢？

共时语料库对语言的应用与语言教学，也有非常的意义。2010年9月出版的《牛津汉语词典》（新词条目均由LIVAC提供），《全球华语新词语词典》（北京商务印书馆）等，都是利用这个共时语料库的成果。

有了语料库的支持，对语言交流，语言发展变动以及语言教学的研究，才能更为客观全面。

在汉语的传播方面，共时语料库对语言教材编写方面的词汇选择，能提供参照。对编写本地适用的语言教材，以及为华语区交流需要的教材，语料库都能提供参照的资料。“泛华语地区汉语共时语料库（LIVAC）”应该成为这一类型的杰出的语料库。

（四）共时与历时的关系

我以为，“现代汉语”是“南北混合，古今杂糅”的语言。尤其是汉语书面语，古今杂糅的现象更多，如：

> “可见他的用心之所在。”（季羡林《赵元任全集第1卷·总序》）
>
> “前半生从出世到去国，历经46年。”（陈原《赵元任全集第1卷·前言》）

“之所在”“去国”都是文言成分，食品广告的“口味忆人”，“忆人”是使人忆，都是文言的使动用法。

“去”，《现代汉语词典》的释义②离开：～国｜～世｜～职｜～留两便。《现代汉语规范词典》除了①离开，还增加了⑦离开说话人所在地到别的地方（跟“来”相对）◇从北京～上海。

但是“去”从“离开”到“离开说话人所在地到别的地方”，中间经过了“离开听话人”的阶段，如“出去”“上去”的“去”，“出”和“上”是地点的变化，而“去”是“离开听话人”。两本词典的释义都缺少了这个义项。

至于“离开说话人所在地到别的地方”的“去”是“到……去”和“上……去”的简省，是华语和南方方言的说法。

可见只注意“今”（共时）是不够的。如果能在共时的基础上进一步发展，加入“历时”的成分，将对汉语的研究做出更大的贡献。

比如：“学而时习之”，语言资讯科学研究中心的雅歌汇（ACKER）提供的汉语文白对照是“经常学习”。将“时”解释为“经常”，“习”解释为“学习”。

北京商务印书馆编辑出版的《汉语世界》（2006年试刊本）第59页里有一个栏目叫“中文精华”，也介绍了《论语·学而》的一段话：

> 子曰：“学而时习之，不亦说乎？有朋自远方来，不亦乐乎？人不知而不愠，不亦君子乎？”

《汉语世界》是一本面向国际、传播汉语，让国际友人了解中国的杂志。该杂志将这段话用现代汉语语译出来：

> 孔子说：“学到了（知识）并且经常去复习，不也很高兴吗？有志同道合的人从远方来，不也很快乐吗？别人不了解自己，（自己）却不抱怨，不也是（有道德的）君子吗？”。

将“时”语译成“经常”，“习”语译成“复习”。这段话英文的翻译是：

> The Master said, “To learn and in due course to apply what you have learnt, isn’t that also a pleasure? To have a friend coming from far away, isn’t that also a delight? Not to feel piqued when your merits are not recognized by others, isn’t that also gentlemanly?”

“时”英文用 in due course，不是“经常”，而是“适当的时候”；“习”英文译成 apply，不是“复习”，而是“使用、应用、实践”。这段话的现代汉语语译和英文的翻译不同，究竟“时”和“习”是什么意思？

先看“时”。《论语·学而》里的“使民以时”[1]（役使老百姓要按一定的时候），《宪问》里的“夫子时然后言”（他老人家到应说话的时候才说话）等句子的“时”，都是“适当的时候”。《孟子》也用到“时”，如《梁惠王上》的“斧斤以时入山林，材木不可胜用也”（砍伐树木有一定的时间，木材也会用不尽了）。如果“时”是“时常”，“柴木”早就砍光了。《尽心上》的“食之以时，用之以礼，财不可胜用也”（按时食用，依礼消费，财物是用不尽的），意思也都是“适当的时候”。现代汉语里的“待时以动”“时机”“失时”的“时”也是“适当的时候”，而不是“时常”[2]。

---

1 杨伯峻：“即是《孟子梁惠王上》的‘不违农时’，如果意译便是‘在农忙以后去役使老百姓’。”见杨伯峻译注：《论语译注》，北京：中华书局，1958，页 5，注五。

2 王力主编：《王力古汉语字典》：“按时。……引申为时常（后起义）”，《古代汉语词典》：“按时，合于时宜。”“合于时宜”也就是“适当的时候”，“时常”绝对是后起义。

至于“习”，杨伯峻说：“学了，然后按一定的时间去实习它……”，并且在注③里说：“习，一般人把习解为‘温习’，但在古书中，它还有‘实习’、‘演习’的意义……习礼乐、习射……所以这‘习’字以讲为实习为好。”[1]

《论语·学而》这段话的英文翻译是对的，倒是现代汉语的语译错了。对古典有误解，这不是孤立的例子。香港大学中文系的朋友在香港政府优质教育基金的支持下，为中小学编了中华文化读本，我发现读本里也有《论语·学而》的这段话，所提供的现代汉语语译，和《汉语世界》的完全相同。我是该研究计划的国际顾问之一，因此给他们提了下面的建议：

《论语》的语译和注释，建议根据杨伯峻的《论语译注》。杨伯峻先生是研究先秦汉语的专家，我对《论语》《左传》和《孟子》有什么疑问，都是参考杨先生的说法[2]。

显然，上面所提及的语译错误，如果编者们知道古今汉语是有差距的，知道关于古汉语应该参考哪些书籍，错误就可以避免。此外，《汉语世界》编者的外语能力也有问题，才没有察觉英文的翻译和现代汉语的语译不一致。

香港教育学院语言资讯科学研究中心的雅歌汇（ACKER）汉

1　本文曾收于杨振宁等：《学者谈李光耀》，新加坡：世界科技出版公司，2015，页1。

2　李泽厚说：“我细读了我所知道的最晚出的两个译本：杨伯峻的《论语译注》（北京）和钱穆的《论语新解》（台北），都不满意。所以我才作这个新译，并加上自己的各种评论。”（李泽厚：《论语今读》，北京：生活·读书·新知三联书店，2008，页11）从词义和语法的观点看，杨伯峻的《论语译注》是目前最好的译注。就以“时”为例，李泽厚有时用“经常”，有时倾向于“适当的时候”，就没注意到古汉语的“时”和现代汉语是有差距的。

语文白对照，是和语言教学结合得很好的例子，但还可以进一步改善，更加注意现代汉语里保存的历时成分。

如果能进一步发展，为华语区建立文言语料库，特别是语文教学里的文言选文语料库，作用和意义就更大了。

另一方面，从近代汉语过渡到现代汉语，也有许多研究不足的地方。就以现代汉语里的新词为例，王力先生的《汉语史稿》，认为中国的现代词汇是通过日本进入中国的，比如“议会”，就是从日本传入的，因为早期很多知识分子是留日的，他们很自然地把日本的译名搬到中国来[1]。

其实，现代汉语的新词有很多是传教士翻译的。清末传教士要把西方的事物，如地理知识、政治知识介绍到中国来，想借此改变中国人以中国为世界中心的观念，不得不创造汉语新词。传教士的汉语翻译著作，有许多是在新加坡、马六甲印刷的，然后通过澳门进入中国。我们对过去的了解不够，而误把新词的创造权归给了日本。

我们对早期现代汉语的研究，需要有世界眼光。为早期汉语建立语料库，能让我们更全面地了解早期现代汉语的情况，对语言与文化交流的实况，提供更可靠的实证。比如“小时”这个词，在时钟传入中国时，应该就同时出现的。清宫内府的档案里可能就有这个词。

“长颈鹿”，黄河清先生认为是 1848 年，《瀛怀志略》（卷八）首次使用[2]。庄钦永先生发现 1843 年的《万国地理全集》早就用了。

---

1 王力:《汉语史稿》，北京：中华书局，2001，页 519。

2 黄河清编著:《近现代词源》，上海：上海辞书出版社，2010，页 82。

“恒星”，黄河清不收，而收了“恒星年”等词，认为是 1930 年开始使用。庄钦永先生发现 1826 年在马六甲出版的 *English and Chinese Student's Assistant* 一书里，就有“恒星”这个词。

“群岛”，黄河清先生最早的语料是 1843 年马礼孙的《外国史略》，而我们发现 1838 年的《东西洋考》就已经用了。

“元首”，香港中国语文学会的《近现代汉语新词词源词典》引的资料出自 1899 年的《清议报》，黄河清提早到 1889 年，例子出自傅云龙《游历日本图经》卷十九，庄钦永提早到 1838 年，例子见于《东西洋考》。

“文明”，高名凯等人编的《汉语外来词词典》认为源于日本，黄河清先生最早的语料是 1880 年三河石川英《〈日本杂事诗〉跋》，而我们发现 1839 年新加坡出版的郭实猎《犹太国史》就用这个词了[1]。

我们应该考虑为清宫内府的档案资料、《海国图志》以及清代外交使节的著作、传教士等的翻译著作等等建立语料库，为早期现代汉语的研究提供资料。

1　庄钦永、周清海:《沿用与创制—— 1800—1843 年间流行的汉语新词》(打印本)，页 18、63、119、157。

八、语言与语言教育的战略观察*

我们将从历史和地域的角度深入地观察语言的选择，以及语言的选择怎样影响语言教育。

从历史上考察，以先秦和“五四”前后为例，谈论语言选择和语言教育，以及语言的发展问题，进而在全球化的环境下讨论华语文的发展与挑战。

从地域上考察，讨论语言和语言教育的区域性问题，以及语言和语言教育在多元环境下的发展问题。以新加坡、马来西亚，中国香港以及中国台湾为例，提供不同的语言选择与语言教育的类型，并将这几种类型放在全球化环境下加以讨论。

（一）历史的考察

中国自古就有个口头语言严重分歧（多方言）而书面语却高度统一的社会。从先秦时期留下来的典籍资料看，书面语言是相当一致的（文字的字形尽管有差别，但语法与词汇差距不大）。分歧的各种口头语言，以及有差异的文化之间，关系是不平等的，甚至是相互对立的。《论语·宪问》里出现下面的记载：

> 原壤夷俟。子曰：幼而不孙弟，长而无述焉，老而不死，是为贼。以杖叩其胫。

* 发表于《中国语言战略》2016 年第 2 期。

原壤是孔子的老朋友。孔子臭骂老朋友，并且气得“以杖叩其胫”，跟原壤的“夷俟”有密切的关系。当时中原人的坐势和夷人是完全不同的，这在甲骨文里看得很清楚：中原人的坐势是“跽”（相当于今天日本人的坐势），夷人的坐势却是“蹲”。甲骨文里与日常起居有关的字，如“令、既、即、祝”等字，其坐势都是如此，与夷人的坐势全然不同。原壤用夷人的坐势等孔子，这对于主张“攻乎异端，斯害也已”（《论语·为政》）的孔老夫子，是绝对不能容忍的。难怪对老朋友用夷人的坐势等着他，他会气得又骂又打。夷夏，在孔子那个时代是俨然有别的。所谓“非我族类，其心必异”（《左传·成公四年》）都是这种歧视心理的反映[1]。

孟子也轻视外来的语言和文化，《孟子·滕文公上》有下面的一段话：

> 今也南蛮鴃舌之人，非先王之道，子倍子之师而学之，亦异于曾子矣。吾闻出于幽谷，迁于乔木者，未闻下乔木而入于幽谷者。《鲁颂》曰：“戎狄是膺，荆舒是惩。”周公方且膺之，子是之学，亦为不善变矣。

“为神农之言”的许行，孟子用“鴃舌”来比喻他说话，认为许行所说的“非先王之道”，又说“吾闻用夏变夷者，未闻变于夷者也”。更说“周公方且膺之”。对于异己，除了见解不同之外，更

1 周清海：古文字的考释与经典的训读，见台湾大学中文系编：《中国文字》第39期。又见周清海：《全球化环境下的华语文与华语文教学》，新加坡：青年书局，2007，页75。

重要的是这些见解是来自不同的族类，所以持断然否定的态度。可见先秦时对南方的语言文化是非常轻视的，乃至政治上也是相互对立的。

语言的分歧，在教育上，就必须有所选择，孔子的选择是“雅言”（也就是当时的标准语）。《论语·述而》说：“子所雅言，《诗》《书》执礼，皆雅言也。”

根据书面上的记载，中国最早从政治层面，通过行政方式，强制推行语言计划的，恐怕是秦始皇了。秦始皇以秦本土的文字为基础，统一了中国的文字。依照《说文解字·叙》的说法，当时的情况是：

> 言语异声，文字异形。秦始皇帝初兼天下，丞相李斯乃奏同之，罢其不与秦文合者。……皆取史籀大篆或颇省改，所谓小篆者也。

但其他六国的子民，却有人冒着生命的危险，将六国文字写的书偷偷地藏起来。可见六国的子民对自己文字的感情是多么的强烈。楚国诗人屈原以楚声入诗，也是反映了他对自己语言的坚持。

秦始皇的语言规划，推行时，对其他六国的子民来说，适应起来是痛苦的，但从今天看来，这个语言规划对中国的统一，中华民族的统一，起到的作用却是巨大的。

我们引用上面的例子，是要说明在多种语言的环境里，语言的选择，是自古以来就必须面对的。教育上对语言的选择，也是免不了的。而且选择以后的执行，从来就是痛苦的。

语言学习，也应当注意语言应用的环境，《孟子·滕文公下》

有这样的记载：

> 孟子谓戴不胜曰："……有楚大夫于此，欲其子之齐语也，则使齐人傅诸？使楚人傅诸？曰："使齐人傅之。"曰："一齐人傅之，众楚人咻之，虽日挞而求其齐也，不可得矣；引而置之庄岳之间数年，虽日挞而求其楚，亦不可得矣。"

这一段记录，涉及语言教师的资格：教"齐语"的教师，必须是会说"齐语"的，当然，就以"齐人"为最佳选择。学习者的环境，必须是有助于鼓励学习的，绝对不能是"一齐人傅之，众楚人咻之"的。如果能充分浸濡，"引而置之庄岳之间数年"，那就是最好的。

从先秦到近代，中国仍然保持着"口头语言严重分歧（多方言）而书面语却高度统一"的局面。"五四"以来的白话文学运动，只是将书面语从"文言"改为"白话文"。当时，虽然也提倡"国语"，但以"普通话"为标准语，有计划、有步骤地加以推广，却是 1949 年以后的事。参与推广"普通话"为标准语的人士，在"方言"与"普通话"的关系上，前后的态度也不一样。王力就曾说：

> "我个人有八个字的口号，就是'提倡国语，拥护方言'。所谓国语，它本身也是一种方言；它并不比其他的方言更优美，更完善，或更能表达意思[1]。"

1　王了一：漫谈方言文学，《观察》1948 年第 11 期。

但是，语言的统一与规划，是任何国家都必须面对的。标准语与方言之间的关系，不是多个语言之间平等的关系，而是上下位的关系，是“低级形式的方言必须服从高级形式的共同语”[1]。这是大家现在的共识。不在这个共识下处理标准语和方言的关系，就会出现语言的不和谐。我们以上海为例子：

> “上海……在语言使用方面，已形成了以普通话为主体的多种语言和方言并存的格局。……学生在家庭中使用上海话的比例是随年龄的增加逐渐上升的，且上升的幅度较大，……小学五年级学生使用上海话的比例约37%，而大学生使用上海话的比例超过70%。……有超过半数以上的学生对待上海话的态度是肯定的、积极的。”[2]

这份调查报告同时建议：

> “学校在确立普通话主体地位的同时，可以结合进行乡土文化教育，在中小学开设拓展型课程，向学生传授一定的上海方言知识，但不必给学生增加额外的方言学习负担，不给社会增加额外的教育成本。”

仍然强调“确立普通话主体地位”，而进行乡土文化教育时，要做到“不必给学生增加额外的方言学习负担，不给社会增加额

1　濮之珍：民族共同语与方言的关系，《语文知识》1956年总第47期。

2　“中国语言生活状况报告”课题组编：《中国语言生活状况报告（2006）》上编，北京：商务印书馆，2007，页198—210。

外的教育成本”。在“以普通话为主体的多种语言和方言并存的格局”，就已经表现了标准语和方言的上下位关系。

语言是最能动人感情的，但是处理语言问题时却是需要更多的理智，最不能动感情的。语言的选择与语言政策的决定，考虑的不纯粹是语言因素而已。语言的选择与语言政策的决定，政治上和经济上的考虑远远超过语言上的考虑[1]。在全球化的环境下，更是如此。

在全球化的环境下，外语的选择与学习，更提到教育的范围内来考虑。方言、共同语和外语，如何选择取舍，是今天语言规划者、语文教育工作者、家长、政治领袖必须谨慎面对的。《中国语言生活状况报告（2006）》说：

> “在尊重汉语方言的同时加大推广普通话的力度……在尊重母语的前提下加强外语学习……营造“多语多言”的和谐语言生活。”

我认为，这是正确的看法。这个看法，要怎样在不增加社会成本和教育成本的前提下，落实到语言生活和语言教育里？能同时精通双语的，只有少数人，大多数人都只能精通一种语言。怎样平衡方言、标准语和外语的学习，以达到和谐的语言生活，是我们应该慎重考虑和处理的。

（二）地域的考察

不同的地区，有不同的政治、经济、文化和语言环境，也就有

1　周清海:《全球化环境下的华语文与华语文教学》，新加坡：青年书局，2007，页1。

不同的处理语言问题的做法。这里，我们以马来西亚和新加坡，香港和台湾地区作为讨论的重点。

一个国家的语文政策或者语文教育，都是以该国家的利益为考量的重点；由多民族组成的国家，各民族的利益，无论是语言利益、文化利益，都得服从于国家利益。所以，语言或语言教育，不只是属于“人”（不同民族）的问题，更是属于“地”（国家）的问题。如何处理好“人”和“地”的关系，是目前东南亚地区华人语文教育所面对的两难问题。

要了解东南亚的复杂情况，让我引《李光耀回忆录 1965—2000》的一段文字：

> “我问范文同，越南怎么会面对海外华人的问题。他不客气地说，你身为华人，应该清楚知道华人在任何时刻都会心向中国，就像越南人无论身在何处总会支持越南一样。范文同怎么想我倒不很在乎，令人担心的却是他也对马来西亚领导人说出这一番话之后，可能引起的冲击。……越南驻联合国常任代表……印尼的常任代表也不顾另外三名来自菲律宾、泰国和新加坡的常任代表都是华裔，口口声声说越南人对待国内的华裔过于仁慈……新加坡面对的是邻近国家最直接最本能的猜忌与疑心。……中国要是能不强调同亚细亚华人的血缘关系，不诉诸种族情怀，对亚细亚华人来说，反而更好。”[1]

---

1 李光耀:《李光耀回忆录 1965—2000》，新加坡：联合早报出版社，2000，页668—669。

在东南亚的特殊环境下，民族语言的学习，应该从国家利益、学习者的能力来通盘考虑。因此，马来西亚的华文小学、独立中学的华文，要达到如台湾地区、中国大陆一样的母语水准，困难相当大。但在全球化的年代，英文的水准不理想，就失去市场竞争的条件，而马来语没达到适当的程度，在所居地就会被边缘化。三语的负担，对学生来说是相当沉重的。如果不顾及学习者的能力，在多语环境里的民族语言学校，可能出现难题。

马来西亚的华人子弟，90% 进入华文小学，小学生毕业后，约 90% 的华小学生升上国民型中学。国民型中学以马来语为教学媒介语。华文小学的学生升上国民型中学以后，没办法克服教学媒介语转变的困难而辍学的人数逐年增加。据说辍学率可能提升到 30%。

以中国那样母语水准的华文程度来要求在马来西亚成长，而又要在那里生活的学生，是不是可能的？如何让华文的学习不影响当地行政语言的学习，以及英语的学习，是应该好好考虑的。我们不能只培养华文程度高而不能在所在地竞争或国际上竞争的下一代。为了保持母语水准而让年轻的一代被边缘化，恐怕是不适当的。

“忽略语言的工具性，无视社会发展的交际需要，就会转向狭隘的民族主义；而无视语言在民族团结和发展中的积极作用，就会加速母语的消亡。”[1]我们既不希望成为“狭隘的民族主义”者，又想保留自己的语言文化，在这样的大环境下，民族语言的学习，应该从国家利益、学习者的能力来通盘考虑。

华文和当地国家的语文政策和教育政策的协调与融合问题，在东南亚一直是个难以解决的难题。董蓓菲对东南亚华文教学的问

1　郭熙主编：《华文教学概论》，北京：商务印书馆，2007 年，页 14。

题，做了下列相当中肯的评论：

> “东南亚诸国为华文地位而抗争的历史由来已久，故华文教育定位是关系到东南亚华校和华文教育生存、发展的核心问题。……华文教育纳入国家教育体系或游离在外，是个两难选择，但是东南亚华文教育工作者必须清醒地意识到这一点：华文教育与所在国教育体制接轨是不争的事实，只是时间早晚的问题。”[1]

当然在中国发展的影响下，马来西亚的华文教育也出现了一些好势头的：由于中国崛起，使得中文使用价值大大提高后，已吸引家长纷纷把孩子送入华文独立中学求学，60 所独中今年新生激增，初步估计近 5 000 人。董总消息透露，独中学生人数最高峰期是在 1994 年，全国独中学生约 5 万 8 000 人，过后不断下降。2007 年开始回升，突破 5 万 5 000 人。根据董总的资料，2016 年独中的人数已经达到 84 363 人。但是，独中学校的数目却只能保持在 60 所，很难增加。这是马来西亚政府限制独中发展的政治策略。

马来西亚华人约占 25.4%，如果当地政府承认华文为官方语文之一，就可能解决这两难的问题。华文能否转变为官方语文之一，只有通过政治的办法解决。但从全球的华文发展趋势来看，汉语如果有一天像英语一样，成为国际语言，在东南亚，汉语的学习也就有可能不再与民族情结紧密相连，就像今天学习英语一样。只有在华文成为国际语文时，华文的两难问题，才能最终解决。但我们始

---

1 董蓓菲：《东南亚华文教育的回顾与前瞻》，未刊稿。

终不能忘记，语言的“地”的问题，落地生根应该作为考量语言程度的首要依据[1]。

今年（2016），厦门大学马来西亚分校正式在吉隆坡开课。除了中文系和中医系之外，分校其他院系的课程都以英文为教学媒介语。厦大也每年派440名高考成绩优异的学生到分校和本地学生一起上课。这是面对国际的、双赢的办学方式，而不强调以民族为本（“人”）的办学。这种办学方式对马来西亚华人的办学将产生影响，也将为中国培养了解东南亚情况的人才，为“一带一路”输送人才。这所分校的办学模式，是在“人”和“地”的民族情结之外，另辟出路。这种办学方式，应该复制到其他合适的地区或国家。

在中国发展的大背景下，东南亚的华人家长、中国的一部分家长，都有让孩子学习两种语文的愿望。基于这个观察，我认为现在的东南亚华人不再需要一所纯华文的“南洋大学”[2]，因为目前大学教育的国际化，已经解决了华人子弟的大专教育问题。

马来西亚的独立华文中学如果走国际化的路线，提供华文、马来文和英文的双语（或三语）教育课程，将有更大的发展前景。这是中国发展以及“一带一路”的大背景下，给马来西亚独立中学所提供的机遇。独立中学的国际化，为东南亚的华人、中国人以及其他国籍的年轻人提供双语（或三语）教育，是有无限的发展空间

1　周清海：亚太地区华语文与华语文教育，见台湾中原大学应用华语文系编：《亚洲太平洋地区华语文教育与发展国际学术研讨会论文集》，桃园：中原大学出版，2008，页1—10。

2　新加坡的南洋大学，是在冷战时期，为了解决东南亚华人子弟的高等教育难题而设立的。

的。考虑将来的二三十年，东南亚将成为发展的中心，华文独立中学的国际化是大有发展前景的。

语言的学习都是有功利目的的。你把这个功利目的摆在“人”上，还是摆在“地”上，就出现不同的政策和不同的做法。新加坡更注重“地”的因素。为了国家的发展，民族和语言的和谐，新加坡以英语为行政语言，在教育上，英语同时也是各种学科的教学媒介语，母语（华语）只是学生的必修科目。我们认为：学好英文，是新加坡发展和国际化的关键因素；至于母语，只要保留在适当的程度上，在需要出现时，我们才能够在这个基础上往前发展[1]。

至于方言，新加坡有十几种之多，而说闽南话的人口比较多，但也不是主流。19 世纪，方言就已经从教育场景中退了出来。我们比香港幸运一些，我们不是单一的方言，也不必面对和处理方言的教育角色问题。我们将方言留在家庭里，让家长去决定它的位置和传承。

语言具有维系情感、传承文化的价值。方言当然也具有这些价值，这是毋庸置疑的。语言也具有商业和其他实用的功能，方言当然也不例外。但照顾方言的这些功能，是家庭、宗乡会馆的责任，而不是政府或教育单位的责任。

为了让学生更好地学好母语（华语），我们更加限制方言在娱乐和传媒里的应用，同时推行讲华语运动，使华语成为学生的生活语言。在以华语口语作为生活语言的基础上学习华文，也就容易多

1　周清海：新加坡的语言教育和语言规划，《华文教学应走的路》，南洋理工大学中华语言文化中心，1998。又见《中国语文》1996 年第 2 期。

了。我们更从语文政策的高度，强调与维持华语共同的语言核心，向普通话倾斜，在语文教学和大众传媒方面，特别注重这个核心，使我们的华语走得出去。我们同时也提倡交流，互相吸收，提倡建立“大华语”的概念。这些做法，对新加坡这个只有人力资源的小国，是必要的；对于汉语的发展，汉语走向世界，我想也是必须这样做的。

我们是认真地选择语言，执行我们的语言政策的。但是，我们仍旧有些隐忧。我曾说：“我们年轻的一代，因为华语词汇量的不足，在应用华语时，力不从心……一些受过良好教育的双语人士，在大多数场合里选用英语……如果我们没有办法做到让华人对华语和它所代表的文化具有认同感，觉得学华语讲华语是天公地道的事，觉得掌握双语是光荣的，那么，年轻人出现语言认同感转移的可能性是存在的。过去受华文教育者对方言的认同感转移到华语上面来，他们不觉得放弃方言是可惜的。如果我们的年轻一代对语言的认同感转移了，他们也会觉得放弃华语是不可惜的。”[1]

文化与语文程度两方面，我们更重视文化，因为三十几年的经验告诉我们，能同时精通双语的，只有少数人，大多数人都只能精通一种语言。因此，我们将华文列为必修课程，将华文保持在适合学生能力的水准上。但是，语文程度和文化、语言的认同，是密切相关的。母语能力过度低落，就会助长对英语的语言认同，文化认同。如果我们年轻的一代，认为英语是自己的母语，那么，我们的双语教育就可能失败。

我以为，不管怎样的变化，在可见的将来，新加坡的华语，还

---

1 1990 年 4 月 29 日在新加坡海南会馆举办的“双语教育面面观”座谈会上的发言。

是不能被认为是家庭用语为英语的华人的“外语”，它毕竟和华人学习日语、德语、法语不同。在全球化环境下，中国的崛起，可能进一步改变新加坡华语的生态。有少数的语言研究者过分强调华语成为少数华人的“外语”趋势，这对新加坡的华文教学，可能带来不利的影响。这是必须谨慎处理的。

其实，新加坡说华语的人群也在不断扩大，尤其在华语走向世界的大局面下，这种扩大的趋势，预料将更趋明显。李光耀资政的观察是：

> “新加坡社会说英语的社群正在扩大，而说华语的社群也在扩大，虽然他们的华语水平一般。在媒体行业里能够以高层次华语进行沟通的人数逐渐减少。这也是难以避免的，因为在大学和理工学院只有少数人学习华文。在工作场所，除了华文媒体外，人们都只使用英文。”[1]

在中国发展的大局面下，我们正面对提高华文程度的问题。这个问题，不是新加坡全民性的问题，而是少数和华文工作有关的人员、与中国交往的人员的问题。我们每年只要能培养一千个左右具有高水准的华文人才，就能满足这个需求。至于全社会，我们所致力的是保留普及性的华文基础。我曾说：

> “我们有了普及的华语语言社会基础，……不只保证了华语华文在新加坡的生存，而且也提供了将来往前发展的条件。

1　李光耀：李光耀内阁资政致周清海教授从教 40 年晚宴贺词，见周清海：《人生记忆》，新加坡：世界科技出版公司，2011。

高级华语人才的培育，也需要这个基础的支持。如果我们没有这个普及的语言社会基础，要培育高级华语人才，将会面对更大的困难。

新加坡人说华语的流利度，更是一项可贵的社会资产。如果和香港相比，在听说华语方面，新加坡的优势就非常明显了。当然，新加坡华人一般的华语读写能力落后于其他华语区，也是不容否认的事实。这就是关心华语文教学的新加坡人所以感叹华语程度低落的原因。但是我们认为，在应用需求出现时，华语程度是可以逐步提升的。我们相信，语文程度的提升和应用的需要有着密切的关系。”[1]

新加坡奉行的是不变的语文政策——双语政策，而语文程度却是可变的、可调整的。语文政策的推行，充分照顾了局部与全面：根据个别的需要、不同的能力，允许不同程度的发展；而对全民，则有最低的语文要求。新加坡新的一代，在中西方都能生存，而又没有失去竞争的能力，没有失去华人的特点，这就说明了我们的语文教育政策是比较可行的。

新加坡的双语教育，使新加坡成为真正的双语并用的社会，这是独特的。双语不只是课室的语言，也是社会的语言。这就是新加坡的故事之一。

从语言选择的角度看，台湾地区和香港地区可以当作两个特殊的例子。

香港强调“两文三语”，而且尽力、逐步地推展普通话，可是

1　周清海：全球化环境下的华语文与华语文教学，见周清海：《全球化环境下的华语文与华语文教学》，新加坡：青年书局，2007，页 75—88。

教中文，却仍旧倾向于用广东话。广东方言成为香港人的身份特征。普通话和广东方言在香港教育里应扮演怎样的角色，关心香港语言问题的朋友有不同的意见：

1. 要是普通话能够成为教学语言。那是最理想的推广方法。但是，在当前香港的情况来说，是缺乏以普通话授课的各科师资的。唯一可行的过渡方法，是用普通话教授中文课。（欧阳汝颖）

2. 也许可以考虑让有些人学习汉语粤方言与英语，而让另一些人选择学习粤语与普通话。

只要香港人在学校继续使用汉语粤方言，而且在学校里也能推广普通话，鼓励大家多学习普通话，粤语就能保持，而普通话也能更普及。……台湾都市中的青少年已经逐渐失去说台湾方言的能力，这就是学校中没有使用台湾方言造成的。（李英哲）

3. 主张采用普通话作为语文科的教学语言，不能说不对，只是这里头既有师资的要求，又有师生之间和学生之间之传意问题，如果师资不足，传意又有窒碍，就有实行的困难，在语文技能训练和语文知识吸收方面，也不会收到预期的教学效果。小学生的语言经验并不丰富，比成人更不容易听懂普通话。……故此普通话进入学校课程，宜经过独立讲授的阶段，不宜立刻成为中文课的教学语言。（李学铭）

4. 没有普通话课，普通话只作为中文课的教学媒介来传授，恐怕不能把普通话教成功。（王培光）

5. 长远而言（2010 年以后），香港的中国语文科会用普通话教授，普通话科和中国语文合并会是一个过渡的做法。至于学校其他非语文科目，可能仍然沿用母方言（即粤语）。相信香港学校采用普通话作为各科教学媒介语的现象不会在 20 年内出现。主要原因

是估计粤语势力在香港社会仍会维持一段颇长的时间。（何国祥）

这些都是在推行层面上的意见，但没有一个人反对推行普通话。至于在普通话的推广方面，我曾提出下面的意见：

一、香港在推广普通话时，没有说普通话大环境的支持，更需要注意制造说普通话的大环境，而不是提高说普通话的水准。也就是说，在香港，普及普通话比提高普通话的水准更重要。

二、在教学上，必须建立说普通话的信心，因此说普通话的流利度比准确度更重要。过度强调准确度，对建立说普通话的信心没有任何帮助。

三、主要方言和英语对香港口语和书面语的影响，是难以避免的，但在大众传播和教育方面，注意建立标准，是可行的。大众传播和教育所树立的标准，将直接影响香港的书面语和说的普通话。

并且在2002年对香港的语文，我也说了下面的话：

> "新加坡的华语能力，需要相当的时间才有办法提升；台湾的国语，人为地增加了太多的地方色彩；而台湾地区和中国大陆一样，都缺乏说英语的大环境。只有香港，具有高程度的华语书面语能力，又具有说英语的大环境，在新的语言压力下，将来肯定会有不可忽视的发展。香港具有双语的环境，如果有了说普通话的大环境的支持，将来华人社区真正的双语精英，可能出现在香港，而不是新加坡或者中国大陆。"[1]

1　周清海：多语环境里语言规划所思考的重点与面对的问题——兼谈香港可以借鉴些什么，普通话教育的发展和推广国际研讨会（2002年5月16至18日）主讲论文，香港大学教育学院普通话培训测试中心主办。又见周清海：《全球化环境下的华语文与华语文教学》，新加坡：青年书局，2007，页105。

但是，从2002年到现在的发展看，在香港的日常生活里，普通话虽然稍微普及了，但立法机构仍然用广东话，用普通话教中文，进展仍然缓慢，香港社会和中国大陆的关系越来越密切，和英美的关系将会越来越疏远，香港的双语优势，逐渐在消失中，是不是真能出现华人社会的双语精英，仍有待观察。

广东话在香港有广大的社会基础，是不会在香港消失的。香港所面对的问题仍旧是中英双语的学习问题。怎样利用广东话基础来支撑现代汉语的学习，怎样平衡广东话、普通话和英语的应用，是香港语文教育者所面对的难题[1]。

大湾区的建立与发展，给香港提供无限的机会。香港与外界的联系，香港特区在制度上所提供的比较宽松的、比较开放的环境，都是香港有利的条件。希望香港不只看到“岭南文化”的发展，也能看到语言国际化的趋势，做好语言教育的工作。其实，如果和新加坡、马来西亚相比，在社会的双语化方面，香港显然还需要更大的努力。

台湾地区的标准国语虽然并不完全等于大陆的标准普通话，但和标准普通话是非常接近的，也和其他华语区的华语保有相同的核心。至于日常生活中通行的，受闽南话影响的“台湾国语”，只是语言的地方变体，相当于标准普通话的地方变体，如福建普通话、上海普通话等等。王理嘉下面的论述是很精彩的：

“除非‘台湾国语’也用于正规的书面语及电视广播上，

1　关于香港的语文教育问题，可参考周清海：《语言与语言教学论文集》（新加坡：泛太平洋出版社，2004年），以及周清海：《全球化环境下的华语文与华语文教学》（新加坡：青年书局，2007）里的相关论文。

否则随着台湾民众教育文化程度愈来愈高，台湾国语中移植自闽南方言的成分将有很大一部分自行消失，而逐步向标准国语靠拢，或是成为台湾国语的次方言保留下来。”[1]

关于“台湾国语”的前景，我认为它仍不太定型，是一种具有明显的过渡性质的“标准国语”的变体。即使是过去民进党执政的8年，尽全力地推行“台湾国语”，“台湾国语”的文化、社会地位仍旧不如标准国语。如果为了制造台湾人的认同特点，而人为地、刻意地扩大“台湾国语”的用途，将“台湾国语”用于广播传媒上，只有台湾的闽南人、懂闽南话的外省人，以及少数有闽南话背景的华人听得懂，这种将使台湾的传播表达，限制在少数的人群里，对台湾和国际接轨，不一定是好事。具有闽南话特点的“台湾国语”，随着台湾人教育程度的提升，也会在国际交流中逐渐向标准国语靠拢的。相同地，我认为香港的特殊书面语——港式书面语，也会在和中国大陆以及其他华语区的交流中，逐渐向汉语标准语靠拢。在普及普通话之后，香港普通话的地方变体特质，尤其是书面语的变体，将会逐步减少。

语言的学习，进入书面语，就是标准语的学习，而高度统一的标准语，就是华语的传统。在标准语的学习、外语的学习，以及方言的保存上，我们更注意前两者。香港以粤语教学标准书面语，对标准书面语的学习，有利还是有弊？学生的书面语学习负担，是不是加重了？这些都值得香港朋友进一步思考，也是我们应该继续观察的。

1　王理嘉:《汉语拼音运动与汉民族标准语》，北京：语文出版社，2003，页113。

（三）结论

总之，从汉语国际化的角度和所居地的特殊需要来观察，语文的选择与教育问题，必须注意下列几点[1]：

第一，语言劣势是应该避免的。脱离现实的语言教育，只会制造语言劣势，让自己和自己的下一代被边缘化。

第二，华语文的推广与发展，必须在“大华语”的概念下进行，在交流中趋同。各华语区应该尽量向普通话靠拢，避免提倡地区性语言。在数码资讯时代，这样做，有助于讯息交流，华人共同语的建立，更有助于华语的国际推广。

第三，亚太区都是双语或多语的社会，这要求语文的学习，不可能是“文学语言”的学习。在推广、普及与应用的要求下，语言的“大众化”是必然出现的现象。所以，应该重视华语文的“口语化”“大众化”，而不是“文言化”“地方化”或者“方言化”。

第四，只有在华语文成为国际语文时，华文的学习才能像英语一样，不带民族情感，语言的“人”和“地”的问题，特别是在东南亚，才有望解决。

---

1 周清海：亚太地区华语文与华语文教育，见台湾中原大学应用华语文系编：《亚洲太平洋地区华语文教育与发展国际学术研讨会论文集》，桃园：中原大学出版，2008，页1—10。

九、华语教学与现代汉语语法研究*

我将从华语文教学和华语文的特性两方面，讨论和现代汉语语法研究有关的三个问题：一、从语文教学的需要看现代汉语语法研究的现况；二、中国语言研究的优良传统；三、书面语和口语的语法研究。

（一）从语文教学的需要看现代汉语语法研究的现况

1984年，在台北举行的“第一届世界华文教育研讨会”[1]上，我发表了《语法研究与语法教学》[2]一文，从语文教学和语文教师的需要谈及语法研究和语法教学的问题。在涉及语法研究的问题方面，我说：“我们缺乏一部内容完整的，可做规范的现代汉语语法著作。因为缺乏这样的著作，许多语文现象得不到合理的解释。”我更进一步从语文教学的需要，提出语法研究三个方面的不足：一、语法事实的研究很不足；二、从学习者或者学术研究的立场有系统地编写英汉或汉英比较语法，仍不多见；三、从语法教材的安排，教学方法的选择，到怎样练习，怎样考查评鉴，研究得太少。

30年过去了，这三方面的不足仍然存在，而一部内容完整，可

---

* 广州暨南大学华文学院主办第二届华语论坛（2009年11月16—17日）的主讲论文。又见《语言教学与研究》2014年第5期。

1　这个研讨会是由台北世界华文教育协进会（后来改名为世界华语文教育学会）主办的。

2　周清海：《华文教学应走的路向》，新加坡：南洋理工大学中华语言文化中心，1998，页121—135。

做规范的语法著作仍未出现。

中国改革开放之后，给中国社会带来了巨大的变化，我们也迎来了汉语走向世界的新局面。这个时候，也正是现代汉语和各地华语相互融合的时期。现代汉语和各地华语相互融合，使现代汉语出现较大的变化。这个融合还没有固定下来，因此也给语言研究和语言教学带来了许多新的问题、新的挑战。

现在，如果我们要写出一本具有参考性的“内容完整的，可做规范的现代汉语语法著作”，更要求我们必须先研究各地的华语语法，在对各地华语语法有了全貌的、比较深入的了解之后，才有可能写出这样的著作。

邢福义教授曾对记者说：“从 2009 年开始，新加坡……周清海教授多次发来邮件，希望将全球华语语法的研究提上日程。这一倡议反映了世界华人的寄托和期待。于是经过两年多的准备，组织起一支内外结合、协同攻关的国际性研究团队。……对全球华语语法进行全面考察，无论在国内还是国际上都是首次。这意味着汉语语法研究迈上了一个新起点，将从语言研究的角度，对中华文化的弘扬起到有力的推动作用。”[1]

对全球华语语法进行全面考察，这个研究的范围，远远超出了黎锦熙、王力、吕叔湘以及朱德熙等先辈的语法研究。先辈们的研究，无论是对现代汉语语法的描述，或者汉语史的研究，都不能涵盖对融合中汉语的语法研究。

我们希望在完成了对融合中的汉语语法研究之后，能在这个基

---

1 韩晓玲、郝静：汉语语法研究走向国际化《全球华语语法研究》正式立项，《湖北日报》2011 年 10 月 24 日。

础上编成“语法长编”——一部内容完整的，可做规范的现代汉语语法著作。

（二）中国语言研究的优良传统

中国的语言教育，大部分是在学习者有了口语基础之后进行的，因此语言教育被认为是“识字”的过程。识字不识字，就是有没有受过教育。

语言的语法体系、基本词汇、大部分的常用词汇，早已在中国学童入学前的口语中建立了。习得的语言能力使大家都具有语言的感性认识，语感很强，因此就忽略了对语言的理性分析。汉语教师常常知其然，而却说不出其所以然来。但在汉语传播与推广方面，无论是对华人学习者或者其他国籍的学习者，他们需要的恰恰是教师能说出所以然来。

一个向国际广播的语言教学电视节目里，有这么一段话（中国中央电视台 2008 年 1 月 9 日《快乐汉语》）：“‘一看’，是‘一’加上动词，表示动作很快就达到效果，例如‘一看就明白’。”[1]

这个说明，暴露了语言教学者完全不了解“一看就明白”这一类结构，当然也就没办法教好这类结构。吕叔湘主编的《现代汉语八百词》就说得很清楚：“一……就。前后两个动词不同，表示一种动作或情况出现后，紧接着发生另一种动作或情况。可以共一个主语，也可以分属两个主语。”

中央电视台国际频道第四台（CCTV4）的《快乐中国——学汉语》节目，景德镇一辑里有这样的两句话：

1　例子出自中央电视台 2008 年 1 月 9 日《快乐汉语》。

（1）景德镇……连舞蹈也跟瓷器有关系。

（2）你连他们也不认识。

在短短的十分钟里，编教材的人想通过对话，介绍“连……也”的用法，却不了解外语学习者所面对的语法困难，更可能完全没有意识到第二句的“连……也”，结构存在歧义。第二句所表达的可能是“你不认识他们”，也可能是“他们不认识你”。

多年前，我在台北做了专题演讲后，有一位汉语教学者提问：“为什么外国人学汉语，总是逃避使用‘把’字句，或者使用得不正确？”

我回答说，不只外国人，连香港人也逃避使用，因为粤语方言里就没有“把”字句。使用“把”字句，其中一个重要条件是谓语动词必须是动补结构的，或者动词后边有补充成分。也就是说，“把”字句必须在学生学了相当数量的动补结构动词，或者动词后边有补语的结构之后，才适合教。（当然，“把”的宾语必须是有定的，也是条件之一。）

我们的汉语课本编写者，考虑过学生应该在学了多少个动补结构的动词之后，才教“把”字句吗？在母语习得的环境下成长的语言研究者和语言教学者，对第二语言和外语学习者所面对的语法困难往往缺乏了解，更谈不上为语言学习者设计教学程序。

关于“被字句”，一般认为“被”字句里的动词如果带名词宾语，名词所指往往是主语不可分割的部分：

他被炸弹炸断了腿/我被太阳晒破了皮。

但是，下面3个句子的宾语都不是“主语不可分割的部分”：

他被朋友偷了钱/我被老师问过那个问题了/我被他从身上偷了手表。

这3个句子都是不可以接受的吗？华语区对这3个句子的反应可能不一。

再看下面另外一种“被”字句：

明朝有两位皇帝掉进水里，差点被淹死。

这个句子为什么接受度要高些呢？说“差点被淹死”和说“差点淹死”，有没有分别呢？句子用了“被”，后边的动词可以再用“所”吗？

但从20世纪20年代末以来，一直被多位语言学家所批评，被认为是不当的。

古汉语里常用的是“为……所”，易孟醇认为“事实上，战国末期已出现‘为……所’式”[1]。而“被……所”式，冯春田认为“大约在隋唐时期出现，晚唐五代才有较多的例子”[2]。现代汉语书面语，我们还能接触到“为……所”式和“被……所”式。

如果我们的语法研究者，从语言教学的角度，考虑“被”字句的问题，就应该指出哪一种结构的“被”字句最常用，哪一种是应

1　易孟醇：《先秦语法》，长沙：湖南大学出版社，2005，页102。

2　冯春田：《近代汉语语法研究》，济南：山东教育出版社，2000，页586。

该作为教学重点，哪一种是某个华语区的特殊"被"字句，哪一种文体里适合用"被……所""为……所"，等等，这些信息，对语文教师都是有用的。

语言研究为语言教学服务，本来就是中国语言研究的优良传统。马建忠说："华文经籍虽亦有规矩隐寓其中，特无有为之比拟而揭示之。遂使结绳而后，积四千余载之智慧材力，无不一一消磨於所以载道所以明理之文，而道无由载，理不暇明，以与夫达道明理之西人相角逐焉，其贤愚优劣有不待言矣"，"斯书也，……曲证繁引以确知华文义例之所在，而后童蒙入塾能循是而学文焉，其成就之速必无逊於西人"。我希望语言研究者继承《马氏文通》的传统，多从语文教学的需要考虑语言和语法研究的问题。

邵敬敏教授出席由台湾世界华语文学会、教育研究院联合主办的"2013华语文教学与研究国际研讨会"（11月30日至12月1日），谈及他的语法研究时，他对语文教师说："你不要看我的论述过程，只要看论文的结论，看这个结论能不能解决你的教学问题"。希望语言研究者和语法研究者，在论文的结论里，多给语文老师指出他们的研究对教学有什么意义，如果更进一步提出教学的建议，就更好。同时，邵教授也说他正在编写现代汉语虚词词典，从虚词框架里解释虚词的用法。这种将研究回归到应用的精神，是非常可取的。

汉语走向世界，学习汉语的人，无论数量或者语言背景都和过去大不相同了，因此，要求语言教学者，对所教的语言，有深刻的认识，也要求他们能将研究的成果，应用到教学中去。对于语言研究者，我们提出加强汉语研究和对比研究的要求，同时希望研究者多从怎样更好地为语文教学服务的角度，去研究语言。

陆俭明和马真教授不断呼吁重视语言本体的研究，是应该充分予以支持的。

（三）书面语和口语的语法研究

我认为，现代汉语标准语，是一种“古今杂糅，南北混合”的语言，华语的“古今杂糅，南北混合”现象更甚于现代汉语[1]。这个语言（既指现代汉语，也指华语）包含的“古今杂糅”现象，书面语比口语要多些；而“南北混合”的现象，口语恐怕要比书面语多些。无论是书面语或者是口语，还有许多地方没弄清楚。

华语文里有古汉语的成分，如“去国”“去世”里的“去”都保留了古汉语“离开”的意思。常用的“上去”“出去”等词，“上”和“出”表示位置的变化，“去”表示“离开”说话人。成语“何去何从、拂袖而去”等的“去”，都是“离开”，而“何”这个疑问代词宾语提到“去”之前。“劝架”和“劝酒”的“劝”意思不同，“劝”的“劝阻”义，是汉以后才出现的，汉以前是“鼓励”的意思，《说文》：“劝，勉也”。荀子的“劝学”，《汉书》的“劝进农业”，《三国志》的“劝耕”都是“勉也”。“救火”和“救命”的“救”意思不同。“救命”的“救助”义，现在用得多；而“救火”的“阻止”义，见于《论语·八佾》：“季氏旅於泰山。子谓冉有曰：‘如弗能救与？’对曰：‘不能’”，《说文》也说：“救，止也。”“救”的“阻止”义，现在不独用，只见于“救灾”“救火”等词中，大家也就不熟悉了。

1　周清海：汉语融合时代的汉语语言与语言教学研究，见周清海：《汉语融合与华文教学》，北京：社会科学文献出版社，2020，页27—37。

“他很阿Q”，“很”修饰名词，现在不是普遍的用法，但古汉语里“君不君”之类——名词前有副词修饰，名词用为动词，却是普遍的古汉语语法规律。现在广告用语的“口味忆人”“中国联通，知心你我”，都是“使动”的用法。使动的用法，古汉语是常见的：“然则王之所大欲可知已，欲辟土地，朝秦楚，莅中国而抚四夷也。”（《孟子》）；“纵江东父老怜而王我”“霸勾践”（《史记》），都是使动。

现代汉语新兴的语法现象里，双音形容词的用法如：“端正态度”“纯洁组织”“巩固关系”“丰富生活”“密切关系”“健全法制”等，都是继承了古汉语形容词的使动用法。“架构并完善学科体制”也是使动用法的继承，将动词“架构”和形容词“完善”用“并”连接起来，成为并列短语。

“惊慌”，《现代汉语词典》归为形容词。对于“我们的行动惊慌了地主”。吕叔湘和朱德熙的《语法修辞讲话》认为是病句，应改为“我们的行动使地主惊慌了”[1]。其实，这都是形容词的使动用法，网上也有“这滴泪瞬间惊慌了我”的例子。

古汉语的形容词有意动的用法。“据说那些地方是很稀奇女人的。”[2]“稀奇”，《现代汉语词典》注为㊎。但是，“满意”，注为㊍：大家满意你的工作。“可怜”，是㊎，也是㊍：“绝对不能可怜他。”三个词的归类标准不一。

其实，“稀奇”“满意”“可怜”都可以看作是形容词的意动用法。吕翼平说：“我们发现现代汉语中也存在古汉语中继承下来的意动句式。”[3]

---

1 吕叔湘、朱德熙：《语法修辞讲话》，北京：中国青年出版社，1952，页34。

2 吕翼平：《吕翼平汉语论集》，北京：社会科学文献出版社，2002，页118。

3 同2，页123。

口语里的“你在忙什么？——在忙晚饭。”表示“为晚饭而忙”，和“居庙堂之高，则忧其民；处江湖之远，则忧其君。”（《岳阳楼记》）是一脉相承的。现在常说的“热心公益”“专心业务”表示“对公益热心”“对业务专心”和古汉语的“卑下宾客”（《史记》）也是一脉相承的。吕叔湘和朱德熙的《语法修辞讲话》有这样的句子：

“平常说话里头，关联词语用得不多，谁要是张嘴‘虽然’、‘如果’，闭嘴‘因为’、‘但是’，一定要招人笑话。”

句子里的“笑话”就是“王我”之类的用法，只是现在用得多了，《现代汉语词典》才给“笑话”注上②动词。而“张嘴”能说成“张口”，“闭嘴”却不能说“闭口”。“闭口不言”不能说“闭嘴不言”，叫人“住口”，更常说“闭嘴”；“嘴脸”不能说成“口脸”。“嘴”从“角”，指“鸟嘴”；“口”，《说文》：“人所以言食也”。“口”“嘴”混用，正是“古今杂糅”的现象。

动词的肯定与否定重复，构成疑问句，如“来不来”“讨论不讨论”。现在双音动词的肯定与否定重复出现了“讨不讨论”一类的用法。这是受了南方方言的影响而出现的。“管得住管不住”，现在说成“管不管得住”，也说成“能否管得住”，都是“古今杂糅，南北混合”的结果。

动词和介词连用，能不能肯定和否定重复构成问句？下面的句子能说吗？

放在不放在家里

住在不住在河西

写在不写在上面

这样的用法，在华语区却是相当普遍的。吕叔湘说："在和向也有附着于单音动词的倾向。"[1]他举了下面的例子：

走到小店门口，他一软就坐在了地上。(《骆驼祥子》)

还是那两条烟，放在了敌人仓库的木箱上。(《人民文学》1955 年 12 月号)

她急忙打开了箱子，把麦子放在了箱子里。(《剧本》，1955 年 4 月号)

既然"坐在了"等等用法，和"坐了在"一样，"坐在"等就像个双音动词，那么华语区出现了"放在不放在"，就一点也不奇怪了[2]。

我们研究现代汉语，无论是语法或者词汇，都不能不重视这些"古今杂糅，南北混合"的现象。大学和大专院校，在语言学科的教学上，将古今严格分开，恐怕不是非常合理的。

关于书面语和口语的差别，朱德熙曾说："对于偏重于应用的语法著作……重点反而要放在书面语上。不过研究书面汉语语法要比研究口语语法困难得多。这是因为现代汉语书面语包含许多不同的层次，稳定性和均匀性都远不如北京口语。研究书面汉语语法比

1　吕叔湘：现代汉语单双音节问题初探，《中国语文》1963 年第 1 期。

2　周清海：汉语融合时代的汉语语言与语言教学研究，见周清海：《汉语融合与华文教学》，北京：社会科学文献出版社，2020，页 27—37。

研究口语语法难，还有另外一个重要的原因，就是对于书面语语句的可接受性不容易作出判断。一种句式是否能说，往往会引起争议。这说明有些书面语句式的可接受性只有程度上的差别，不像口语里的句式那样界限分明。”[1]

朱先生的说明，如果从语言接触观察，就更清楚。中国知识分子和外来语言的直接接触，使语言变异直接体现在书面语上。老百姓很少接触外来语，他们的口语就显得相对稳定。但是，口语的不稳定性也是存在的，特别是华语区的口语。华语区不同语言的接触，就直接体现在口语上。现在传媒非常发达，提高了老百姓接触新语言现象的概率，相信中国现代汉语的口语，也会出现变异。

目前大部分的语法著作都是以书面语为研究对象，这些语法著作都没有把书面语语法的不稳定性适当地反映出来，更少讨论口语和书面语的差距，以及华语与现代汉语的语法差距。这给汉语的传播带来困难。

例如，赵元任说：“假如问：‘你抽烟不抽？’可以答：‘抽。’但假如问：“你望东不望东走？”就不能只答“望”，要说“望东走。”或者“望东。”并且加注说：还不懂文法的小孩（三岁或三岁以下），有时候听到“你跟我出去吗？”这句话就回答说：“跟。”[2]

张志公也说：“‘这列火车从不从上海来’不成话，正确的说法是‘这列火车是不是从上海来的？’。近年来，有的介词有被这样用的情形，但是这样用法的规范性还是一个有待研究的问题，因

1　朱德熙：现代汉语语法研究的对象是什么？见朱德熙：《朱德熙文集》第3卷，北京：商务印书馆，1999，页147。

2　赵元任：中国话的文法，见赵元任：《赵元任全集》第1卷，北京：商务印书馆，2002，页311。

为，纵然有人问：‘你往不往公园去’回答的人也不会单说‘往’或者‘不往’，而是说‘去’或者‘不去’。”[1]

介词难道真的不能独用吗？粤语的“同”就可以独用，因此华语区的介词独用现象比较普遍。新加坡华语里对这类提问的回答，视所用介词的不同而有差别。“在”“往”“从”之类，肯定的回答可以单用“在”“往”“从”，否定的回答是“不在”“不往”“不从”。

中国的现代汉语书面语深受外语（尤其是英语）的影响，和外语接触而产生的影响是通过知识分子的书面语而传播形成的。这是间接的语言接触。如果老百姓很少接触外语，他们的口语就比较稳定。但在华语区，华语和外语的接触，却是直接的接触，因此华语口语和书面语一样不稳定。对这些现象没有研究清楚，语言教学的标准就难以确定，语言的评鉴就很难客观。

中国的汉语词典多数是为母语语用者而编写的，词典里所提供的语言信息，对第二语言学习者来说，是不足够的，尤其是语法方面的信息。

> 领教／请教／讨教／指教，《现代汉语词典》（第7版）是这样处理的：
>
> 领教，请教：有点儿小事向您领教。
>
> 请教，请求指教：我想请教您一件事。

“请教”是外动词，可以带双宾语，也可以单带表人宾语或者

1 张志公：《汉语语法常识》，广州：广东教育出版社，1991，页152。

表物宾语；“领教”是个内动词，没有“领教您”的说法，但却有“领教他的高招”的说法。这两个词在语法上的作用是不相当的，不可以用“请教”来解释“领教”，而“有点儿小事向您领教”，我总觉得有些别扭。

《红楼梦》115 回里出现了下面的句子：

> 大家说话儿，好叫他们领领大教。
>
> 小侄正欲领世兄们的教呢！

普通话这样说吗？南方方言是不这样说的，因此华语区里也很少这样用。

对于“讨教”，《现代汉语词典》说：“请求人指教 ：有个问题向您讨教”。“指教”可以带表人宾语，“讨教”不可以，两个词也是有差别的。

上面的语言信息，对于已经有口语基础的母语的学习者，可能是不重要的，但对于第二语言学习者，却是很重要的。

致函 / 复信 / 复函，《现代汉语词典》是这样处理的：

1983 版不独立收“致函”为词条，只在“致”条下举“致函”做例子。2005 年版开始独立收为词条，解释说：“给对方写信：致函表示谢意。”“致电”以前各版本也都没收，2005 年才独立收为词条，解释说：“给对方打电报或电话：致电表示谢意。”

2005 年版收入“复函”，解释：“答复来信 / 答复的信。”

华语区致函 / 复信，致电都能带宾语：致函 / 复信 / 致电学校。“复函”也能带宾语：复函某公司。

善加，词典都不收，大概是不把它当一个词。它的意思是“好好加以”。和“善加”结构相同的还有“详加”“细加”等词。

“加以”，《现代汉语八百词》页258说：“表示对某一事物施加某种动作。必带双音节动词宾语。‘加以’是个形式动词，真正表示动作的是后面的动词。后面动词的受动者常常在前面。”“‘加以’前面如用副词，必须是双音节的；单音节副词后面不能用‘加以’，只能用‘加’。”[1]

这些说明都非常精彩，只是《现代汉语词典》的解释改为“用在多音节动词前”，恐怕是不对的。“加以”后面动词的受动者也必须在前面，而不是常常在前面。如果是“常常”，那么下面的句子就可以接受了：

> 本文将分三部分加以探讨陈六使办南大的过程，以及所面对的种族、政治、教育问题。(利亮时《陈六使倡办南洋大学》)

动词既然有宾语，那么这个动词就必须是外动词。下面句子里的“变化”是内动词，能接受吗？

> 许多基本词，基本上是经过千百代保存下来而没有加以变化的。……如“不、鸡、羊、牛、下、来”等，保存到现代语里，没有加以变化。(《张世禄语言学论文集》)

“善加”是“好好加以”，因此受动者也应该在前面。下面的句

---

1 吕叔湘主编：《现代汉语八百词》，北京：商务印书馆，1980。

子可以接受吗？

训练自己善加利用现代科技，只是时间早晚的问题。[1]

网上“善加”后边动词带宾语的例子有：“本地中小企业必须善加利用知识产权，以取得增长。”“善加管理情绪，成就人生智慧。”“善加”后边双音动词的受动者都不在前边。

侯学超却将“加以”分析为连词[2]，有：①，连接分句或句子；②，连接短语。短语是名词性的；③，可以说“加之以、加之”。并且在最后加上“下列例句中是动词”的说明，举的句子是用了“加以分析”的例句。

“加以”是动词还是连词？如果将“加以”当作“形式”动词，现代汉语动词应该分哪些小类？从语文教学的角度看，将“加以”作为动词，恐怕比较简单适用。我在《华语教学语法》是这样解释的：“加以”就是粘宾动词，它必须带一个双音节的动词宾语，如：“这些问题必须加以解决”。“解决”是“加以”的宾语。因此用“加以”时，“解决”的后边不能再有宾语。下面的句子是错误的：

X 选择其中一件作品，并以简短的文字加以评述之。

“加以”的宾语是“评述”，句子后边的“之”必须删除。

1　格雷厄姆·艾利森等著，林添贵译：《去问李光耀》，台北：时报文化出版企业股份有限公司，2013，页 44。

2　侯学超编：《现代汉语虚词词典》，北京：北京大学出版社，1998，页 311—312。

X 我们仅就《恒言录》中所收录的亲属称谓所折射出的历史文化价值来加以探讨其分类的理据。

"加以探讨"后边不能再带宾语"其分类的理据"[1]。

华语里的"理论"也是个动词，在华语区里广泛应用。1983 年版的《现代汉语词典》说："讲理，（多见于早期白话）"，2002 年版才将括号里的几个字删去。"吊诡"，中国的词典不收，有人以为是台湾地区用词。其实《国语辞典》（1947）就收了，说"谓言行诡异。吊诡，见庄子，注谓'吊'音'的'，至也"。可见是国语里的老词。

下面的三个句子出现在曹禺的《雷雨》里，都是不可接受的吗？语文教学里应该怎样处理这些现象呢？

（1）她整个的身体都很发育。

（2）四凤装做不听见，依然滤她的汤药。

（3）如果她不愿意我，我仍然是尊重她，帮助她的。

我们对 1949 年以前的"国语"，现在的各地华语，无论词汇或语法现象，无论书面语或口语，都研究得很不足够。面对汉语传播的要求，需要语言研究者，再加把劲。

从上面的讨论来看，我们需要对现代汉语、各地华语做更深入的研究。为了学习与运用汉语，更为了汉语的传播，除了需要编纂更完善的词典之外，更需要编写汉语语法长篇，给汉语教材的编写

---

1 周清海：《华语教学语法》，新加坡：玲子传媒，2003，页 58。又见周清海：《华语教学语法》（修订版），北京：商务印书馆，2021，页 58—59。

人员、汉语教学人员参考。语法长篇对汉语教学，对汉语的发展与趋同，将会做出巨大的贡献。

附记：

初稿完成后，传给老朋友田小琳教授，她回电邮说：

“关于语法研究，大作所说，实有同感。张志公先生在世时，就是希望编出一本对学习者有用的语法书。“精要，好懂，有用”，是他老人家提出的编写语法教材的六字方针。他过世已经有 16 年了，我们也还没有实现他的愿望。这次在新加坡召开的语法研讨会，参加者多为中青年学者，希望他们能有更大的作为。研究方向十分重要。您的发言将有提点的作用。

我还在琢磨您文章中所说的：现代汉语标准语是“古今杂糅，南北混合”，这说法很有新意。您的文章中所举许多例子，说明了这个论点。我会把这个观点体现在一本词典的修订中。”

十、从现代汉语的特质和语言教学的需要看汉语的词类研究*

由于现代汉语是“古今杂糅、南北混合”的语言，再加上外来语言的影响，使语法研究、应用语法体系说明语言现象，出现了一些难以自圆其说的问题，也就是不够“贴切”，也使研究成果不能充分应用到语言教学中。这当然包括汉语词类的研究。这篇论文将从现代汉语的语言状况和语言教学的需要，探讨和语法研究以及词类研究相关的几个问题。

（一）汉语的语言特质与汉语语法和词类的研究

1.1 中国改革开放之后，现代汉语和华语相互融合，语言不稳定的情况特别多

现代汉语是“古今杂糅、南北混合”的语言，加上受到外来语言的影响，就使得汉语语法研究以及汉语词类研究出现一些难题，也使研究成果不能充分应用到语言教学中。因为受到许多复杂因素的影响，因此这个语言的词汇和语法，就有许多例外的情况。朱德熙先生在讨论语法论文的语料选择不当时，说了下面的话：“这种情况……反映出现代汉语标准语本身的不稳定性。这种不稳定性在书面语和口语上都有所表现。拿汉语书面语来说，它不能不受到以下几种经常起作用的因素的干扰。首先是作者很难避免他自己方言的影响。其次，由于汉字的某些特性，我们能够随时轻而易举地从古

* 本文发表于《国际中文教育学报》2018 年第 3 期。

书里把一些古汉语句式搬过来用。最后，书面语还不断直接或间接（通过翻译作品）受到外国语的影响产生新的‘欧化’句式。除此之外，由于现代书面汉语跟日常口语之间有相当大的差别，这就使一般人要学会用书面语写作成为一件相当吃力的事。结果是报纸书刊上大量出现‘病句’”[1]。

朱先生提及的现象，就是我所说的“古今杂糅、南北混合”的现象。加上中国改革开放之后，现代汉语和华语相互融合，不稳定的情况也就特别多。“很”用在名词前边，如：“很君子”，是不普遍的，但古汉语里“君不君”“假舟楫者，非能水也，而绝江河”之类名词前有状语，名词用为动词，却是古汉语里普遍的语法规律。如果以“能够受数量词修饰，一般不能够受副词修饰”作为名词的特点，显然“很阿Q”“很君子“就是例外。看到下面的例句：

（1）他看起来很精神。

（2）这样的研究方法不太科学。

（3）这是非常理想的构想。

（4）处理这类问题不能太机械。

（5）人人可公益。

就补充说“这些名词或名词性短语都是充当谓语，才能被修饰”。看到“管他票不票，上车就是了”。就说“只有少数名词成对连说时，才能和副词“不”结合，如：“不中不西”“人不人，鬼不

1　朱德熙：《朱德熙文集》第3卷，北京：商务印书馆，1999，页140。

鬼”“不人不鬼”“不男不女”等。针对“很阿Q”的现象，解释说“有些具有描写性语义特征的名词，如‘淑女、狐狸’等等，也可以受副词的修饰，如‘非常淑女’‘相当狐狸’等。”

这些继承古汉语的语法现象给现代汉语名词语法特点的描述，带来一些难题。

1.2 现代汉语所包含的古汉语语法现象，也给辞书的词类说明带来一些问题

（1）“稀奇”，《现代汉语词典》只注为“㊎稀少新奇：稀奇古怪”。

但语言用例里有：“李代沫涉罪本来不该稀奇”，“据说那些地方是很稀奇女人的”[1]。显然“稀奇”也是动词，而且是可以带宾语的。

（2）“满意”，《现代汉语词典》注为“㊍：他非常满意这个工作”。

（3）“可怜”，《现代汉语词典》注为“㊎和㊍”。在㊍下用“怜悯”解释，而不用“认为可怜”解释。

其实，“稀奇”“满意”“可怜”等都是形容词，用为动词都是形容词的“意动”用法，和古汉语的“且夫我尝闻少仲尼之闻而轻伯夷之义者，始吾弗信……”（《庄子》）是一脉相承的。吕翼平认为：“我们发现现代汉语中也存在古汉语中继承下来的意动句

1 吕翼平：《吕翼平汉语论集》，北京：社会科学文献出版社，2002，页118。

式……”[1]这个看法是正确的。如果参照形容词使动用法的说明，形容词的“意动”用法，《现代汉语词典》的解释用语，就应该一律用“认为……”来解释。

《现代汉语词典》对形容词的“使动”用法，是用“使……”解释的，如：

（1）“繁荣”，《现代汉语词典》注为㊍和㊋。在㊋下解释为“使繁荣”。

（2）“完善”，《现代汉语词典》注为㊍和㊋。在㊋下解释为“使完善”。

其他双音形容词“端正”“纯洁”“巩固”“丰富”“密切”“健全”“方便”等等，《现代汉语词典》都一律用“使……”来解释。但“熟练”尽管有“熟练技术”（使技术熟练）的用法，《现代汉语词典》却只注为㊍。

单音形容词“湿”“肥”“瘦”等，在口语里有“湿了您的东西”“肥了个人，瘦了集体，亏了国家”，句子里的“湿”“肥”“瘦”都是继承了古汉语形容词的“使动”用法。

“热”字下注了㊋的用法，用“使热、加热”解释；“冷”下注“〈方〉㊋”，用“使冷”解释。“凉”下却没有㊋的用法。

这些都是继承了古汉语形容词的“使动”用法。用在“X一X”和“X一下”的结构里，如“热一热”“热一下”也都有“使动”的意义。

1 吕翼平：《吕翼平汉语论集》，北京：社会科学文献出版社，2002，页118。

胡明扬先生认为形容词这样的用法，可以归为兼类。他说："如何看待形容词带宾语的现象，语法学界还有争论。如果要维持能不能带宾语作为形容词和动词区别的标准，那么这一类形容词可以当作兼类词处理。"[1]《现代汉语词典》第5版所注的㊋和㊍，就是这个观点的反映。

如果我们将形容词继承了的古代汉语的"使动"和"意动"用法都包括在现代汉语的形容词里，承认它是形容词的语法特点之一，也就没有所谓的兼类的问题了。

除了形容词之外，名词和动词也有使动的用法。这种用法大量出现在现代书面语里，尤其是改革开放之后，出现的频率更高。现在广告用语的"口味忆人""中国联通，知心你我"，都是"使动"的用法。"使动"的用法，古汉语是常见的："然则王之所以大欲可知已，欲辟土地，朝秦楚，莅中国而抚四夷也。"（《孟子》）"纵江东父老怜而王我""霸勾践"（《史记》）。

当然，我们也可以把这些用法当作词类临时活用。只是在词类的语法说明中，应交代这些用法，这对语言教师是必要的。

1.3　现代汉语里的例外现象应该分别处理

邢福义先生对现代汉语名词的语法特点曾经这么说："全部名词排斥跟'不'的组合。指的是单独一个名词不能跟'不'字组合。'不人不鬼'这样的说法不算，因为不单说'不人'和'不鬼'；'我们不一个想法'这样的说法也不算，因为不能单独说'不想法'。"[2]

1　胡明扬：现代汉语词类问题考察，见胡明扬主编：《词类问题考察》，北京：北京语言文化大学出版社，1996。

2　邢福义：《汉语语法三百问》，北京：商务印书馆，2002，页67。

这段说明，涉及了“不人不鬼”，这是古文“君不君，臣不臣”现象的遗留，而“我们不一个想法”却是因惯用而省略“是”。如果不省略，句子是“我们不是一个想法”，“不”是修饰“是”的。

邢先生的说明，既照顾了现代汉语的一般现象，也提及例外现象，考虑得非常全面。所举的两个例子，都是属于现代汉语里的例外现象。可是用“这样的说法不算”来说明，显然还是没有把问题说清楚。

朱德熙先生认为“自然语言所以能成为人类交流思想的手段，一个重要的原因就是有弹性”[1]。“不一个想法”就是语言弹性的表现。语言的弹性也表现在“炕上净人”“时间已经深夜”等句子里。这些句子就是省略了“是”，才成为副词修饰名词的现象[2]。

形容词加“过”，表示比较，“我高过你”“他聪明过你”，是各地华语的共同现象。普通话要说“我比你高”。现在普通话也有“高过”“多过”“一浪高过一浪”的说法，但普通话不说“少过”，而说“少于”。这既和比较句有关，也和形容词能不能与“过”结合有关。至于普通话没有“少过”的说法，只是普通话里的特殊现象。这些差异的说明，既不见于词典，也不见于语法著作。语法里的词类研究都忽略这些现象，以至于词类研究的成果在语言教学里不能充分发挥作用。

陆俭明先生等的研究都发现普通话里“礼貌、兴趣、绅士”等，在新加坡华语里也可用来修饰动词，如：

（1）他们礼貌地和我握手道谢。

1　马庆株编：《语法研究入门》，北京：商务印书馆，1999。

2　陈建民：《汉语口语》，北京：北京出版社，1984，页134。

（2）我兴趣地看着他。

（3）他奇迹地出现，绅士地吻吻她的手[1]。

普通话里的“礼貌、兴趣、绅士”，都不能做状语。新加坡的用法显然是受了英语的影响。因此我强调语言研究也应该关注地区性的差异。

名词充当状语，也是古汉语普遍的语法现象，如：“庶民子来”“豕人立而啼”“蚕食诸侯”等等，现代汉语里名词充当状语的现象也越来越多，如“电话联系”“科学用药”“品质生活每一天”等等。我把这个现象叫作“古幽灵的复活”[2]。

1.4　现代汉语的语法著作，很少关注现代汉语和古汉语的关系

现代汉语语法要不要处理这些“古今杂糅、南北混合”以及地区性华语所出现的现象？如果要处理，应该怎样处理？

在“第一届世界华语文教学研究生论坛”上，我说：“在中国的语言和语言教学研究方面，中国的友人们强调汉语传播，一向都是以中国为中心，眼界还没有完全开放，以致使汉语与汉语教学的研究，还远远没办法满足汉语推广和汉语发展的需要。”[3]这个说法也是基于全球化时代的要求而说的。

如果要全面处理上面的问题，显然目前的语法研究和词类研究是有局限的。华中师范大学语言与语言教学研究中心的“全球华语语法研究计划”，扩大了汉语语法的研究范围，这个研究也将对汉

1　陆俭明：新加坡华语语法的特点，《南大语言文化学报》1996年第一卷第一期。

2　周清海：《文言语法纲要》，新加坡：玲子传媒，2006，页30。

3　周清海：华语研究与华语教学，《暨南大学华文学报》2008年第3期。

语语法的词类研究与划分带来影响。我对邢福义先生能挂帅做这件事，表示衷心的感佩。我更对该项研究的终极工作：编写“语法长编”，寄予厚望，希望这个“语法长编”能注意解决上面提及的一些问题。

1.5　现代汉语词汇系统里不同的层次和一些有弹性的用法，也应归为特殊现象

在“古今杂糅、南北混合”的观点引导下，我想起朱德熙先生曾说过的话：“词类划分首先得考察被划分的词的性质、来源，看它们是古汉语还是白话词，是书面语还是口语词，是新造词还是成语……这些词分别属于现代汉语词汇系统的不同的层次，各自具有作为该层次的某一类词的分布特征，不能搞一刀切。”[1]要避免一刀切，只有把那些例外的现象另行处理，才是唯一的出路。

也就是说，讲现代汉语语法，应该尽量将古汉语语法遗留、方言影响的现象和一些有弹性的用法，划分出来，归为特殊现象，专门处理，另编一本专书。

所以，我说：“发现和解释特殊现象，不是一件简单的事。但是，特殊现象的发现和解释，对以华语作为第二语言或外语的教学者，特别重要。因为他们的教学对象，都没有或者很少有口语的语感基础。因此，我建议有关研究机构，组织研究人员编写一本参考工具书，专门处理现代汉语里的特殊现象。这是有必要的，这样的工具书将对汉语的国际推广和汉语的融合做出贡献。”[2]

当然，我们也可以编一本语法长编，把特殊的现象（包括各地

1　吕叔湘等著，马庆株编：《语法研究入门》，北京：商务印书馆，1999，页 52。

2　周清海：华语教学与现代汉语语法研究，《语言教学与研究》2014 年第 5 期。

华语的特殊现象），都包括在内。我说“我们需要对现代汉语、各地华语做更深入的研究。为了学习与运用汉语，更为了汉语的传播，除了需要编辑更完善的词典之外，更需要编写汉语语法长篇，给汉语教材的编写人员、汉语教学人员参考。语法长篇对汉语教学，对汉语的发展与趋同，将会做出巨大的贡献”[1]。语法长编可以考虑将这些特殊现象用专注的方式点明处理。这样，这本语法长编，就是真正的全球华语参考语法了。

（二）从教学的需要看词的语法功能

2.1　语言研究为语言教学服务，是中国语言研究的优良传统

马建忠说：“斯书也，……曲证繁引以确知华文义例之所在，而后童蒙入塾能循是而学文焉，其成就之速必无逊於西人。”[2] 这点明了他编写的《马氏文通》是为语言学习服务的。我希望语言研究者继承《马氏文通》的传统，多从语文教学的需要考虑语言和语法的研究问题。

关于语言研究与语言教学的问题，邓守信认为：“一直以来，汉语语言学和汉语教学这两个领域的关系都有点紧张，到现在仍是如此。前者认为后者不懂汉语的机制与功能，而后者认为前者夸夸其谈，不切实际。这两个领域的交流一直相当困难。”[3]

要避免汉语语言学和汉语教学交流困难的问题，就要求语法研究尽量用非技术性的术语来呈现，并且注重突出汉语的语法特点，

1　周清海：华语教学与现代汉语语法研究，《语言教学与研究》2014 年第 5 期。

2　马建忠：马氏文通后序，见马建忠：《马氏文通读本》，沈阳：辽宁教育出版社，2002。

3　邓守信：语言学理论和语言教学，《国际汉语教学研究》2014 年第 2 期。

提供可操作的建议。《现代汉语词典》第5版给词分类，就采用了中学语文教学中的词类系统，把词分为12类。这是一个相当稳定的系统，也是语文教师所熟悉的系统。《现代汉语词典》采用这个词类系统，把吕叔湘等先生对教学语法的要求充分地体现了出来。

2.2　语法描述必须有用

语法研究者在语法研究的实际描述里，却不一定都能做到张志公先生所强调的“有用”。比如，关于现代汉语“名词”的组合功能上，就有下面不同的说明：

（1）“在组合能力上，许多名词能受数量词的修饰，全部名词排斥跟‘不’的组合。”[1]

（2）除了一些习惯说法，如“九牛二虎”“三言两语”“一草一木”之外，名词和量词的配合，是现代汉语的特点之一。

（3）学习名词时应该把它和量词一起学习，千万不要孤立地教学名词。例如：“一头牛、两匹马、一条毛巾、一肚子主意”等等，教学时必须把名词和量词当作一个单位来教。问学生“这是一头什么？”，而不要问“这是什么？”，学生回答时要说“那是一头牛”，而不是“那是牛”。不可以等到测验时才注意量词的用法[2]。

（4）可数名词有自己适用的量词，如：书（本、部）、灯（盏、台）等。可数名词所能带的量词也可能不止一个，“有些名词所用的类词（也就是量词——引者按）不止一个，一般说在意义上有分别，例如‘一扇门’，指‘门’这个物体；‘一道门’指让人走进走出的地方。通用量词‘个’可以代替几乎任何一个专用的量词。例

1　邢福义：《汉语语法三百问》，北京：商务印书馆，2002，页67。

2　周清海：《华语教学语法》，新加坡：玲子传媒，2003，页45。

如‘一个门’可以代替‘一扇门’，也可以代替‘一道门’”[1]。

（5）不可数名词没有适用的个体量词，只能从下列四类量词中选择：① 表示度量衡单位：一匹布、一斤肉；② 由名词转来的量词：一桶水、一袋糖；③ 所具有的形状：一块布、一摊水；④ 不定量词：一些、一点儿。

（6）语言教学、语文练习或者测验，所强调的量词就是个体单位的量词，如“米”的量词是“粒”，而不是“斤”或者“袋”“盘”“地”，尽管我们也用“一袋米”“一盘米”“一地米”，甚至是“一把米”。

因为名词所用的量词，可能不止一个，因此答案就可能不止一个，如上面所举的“一道 / 一扇门”。通用量词“个”，几乎可以代替任何专用量词，也不是语文考察的对象。

上面的六个说明，都注重词的组合功能。但（2）到（6）就更切合教学的需要。关于量词，邓守信认为：“我们可以很容易地列出很多名词与相应量词的搭配，但是我们无法用规则预测量词的出现。”[2] 参考（2）到（6）对量词的说明，就知道邓先生只说了一部分现象。大部分量词的出现是可预测的。

另外，表示人的名词和代词都不能表示位置 / 地点，这是英语和华语的显著差别之一。我们可以说“我到上海去”，但不可以说“我到张三去”，虽然“上海”和“张三”都是名词。我们必须在“张三”后面加上“那里”或者“那儿”，将“张三”变成表示地点的单位，说成“我到张三那儿 / 那里去”。“请你到我这里来”，也

1 赵元任：《语言问题》，北京：商务印书馆，1979，页 234。

2 邓守信：语言学理论和语言教学，《国际汉语教学研究》2014 年第 2 期。

是同样的，必须在人称代词“我”之后加上“这里”，转变成为表示地点的单位，句子才能成立。英文的名词或者代词可以直接表示地点，不必加上任何成分，直接说“go to Mr Song”“come to me”，华语的人称名词和代词都不可以直接用来表示地点。

这些都是从语言教学的需要处理语法问题，并且提供了可操作的建议。

关于形容词，根据李大忠的统计，能重叠的双音形容词，口语词占 90%左右，不能重叠的双音形容词绝大部分是书面语词[1]。在《华语教学语法》一书里，我因此做了这样的说明：“一般来说，具有庄严意义的或者口语里不常说的形容词，不能重叠，如‘高大’可以重叠成‘高高大大’，而‘伟大’却不可以重叠。”但这个说明显然难以解释“美丽、丑陋、严重、透明”等为什么不能重叠，而“宽绰、亮堂、娇气”等却可以重叠。

2.3　根据学习者所学过的词汇总结语法规律

形容词重叠的规律，从目前的研究来看，显然难以概括。这就让我们思考，应该根据学习者所学过的形容词说明重叠的规律，根据学习者学过的词汇以及语法点困难的等级，对语法点进行排序。李英哲先生等人曾合编过《实用汉语参考语法》（北京语言学院出版社，1990），他们从美国现有的几套汉语教材中选取例句的做法，是非常可取的。在汉语学习者越来越多的情况下，我们根据几部语言教科书的教材，决定语法点的处理，决定语法特点的说明，是教学语法必须考虑的。

1　李大忠：不能重叠的双音形容词，《语法研究和探索》2，北京：北京大学出版社，1984。

2.4 鼓励语文教师参与语言现象的讨论与研究

要解决汉语语言学和汉语教学交流出现困难的问题，必须要鼓励语文教师也参与语言现象的讨论与研究，我更希望语言研究者和语法研究者，在自己论文的结论里，多给语文老师指出他们的研究对教学有什么意义，如果能更进一步提出教学的建议，就更好。我们应该提倡将研究回归到应用的精神。

当然，我们也需要有一批语言研究者对语言做精密细致的研究，对语言理论做探讨，因为这些研究和探讨最终也一定能对语言教学做出贡献。马真的《现代汉语虚词研究方法论》就是一部对虚词用法进行细致分析的重要著作。但是，这类研究难免用上语文老师所不熟悉的术语，让语文教师畏惧。我因此建议，语言研究者应该不时地用教师能懂的语言、从教学的立场，给语言教师总结语言研究的成果。

（三）词类研究对语言教学能做些什么?

3.1 词类研究是老大难的问题

汉语词类问题始终是汉语语法研究中一个老大难的问题[1]，而将词类研究的成果反映在辞书的编撰上，工程更是浩大。《现代汉语词典》初编时，因为词类研究不深入，只能为大部分的虚词和常见的代词、量词标明词类。只有到了第5版才给每个词注上类别[2]。这让我想起中国传统的训诂研究，也特别注重“虚词”，而将西方的词类划分用在古文语法的分析上，是始自清末的马建忠。马氏之前

1 陆俭明:《陆俭明选集》，沈阳：东北师范大学出版社，2001。

2 徐枢、谭景春：关于《现代汉语词典》第5版词类标注的说明，见商务印书馆辞书研究中心编:《〈现代汉语词典〉学术研讨会论文集》(二)，北京：商务印书馆，2009，页188。

的数千年，中国人为什么不需要划分词类？《现代汉语词典》注明词类，无疑是一大进步，但如果认为只注明词类就能解决语言应用里的所有问题，那就是不切实际的想法。

《现代汉语词典》第5版的词条“消失”下说：“消失㊜（事物）逐渐减少以至没有：瞬间，一颗流星就从夜空中～了|脸上的笑容～了。”《现代汉语词典》的两个例句，“消失”都不带宾语，但语言应用里却有“名词做谓语、述语在先秦时代是其自身职能，而到了东汉已消失这种职能”[1]的用法。

《现代汉语词典》第5版的词条“约会”下说：“约会㊜预先约定相会：大伙儿～好在这儿碰头。㊔预先约定的会晤：订个～|我今天晚上有个～。”作为㊜的“约会”，和“约”，哪个用得多些？能不能说“约会蒙古草原”？还是得说“相约蒙古草原”？“约会”是不是只限于“所追求的对象”？

对母语的学习者而言，《现代汉语词典》“只为大部分的虚词和常见的代词、量词标明词类”，不只能应付50年，甚至还可以继续这样应付下去，都没有关系。但是对汉语作为第二语言或外语的学习者而言，只注明词类就远远不够，例句和用法分析更为重要。

陆俭明举了《现代汉语词典》第5版对“自然”的释义说：“原先《现汉》的释义，未标注词性，因而未发现‘自然’连词的用法，这不能不说是个遗憾；《现汉》第5版的释义，标注了词性，注意到了连词的用法……”[2]其实，“自然”连词的用法，除了因为需要

1　孙良明：《古代汉语语法变化研究》，北京：语文出版社，1994，页57。

2　陆俭明：《现代汉语词典》第5版继续坚持并发扬学术引航的好传统，见商务印书馆辞书研究中心编：《〈现代汉语词典〉学术研讨会论文集》（二），北京：商务印书馆，2009。

标注词类才被注意到，恐怕也是根据例句得出来的：“你应该虚心学习别人的优点，～，别人也要学习你的长处。”

《现代汉语词典》第5版对“是”这样解释：“㊀联系两种事物，表明两者同一或后者说明前者的种类、属性：《阿Q正传》的作者～鲁迅|节约～不浪费的意思。”《现代汉语词典：汉英双语》[1]这样说：“used like ‘be’ before nouns or pronouns to identify, describe or amplify the subject。”这里的“used like ‘be’”是说和英文的“verb to be”相当。英语的“verb to be”当谓语是不能省略的。汉语的“是”在下列3种情况下可以不用：

（1）今天（是）星期三。

（2）我（是）福建人，他（是）广东人。

（3）今天（是）晴天。

如果用上“是”，具有强调的意思。拿“verb to be ”来解释“是”，更影响了学习者，使他们说出这样的句子：“她是美丽”，“我是聪明”。因为英语的形容词不能充当谓语，必须用“verb to be”，而华文的形容词可以单独做谓语，不需要用“是”。

3.2 词类研究的成果不应该只体现在语法的细致分类上

词类研究的成果，不应该只体现在语法的细致分类上，体现在词典给词标注类别上，更应该体现在语言对比的研究上，体现在学习型词典和双语词典上。目前，将词类研究的成果体现在语言学习

1 中国社会科学院语言研究所词典编辑室编：《现代汉语词典：汉英双语》，北京：外语教学与研究出版社，2002。

上，为语言学习服务，还有一大段路要走。我们都习惯从母语和母语学习的角度看待现代汉语的研究，而没有从第二语言或者外语学习的角度看待汉语、从事汉语研究。尽管邢福义先生认为："在研究成果的深度上，中国语言学的各个分支和各个领域，都将围绕着实现中华民族大复兴的目标，开展比以往更有理论意义和实用价值的专题研究。"[1]我仍要呼吁，从汉语传播的角度看，对汉语语法研究还应该做更多的努力。

---

1 邢福义：《语法问题献疑集》，北京：商务印书馆，2009，页5。

第三章 汉语国际化所面对的一些问题

十一、我对汉语研究和汉语教学的一些看法*

我是在三个大前提下讨论这个问题。第一个前提是现代汉语和古汉语是一脉相承的，这个关系过去没有受到充分的重视；第二个前提是中国的发展带动了汉语的大融合；第三个前提是中国经济社会健康快速地发展，使更多人愿意学习汉语。在这三个前提下，讨论汉语研究和汉语教学应该如何调整。

我认为，古今汉语是一脉相承的。现代汉语是“古今杂糅，南北混合”的语言。“古今杂糅”的现象，书面语比口语多些，而且不断在增加；“南北混合”的现象，口语比书面语多些。华语区的华语，“古今杂糅，南北混合”的现象更甚于现代汉语。

在语言研究和语言教学方面，不能把古今汉语当作完全没有关系的语言。现代汉语和华语里“古今杂糅，南北混合”的关系，应该好好处理。

从汉语的分裂与融合观察。1949 年之前，中华民族经过了长时期的苦难年代——军阀混战、北伐，跟着的抗日战争、解放战争等。在这个苦难的年代里，有一大批知识分子，大迁移了。他们给

---

* 《国际中文教育学报》2019 年第 6 期。

华语区带去了“国语”和“国文”，并在所居地发展而形成了当地的“华语”“华文”。

1949 到中国改革开放之前，很少和海外华语区交流的中国现代汉语，出现了自己显著的特点。中国现代汉语和各地的“华语”“华文”，差距是相当明显的。中国推广普通话非常成功，在分歧的口语（方言）的基础上，出现了普通话通行全国的现象。

改革开放之后，中国和华语区之间的交往频繁，在语言方面出现了汉语大融合的特殊时代。

从这个汉语大融合的特殊时代观察，并结合了“古今杂糅、南北混合”的观点，我对“汉语研究和汉语教学”说些个人的看法。重点在三方面：第一，现代汉语和古代汉语的关系；第二，大华语与语言融合；第三，华语区与华语文教学。

（一）现代汉语和古代汉语的关系

现代汉语和古代汉语的关系，值得讨论的问题太多了。这里我只从两个方面说明这个问题：1. 古代汉语的词义和语法保留在现代汉语的情况；2. 古代汉语研究和教学存在的一些问题。

1. 古代汉语的词义和语法保留在现代汉语的情况

我们结合现代汉语和古代汉语，举几个例子加以说明。

（1）“劝其伐燕，有诸？”（《孟子·公孙丑下》）杨伯峻语译为：“齐国讨伐燕国，你曾经劝说过，有这回事吗？”用“劝说”来语译“劝”，还是语译为“你鼓励齐国讨伐燕国”？究竟“劝”是“劝说”还是“鼓励”？

《说文解字》“劝，勉也”，现代汉语的“劝酒”是“鼓励”的意思。“劝架”的“劝”是“劝阻”，这个意思是后起的。《王力古汉语字典》将“劝阻、规劝”和“劝说”都归为“后起义”，是对的。显然杨伯峻的语译是不妥当的。

《现代汉语词典》解释说：“①拿道理说服人，使人听从。②〈书〉勉励。”“勉励”义的“劝”不限于书面语，现代汉语里的“劝酒”“劝杯”口语里就用得非常多。

（2）“季氏旅于泰山。子谓冉有曰：女弗能救与？”（《论语·八佾》），《说文解字》“救，止也。”《现代汉语词典》解释“救”说：“②援助人、物使免于（灾难、危险）：救亡|救荒|救灾|救急。”（《现代汉语词典》试图把“终止”和“救护”两个意思整合为一个，致使释义除了有语病之外（援助……物），也不能概括“救”字下所有词条的词义）

其实，救，就是终止（灾难），“救火、救灾”等词的“救”就是“终止”；和“救命、救国”的“救”（拯救）不同。“凡民有丧，匍匐救之。”（《诗经·谷风》）可见“救”自古有两个意思。

（3）“舸”，“看万山红遍，层林尽染；漫江碧透，百舸争流。”毛泽东《沁园春·长沙》注：“舸：大船，这里泛指船只。”《国语词典》：大船。《现代汉语词典》：〈书〉大船。《现代汉语规范词典》：〈文〉大船，百舸争流。

《说文解字》没有“舸”字，新附有之，注云：“舟也。”《王力古汉语字典》：船。《方言》九：南楚，江，湘，凡船大者谓之舸。《古代汉语词典》：船。

古汉语的用例：“豫备走舸，各系大船后。”（《三国志》）“上建旌旗，豫备走舸”“备乃乘单舸往见瑜”（《资治通鉴》），从这些资料看来，“舸”就是“船”的通称，而不是“大船”。王海棻《古代汉语简明读本》：“走舸：轻快的船”，“单舸：单独一只船”。是正确的。

（4）“我真担心骨折……不光是‘宅’在家里，而且连上下楼梯都有困难。”（叶永烈）“宅”是名词，作谓语，带了补语“在家里”，作者觉得这和现代汉语“宅”的用法不同，所以加上引号。《现代汉语词典》就认为“②（动）待在家里不出门：你也出去走走，别总是宅在家里”。

现代汉语名词作谓语，下带宾语或补语的现象，如“将他一下”“家天下”，都是古汉语名词用为动词：“不蚕而衣”“先主器之”、成语“不胫而走”等词语用法的继承。词典应该如何处理这些现象？《现代汉语词典》的处理就不太一致。

（5）“忙工作”是“为工作而忙”；“小他一岁”是“比他小一岁”，都是形容词带宾语。古汉语形容词带宾语是非常普遍的，如“登泰山而小天下”“君子之远其子也”“博我以文，约我以礼”“孔子贤之”。现代汉语形容词带宾语的现象也越来越多，如“繁荣经济”等等，“这句话，温暖了整个冬天，美丽了整个中国。”就是很好的表达。“清洁”“进步”“整齐”等形容词将来也有可能发展成为带上宾语的形容词：清洁课室、进步你的英文、整齐了队伍。

名词和形容词带上宾语，要不要当作“动词”，而另归一类？形容词带宾语的现象比名词更多些，要不要把形容词和动词一起归为“谓词”？汉语的词类在句子里的作用，和英文的词类不同。

从古汉语继承下来的名词和形容词带宾语的现象，可以当作汉语名词的特点之一，而不必另外归为“动词”，可能是更好的做法。在对外汉语教学里，怎样处理才适当，是应该讨论的。

（6）“延长、延迟”的“延”显然和“延聘、延师”不一样。“楚人为小门于大门之侧而延晏子”（《晏子使楚》），“余人各复延至其家”(《桃花源记》),句子里“延”的意思就存在现代汉语的“延聘、延医、延至”等词里。《现代汉语词典》用〈书〉标明。《现代汉语规范词典》将“延”分为①引长,②引进、邀请,③推迟,义项的分类显然不如《现代汉语词典》,但没有特别标注〈书〉,就更好一些。其实,“延”的“延长”义,也见于《左传成公》:“君亦悔祸之延”。所以,“延”的两个意思都是继承古汉语的,都是书面语。

(7)“亲戚好友”“亲朋好友”和“亲朋戚友”都可以用吗?“戚”是名词性的,简化字里也用来表示“慽”。“慽”是形容词性的。“戚友”的“戚”意义就不清楚了。

从上面的例子来看,研究现代汉语的词义、语法以及教学,都需要了解古汉语。编好现代汉语词典、现代汉语学习型词典都必须建立在了解古今汉语的基础之上。

2. 古汉语的教学必须建立在对古汉语的认识上

现在的古汉语教学与研究,存在着许多问题,尤其是古汉语的语译,问题更多。杨伯峻先生说:“要写《论语译注》,必须先深入了解《论语》本书的体例、词汇、语法,就是每词每句在当时的本义。我看了某些人搞的古书译注本,并没有下大功夫,其中较好的不过就他的水平依字面翻译,并不考作者的本意和本义,未免把译注看得太容易了。……若要得作者的用心,一定先求当时语句的流行意义,因此我在着手译注《论语》之前,先写了《论语词典》,这样,不致被纷歧的解释所迷惑。”[1] 杨先生的看法是正确的。我对杨先生的三本著作:《论语译注》《孟子译注》和《春秋左传注》是

1 杨伯峻:我和《论语译注》、《孟子译注》,见中华书局编辑部编:《守正出新——中华书局》,北京:中华书局,2008。

非常肯定的。但要做到他所说的那样，可不容易。我们举些例子来讨论。

（1）“颜渊曰：愿无伐善，无施劳。”（《论语·公冶长》）杨伯峻认为“施，犹著也”，即表白的意思[1]。这个意思在杨伯峻的《论语词典》里只出现这一次。叶嘉莹认为“不施劳——不把那些劳苦的事情推给别人去做”[2]。《论语·颜渊》里有“己所不欲，勿施于人”的“施”，是“给予”的意思，在《论语词典》里共出现了3次。

安作璋主编的《论语辞典》（上海古籍出版社，2004）将“施劳”单独立词条，以“夸耀自己的功劳”为主要意思，而以“加给别人”为另一说。

我认为对“施”的解释，叶嘉莹的“推给”是正确的，“勿施于人”就是“无施劳”最好的内证。

（2）“不吾知其亦已兮，苟余情其信芳。”（《离骚》）叶嘉莹认为“‘不吾知’就是‘不知吾’，颠倒为‘不吾知’是表示强调。”[3]其实，“不吾知”并没有颠倒，而是正常的句法。古汉语否定句的宾语如果是代词，代词宾语就必须在动词之前，如《诗经》的“不我遐弃”“岁不我与”，《论语》的“我未之见也”，《孟子》的“臣未之闻也”，等等都是。汉以后，否定句代词宾语后置才占优势。叶嘉莹的说明是以今释古。

（3）“杨氏为我，是无君也；墨氏兼爱，是无父也。无父无君，是禽兽也。”（《孟子·滕文公下》）如果语译为“杨氏主张为自己，

1　杨伯峻译注：《论语译注》，北京：中华书局，2002，页56。

2　叶嘉莹：《中国古典诗歌的美感特质与吟诵》，台北：大块文化出版社，2013，页18。

3　同2。

是不要君王；墨氏主张兼爱，是不要父母。不要父母不要君王的人，就是禽兽”，就是将古汉语的“是”和现代汉语的“是”等同起来，这是错误的。杨伯峻《孟子译注》用“这便”“那就”，也用“就是”，语译“是”，摇摆在代词和判断词之间。

“是”用为判断词，大概出现在战国后期，《孟子》里的“是”相当于指示代词“这”。

（4）“遂寘羌氏于城颍。”（《左传·隐公元年》）研究者一般都说“寘，音义同置”（杨伯峻）；或者说“‘寘’同置，此处有放逐幽禁之意”（张世禄）；或者直接用“置”（杨金鼎主编《古文观止全译》），但不加说明；也有不提“置”，直接用“寘”的（王力主编《古代汉语》，“寘”，放置，安顿，这里有放逐的意思）这是古今字的问题。

段玉裁《说文解字注》说：“凡读经者不可不知古今字。古今无定时，周为古则汉为今，汉为古则晋宋为今，随时异用者谓之古今字。”王力说：“寘”“置”不同字。“寘”指具体的行为；“置”则兼有抽象的意义。设置的“置”不作“寘”。《左传》“寘”“置”区别甚严[1]。《王力古汉语字典》处理古今字的态度，值得参考，中文系的古汉语选文就应该走王力的路。

上面这些例子都涉及古汉语研究和现代汉语教学的结合问题。华语教学，无论是母语或者外语教学，都可能涉及古汉语，因为现代汉语和古汉语是一脉相承的。如何处理好上面的问题，对做好古汉语教学是非常关键的。古汉语应该如何语译为现代汉语，更应该加以重视。

1　王力主编：《王力古汉语字典》，北京：中华书局，2000。

王力认为古汉语的教学，主要是词汇问题。他说："语法……古今相差不大，容易解决。问题在词汇，这必须花很大的力气。……古代汉语的问题，主要是词汇的问题。所以学习和研究的重点要放在词汇上。"[1]但是，古汉语的词汇分布需看下面的研究结论：

"高频词占词汇数量的比例有限，为提升教学效率，确定教学内容时可以有选择地先教学高频词，而推迟甚至忽略教学低频词。……如必须掌握前 3 795 个高频词，才可以达到 80% 覆盖；而如果希望达到 90% 的覆盖则必须学习 12 425 个高频词。"[2]

要掌握 3 795 个高频词，对中文系的学生，是可能达到的目标吗？王力编的《古代汉语》常用词只收了一千两百多个。"如果希望达到 90% 的覆盖则必须学习 12 425 个高频词。"这几乎是不可能的事。"高频词占词汇数量的比例有限"，就意味着每一篇文言选文都会遇到大量的非常用词。让学生去面对这些困难，有必要吗？为了减轻学生学习古汉语的词汇负担，我主张选文只选有意义的段落[3]。

我们也应该考虑为华语区建立文言语料库，特别是语文教学里

1 王力：《龙虫并雕斋文集》第三册，北京：中华书局，1982，页 402—405。

2 朱庆之、王婵娟等：基于语料库语言学的古代汉语科目教学内容研究，《中国语文教学新探》，香港：商务印书馆，2019。

3 周清海：全球化环境下的古汉语教学问题——古汉语教学的改革思考，《文言文教与学论坛场刊》，香港：香港教育大学，2018。

的文言选文的语料库，这对于教好文言文，作用和意义更大[1]。大学中文系的课程中，现代汉语与古代汉语的研究与教学，也不应该太早分流。

（二）“大华语”与语言融合

华语区最早的华人移民，大部分是没受过教育，或者受教育程度偏低的农民。军阀时代、抗日战争时期到 1949 年前后，才有比较多的知识分子移民到华语区。他们通过办报、办学，把他们在中国所受的语文教育——注重标准书面语，带到了华语区，建立了各华语区的书面语。这就是华语区的书面语高度一致的原因。

华语区的书面语和口语，和现代汉语的差距相当明显。中国改革开放之后，我们就处在汉语大融合的特殊时代。现代汉语和华语在频繁的交往中相互吸收与融合。其中以词汇的相互吸收与融合最为明显。目前，现代汉语从华语区输入词汇的局面正在逐渐转为向华语区输出。

在这个汉语大融合的特殊时代，我们应该更注重华语区之间交流达意的准确性，让华语在交流中自然融合。因此，我们必须了解各华语区的语情，才能让这个融合的过程更加顺利，才有可能协调和解决华语区里的语言变体问题。这就是我们编纂《全球华语词典》和《全球华语大词典》，以及研究“全球华语语法”以期最后编成“全球华语语法长编”的原因。

我们希望打破华语区的语言藩篱，建立沟通机制，了解彼此的

1 周清海：汉语融合时代的语言研究与语料库，《中国语言学报》，香港：香港中文大学出版社，2015。

差异，以减少差异，更好地为华语的和谐融合建立基础。在讨论编辑《全球华语词典》时，北京商务印书馆总编辑周洪波先生建议词典给词下定义，应该用现代汉语。这个提议得到参与编写的学者们的积极支持。所以，我们编撰的《全球华语词典》和《全球华语大词典》，就是有意地向现代汉语倾斜，引导华语的相互融合[1]。

我对《全球华语大词典》说了下面的话：“《全球华语大词典》是目前唯一的一部从全球华人的立场，为全球华人服务的词典。这是对不同地区华人智慧的肯定，也是向全世界表明中国对语言和谐的重视。《全球华语大词典》的编纂，只是全球华人合作的一个开端，也是人和的具体表现。”[2]

从华语走向世界这个视角观察，华语的应用与规范问题，就不可能只从中国国内的需要或者角度考虑。我在2003年说：“我主张华语必须有共同的核心，各地区的华语共同向这个核心靠拢，但也需要容忍语言的地域变体。只有在大同之下，包容小差异，才有助于华语走向世界。”[3]就是本着这种协调的态度，我们才逐渐有了“大华语”的概念。2005年之前，参与编撰《全球华语词典》《全球华语大词典》，以及研究“全球华语语法”的朋友们，都了解华语差异的存在，但正式把不同华语区的语言，用“大华语”来概括，是陆俭明和李宇明两位先生。

通过编纂《全球华语词典》和《全球华语大词典》，我们认识到，全世界有一个比普通话更高层次的东西，那就是“大华语”。

1　周清海：论全球化环境下华语的规范问题，《语言教学与研究》2007年第4期。

2　周清海：全球华语语法研究，《联合早报》2012年4月7日。

3　周清海：《华语教学语法》，新加坡：玲子传媒，2003。又见《华语教学语法》（修订本），北京：商务印书馆，2021，页i。

李宇明先生说给“大华语”的定义是“以普通话/国语为基础的全世界华人的共同语”，并且说：“这是在多年探讨、多人研究的基础上得到的一个共识性表达。”[1]

从“大华语”的发展趋势看来，华语的逐渐融合几乎是不可避免的。高度统一的书面语和正式的标准口语，以及采用汉字记录语言的传统，是汉语融合的坚实基础。随着中国整体国力的增强，普通话的影响力将越来越大，这将使各地华语相互靠拢，使华语原来具有的共同核心更加坚实。但是，这个影响应该是在交流中逐渐发生的，而不是强行统一的。如果要这种趋同更显著，华语区之间就必须有更大的共识，必须积极进行引导的工作。

“大华语”的概念已经逐渐受到重视，这将直接影响语言教学与语言研究。陆俭明先生提议：“大华语”以普通话为基础而在语音、词汇、语法、语用上可以有一定的弹性、可以有一定宽容度。但是，如何具体理解“弹性”，具体该如何掌握“宽容度”之度，在语音、词汇、语法、语用上具体该如何操作，怎么落实，目前尚无研究。上述问题无疑应作为首要课题列入“全球华语研究”之中。我提议的“教学从严，评鉴从宽”的概念，也值得大家关注。在“大华语”的观念下，语文研究和语文教学人员应该研究和了解各华语区的语言变体，也必须以更宽容的态度来看待现代汉语的规范问题。

（三）华语区与华语文教学

在“大华语”的概念下，我们的华语教学必须做相应的改变。我在《大华语的研究与发展趋势》《大华语与语言研究》《大华语与华文

1 李宇明：大华语：全球华人的共同语，《语言文字应用》2017 年第 1 期。

教学》等一系列论文里，提出了一些看法。这里再补充一些意见。

（1）华语文课程与教材，必须从整个华语区的需要着眼，让学习者了解其他华语区的社会与语言，方便他们以后与其他华语区交往。无论是中国的语文教材，或者其他华语区的教材，都应该考虑容纳华语区的华文作品。这样做，对华语区的写作人，也是极大的鼓励。将文化上的认同，体现在华语文的教学中。通过语言的学习，重建年轻华人的人际联系。

（2）我们也必须考虑充分调动华语区推广华语的积极性，提供充分的机会让他们参与，因为推广华语是所有华语区的责任。

我们更应该积极培养华语区的华人以及非华人的华语教师，华语语言研究者。非华人华语教师的增加是汉语国际化的一个标志。

汉语的国际推广，中国大陆和台湾地区以往都没有充分考虑华语区的作用。无论是“请进来”或者是“走出去”，都单独从中国的角度考虑。我认为，我们应该更全面地调动华语区推广华语的积极作用，组织、带领或制造条件，让各华语区参与华语的推广，这样做对华语的全球化是非常有利的。

（3）善用语言，语言就是一种资源。在全球化的环境下，随着“一带一路”的发展，华文作为语言资源的作用将更加显著。方言与华语应该有上下位的区别。在说明新加坡的语言问题时，我说“新加坡是一个移民社会，并没有自己主要的方言。考虑到每个人的语言能力有限，我们选择了保留华语跟英语，在很早的时候就让方言退出教育的舞台”[1]。

1　周清海：《新加坡的华语与华人》，商务印书馆名家大讲堂第四讲，国家语委国际高端专家交流项目，2018。

大多数华语区是多语的，对于大华语区的华人来说，单靠华语文是不够的，更要求华人具有多语的能力。所以，华语区的语言学习不能只限于华语文的学习，不能让华语文的学习妨碍当地语言的学习和国际语言的学习。只有掌握多种语文，才是华语区华人今后的出路。华语区的华人，如果放弃多语，只强调华语华文，无疑是自我孤立，自己放弃与人竞争的条件。所以，在全球化的环境下，不能把华语文教育只看作是民族的语文教育、只是为保留民族的特点、文化的特点服务。只强调语言的民族性、文化性，是比较狭隘的。

有些华语区更以母语的水准在当地办学，以致年轻的下一代没建立多语的基础，在中国发展的大背景下，只能移民母国。这种反移民的现象，如果越来越严重，恐怕不是健康的现象。

虽然华语文的经济价值越来越显著。但是华语文要成为国际语文，不能只靠经济因素。华语文成为国际语文也不是十几或二十几年内的事。经济价值，只是让这个语文更容易推广，更多人愿意学习。我们不能企望只靠华语文，就能配合全球化的需要。

（4）从事华文教学与研究必须有国际视野，不应再各自为政，要往优势互补，人才与资源共享的方向努力。

语言教学当/在地化，将更广泛地带动华语文的学习，提供机会让更多人参与。我们更可以借用与调动华语区的语文人才。推动华语文教育，不一定完全靠中国。

新加坡华文教研中心前主任陈之权先生给我的电邮也说："在目前的国际形势下，从事华文教学与研究必须有国际视野，不应再各自为政，受限于一国一地，要往优势互补，人才与资源共享的方向努力。”关于华语教育资源共享，在加拿大孔子学院任中方院长的向平给我的意见是：“应该有机构出来牵头，拿出具体的方案来。如果没有人或机构当‘吸铁石’，就很难吸引世界各地各种优质教学研究资源，就很难形成合力，从根本上改变单兵作战、重复消耗，事倍功半、欲速不达的格局。”

已故台湾地区董鹏程先生提议的华语文教学大联盟，就具有方向标的作用。这个联盟应该怎样组织起来，值得我们进一步思考。

应设立一个机构，在“大华语”概念的引导下，有计划地收集与出版华语区的优秀教材，分级读物，并为华语区编写词典。汉语教材都在中国编写，在海外不一定适用。应该在当地领导组织编写小组，为当地提供合适的教材。当然，我们也应该考虑将华语区之间的合作以及语文教育和出版企业化的问题。

中国大学延聘国际人才，对大学的发展是有利的，唯独在华语人才方面，受了“汉语故乡”观念的影响，和华语区的交流不够，也很少让华语区的教学人员参与汉语的推广与研究工作，更少延聘这方面的研究人才。这些都是需要进一步考虑的课题。重视华语区的语言教学与研究人才，将鼓励更多人才从事这方面的工作。

在中国发展的大背景下，华语文的学习与研究，应该是跨区域的。各华语区的语言教学机构与研究机构应加强联系，有计划地让语言学习者，语言教学者与研究者，有机会在华语区里交流。新加坡、香港地区都有条件发展成为东南亚甚至是世界的华文教学与研究中心。向这个方向发展，才能找到新港华文教学与研究的发展出路。

（5）对语言研究的期望：“要避免汉语语言学和汉语教学交流

困难的问题，就要求语法研究尽量用非技术性的术语来呈现，并且注重突出汉语的语法特点，提供可操作的建议。”[1]“目前大部分的语法著作都是以书面语为研究对象，这些语法著作都没有把书面语语法的不稳定性适当地反映出来，更少讨论口语和书面语的差距，以及华语与现代汉语的语法差距。这给汉语的传播带来困难。”[2]

1 周清海：从现代汉语的特质和语言教学的需要看汉语的词类研究，《国际中文教育学报》2018 年第 3 期。

2 周清海：华语教学与现代汉语语法研究，《语言教学与研究》2014 年第 5 期。

十二、全球化环境下的古汉语教学问题

——古汉语教学的改革思考

（一）引言

在全球化的时代里，当华语扩大它的用途时，我们的语文课程与教材，就不能只是考虑自己的需要，或者一切以中国为中心，而必须从整个华语区的需要着眼。在语文教学方面，我有下面的看法：

第一，华语区之间的华文教材在语言方面必须维持最大的共同点

尽管华语的地区性变异不少，但是华语区之间的华文教材在语言方面维持最大的共同点，才有利于华语区之间的交际，也才有利于华语走向世界[1]。

有人担忧，语言方面维持共同的核心，会使自己失去特点。其实，这个担忧是没有必要的。我们向核心的华语靠拢，并没有使新加坡人失去自己的特点，也没有妨碍我们建立新加坡人彼此的认同、对新加坡国家的效忠。

我们认为，只有学习这种具有共同核心的华语，才有助于我们和其他华语地区之间的交际，才不会让新加坡人浪费不必要的精力与时间去学习只有在新加坡才有交际功能的词语与语法结构。我们接受汉语拼音，接受简体字，在大众传媒上维持语言的最高标准，

1　详细的论述，请参考周清海："大华语"的研究和发展趋势，《汉语学报》2016年第1期。

都是基于这样的考虑。这些年来，我们并没有因为接受汉语拼音、简体字和向普通话倾斜而失去我们的特点。

第二，作为母语教学的现代汉语和古代汉语，应该尽可能融合起来，并且结合国际化与现代化的需要进行教学

学习古汉语（文言文），对一般的语言学习者，只是文化传承的需要。“多读、熟读，是提高古文能力的一种传统的，行之有效的方法。”[1] 这样的要求，只能是对中文系的学习者，而不是所有华语区中小学的语言学习者。面对全球化，中小学语文课程是否可能通过现有的语言教材与课程组织，提高阅读古文的能力？是值得讨论的。其他华语区，古汉语的学习，恐怕更应注重的是文化的传承。

我主张现代汉语和古代汉语，在语言教学里应该尽可能融合起来。在这个主张的基础上讨论两个问题：（1）现代汉语和古汉语的关系；（2）古汉语教学存在的问题与改革的思路。

（二）现代汉语和古汉语的关系

2.1 古今汉语是一脉相承的

现代汉语是从古汉语发展演变而来的。我认为现代汉语是“古今杂糅，南北混合”的语言。华语区的华语，“古今杂糅，南北混合”的现象更甚于现代汉语。现代汉语“古今杂糅”的部分，就包含了无数古汉语的成分。语文教育方面，必须考虑怎样处理好古今汉语的关系，不能把古今汉语当作完全没有关系的语言。

---

1 鲍善淳：《怎样阅读古文》，上海：上海古籍出版社，1982，页 139。

2.2 从现代汉语里存在的古汉语现象，引导学习者学习古汉语，可能更有效果

二十世纪五十年代，朱自清、叶圣陶和吕叔湘三人曾合编了《开明文言读本》，三十年后，也就是1980年，朱自清、叶圣陶和吕叔湘三人将《开明文言读本》改编为《文言读本》，由上海教育出版社出版。在书的《前言》里，节引了原书的《编辑例言》说：

> “我们编辑这套读本，有两个基本认识作为我们的指导原则。第一，……现代的青年若是还有学习文言的需要，那就只是因为有时要阅读文言的书籍：或是为了理解过去的历史，或是为了欣赏过去的文学。写作文言的能力决不会再是一般人所必须具备的了。第二，……我们学习文言的时候应该多少采取一点儿学习外国语的态度和方法，一切从根本上做起，处处注意它跟现代口语的同异……我们把纯文艺作品的百分比减低，大部分选文都是广义的实用文。……我们既不打算提供模范文给读者摹仿，而阅读从前的书籍又的确会遇到各种风格的文字，我们为什么不能这么办？”[1]

叶圣陶、吕叔湘等人的论述，我是完全同意的：我们不再写作文言；学习文言应该多少采取一点学习外国语的态度和方法，处处注意它和现代口语的同异；选材必须减低纯文艺作品的百分比。但三位先生只强调文言和现代汉语的差异，而在古今汉语一脉相承方

---

1 朱自清、叶圣陶、吕叔湘合编：《文言读本》，上海：上海教育出版社，1980，页101、102。

面，没有给予足够的重视。

我认为，在全球化的年代里，学习古汉语，对各地的华人来说，能加深对现代汉语的了解，而且更有文化认同的作用。以现代汉语为基础，从现代汉语里存在的古汉语现象，引导学习者学习古汉语，可能更有效果。“旋里省亲”的“旋”是“返回、归来”，曹植的《朔风诗（二）》“昔我初迁，朱华未希。今我旋止，素雪云飞”的“旋”就是“归来”。“旋”的“归来”这个意思就存在“凯旋”一词里。中国国家主席对三位神舟航天员的祝贺，就用了“凯旋”，后边没有“归来”，因为“旋”是归来，不必重复。

2.3 现代汉语的词汇里有许多古汉语的成分，语法里也保留了许多古汉语的语法现象

“越来越君子”，“越”后边用了名词“君子”，就是不普遍的用法。但古汉语里有“君不君”之类——名词前用副词修饰，名词用为动词，却是古汉语的普遍语法规律。“架构并完善学科体制”里的“完善”是形容词的使动用法，继承自古汉语。“架构”，《现代汉语词典》列为名词；带上宾语的，就分列为动词。如果名词带宾语，处理为动词，那么，受副词修饰的名词（君子），是不是也应该处理为动词？在这方面《现代汉语词典》应该慎重考虑。

“如曰今日当一切不事事”（《答司马谏议书》），“事事”的用法就留在成语“无所事事”里，和“无君君之心”（《封建论》）的“君君”是一样的语法结构。

双音形容词的“使动”用法，如：“端正态度”“纯洁组织”“纯净人们的心灵”“巩固关系”“丰富生活”“密切关系”“健全法制”等等，《现代汉语词典》也都归为动词；但单音形容词“湿”：“湿了您的东西”；“肥、瘦”：“肥了个人，瘦了集体，亏了

国家”等，都是继承了古汉语形容词的“使动”用法，除了“肥”解释为“指由不正当的收入而富裕”，《现代汉语词典》归为动词之外，“湿、瘦”都没有再归为动词。

现代汉语形容词下带宾语的现象越来越多，“中国网，宽天下”“知性美人生”都是。下面是另外一些例子：

> 广告着重突出沐浴露光滑皮肤的作用。
> 科学家忙碌着各自的实验项目。
> 泪水潮湿了双眼。
> 好像自己刻薄新人一样。
> 你怎么这么熟这些小路？
> 政府宽大我。

“光滑皮肤”“潮湿了双眼”和文言文里的“君子之学也以美其身”，是一脉相承的用法。至于“刻薄新人”“熟这些小路”“宽大我”等是文言文里比较少见的形容词“对动”的用法，如“卑下宾客”（《史记》）。

现代汉语的形容词有带宾语的，如“稀奇”“满意”“可怜”等，词典有的标上形容词和动词，有的只标形容词，标准不一。形容词带宾语的现象和古汉语的“且夫我尝闻少仲尼之闻而轻伯夷之义者，始吾弗信……”（《庄子》）是一脉相承的。吕翼平说：“我们发现现代汉语中也存在古汉语中继承下来的意动句式……”[1] 这个看法是正确的。

---

1 吕翼平：《吕翼平汉语论集》，北京：社会科学文献出版社，2002，页 123。

词类活用、使动和意动的用法，现代汉语里也不少，不能只当作是古汉语的语法现象。中国改革开放之后，这些语法现象应用得更加普遍，我把这些现象叫作“古幽灵的复活”。

“由于汉字的某些特性，我们能够随时轻而易举地从古书里把一些古汉语句式搬过来用。”[1]和古书接触多的人，就写出这样古今杂糅的句子：

把其中的精华寻找出来，然后结合具体情况，从而发扬光大之。

工业革命以后，技术也跟上来，普天之下，莫非欧风。

本文着力表现了魏无忌的礼贤下士、从谏如流、急人之困的品德。

两汉文学……都表现出其自身的新的成就和提高。

中国改革开放之后，古汉语的语法和词汇现象，出现在现代汉语里的，越来越多。这就是读古书的知识分子所不能避免的。

2.4　现代汉语里保留的古汉语现象，词典处理得并不理想

祝鸿熹教授曾有过一些讨论[2]。我发现，无论是处理词汇或者成语，辞书都处理得非常随意。这可能是辞书的编写者对古汉语的词汇与语法现象没有全面理解，从而表现在辞书的注释上面。

“破”的语素义之一是“除”，这个语素义就保留在“破除”

1　朱德熙：《朱德熙文集》第3卷，北京：商务印书馆，1999，页140。

2　祝鸿熹：成语教学与训诂学、论成语中的古语素，见祝鸿熹：《祝鸿熹汉语论集》，北京：中华书局，2003，页147—170。

一词里。“破涕、破啼”等词语的“破”都是这个意思，而辞书用“停止啼哭，转悲为喜”解释“破啼为笑”，显然是不准确的。“破天荒”的“破”也是“除”的意思。词典“破”字下就没有“停止”这个语素义。

“百足之虫，死而不僵”的“僵”，词典里“僵”字下只有“僵硬”的意思。其实，成语里的“僵”不是“僵硬”，而是“倒下”。王力认为是“向后倒下”，有人认为是“向前倒下”。看《战国策》的“妾知其药酒也，进之则杀主父，言之则逐主母，乃阳僵弃酒”的“僵”，显然是“向前扑倒”。《现代汉语词典》“百足之虫，死而不僵”条下解释“僵”为“扑倒”，但“僵”字下却没有“扑倒”这个语素义。如果了解“死而不僵”，就能理解“乃阳（佯）僵弃酒”句里“僵”的意思。

“公子倾平原君客”（《魏公子列传》），“倾”是“尽”的意思，就存在现代汉语的“倾全力把工作做好”“倾家荡产”，“倾”都是“尽”。“荡”也是“尽”：“荡然无存”“扫荡”。

“子子孙孙，无穷匮也，而山不加增，何苦而不平？”（《愚公移山》）“何苦”是动宾短语，宾语是疑问代词“何”，提在“苦”之前。跟“无父何怙”（《诗经》）的“何怙”，“何去何从”是同一个语法现象。如果只以“怕什么，担心什么”来解释，就不全面了。和现代汉语的副词“何苦”（何必自寻烦恼，用反问的语气表示不值得）不是一个词。

2.5　古汉语词义和语法的分析，过去做了许多研究，有不少的成果，但和现代汉语联系起来观察，仍需要进一步努力

如“去”的“离开”义，只被当作古汉语的词义，其实现代汉语的“上去、下去、进去”，“去国、去世”的“去”，都是“离

开”。成语“何去何从、拂袖而去”的“去”也是“离开”。古文里的“子未可以去乎？”（《论语》），“去”也是“离开”。

“楚人为小门于大门之侧而延晏子”（《晏子使楚》），“余人各复延至其家”（《桃花源记》），“延”的“引进、邀请”义，就保留在现代汉语里“延聘、延医、延至”等词里。《现代汉语词典》在“延”字下解释说：“〈书〉聘请；邀请”并且举了“延聘、延师、延医”等词，是非常好的。

“尉剑挺”（《陈涉世家》）解释“挺：拔。剑挺：剑拔出鞘。”或者引《说文》：“挺，拔也。”其实，“挺”的语素义就保留在现代汉语的“挺拔”一词里。

从上面这些例子来看，不能将现代汉语和古汉语看作完全没有关系的语言。发掘现代汉语里的古汉语成分，有助于教学古汉语。从古今语言的异和同的角度观察，文言文的教学，课文后边的词义和语法解释，都应该联系现代汉语。

（三）古汉语教学存在的问题与改革的思路

3.1　吕叔湘先生提及文言白话分科的教学设想，也提及教学时间分配的困难。这都是从“分”的思路考虑的

文言的学习，要达到阅读文言书籍，理解过去的历史，或是欣赏过去的文学，确实不容易。1963年，吕叔湘先生更提出了下面的看法：“我认为文言的教学，如果要达到培养学生阅读文言书籍的能力这个目的，绝对不能光依靠串讲，要严肃对待，要从根本处做起。如有必要，还得在课程的安排上采取一些措施。例如文言和白话不一定要求同一个教师教，甚至可以分作两门，各编课本。时间也是一个重要问题。现行教学计划中能派给文言教学的时间是远远

不够的。……总之，中学里的文言教学不是个很简单的问题。要实事求是地考虑实际需要，制定适宜的目的和要求，针对这样的目的和要求采取切实有效的措施，才能求得问题的合理解决。要是以为不必改变现有的教学条件，就能达到预期的目的，恐怕不免要徒劳无功的。”[1]

吕先生还提出“学习文言，达到能阅读一般文言的程度，我估计至少得学习五六百课时，差不多要占去高中阶段的全部语文课的教学时间……还要有具有较好的文言修养的教师和合适的教学方法。现行的教材编法和课时安排都还不能符合要求。”[2]

吕先生提出上面的看法，距离现在已经五十几年了。这五十几年来，中国的语文教学，中国台湾、香港等地的国文、中文教学，其他华语区的华文教学，都是在“以为不必改变现有的教学条件，就能达到预期的目的”的假想下，继续进行的。这样的做法，是不是“不免要徒劳无功的”？

1985 年，吕先生更进一步提议：教材可以分三本，一本是为阅读和欣赏用的白话文读本，一本是为学习文言用的课本，一本是把作文指导和范文结合在一起的作文教材[3]。

华语区中华语文教学的现况是：

（一）华文的读写教学历来有注重选文的传统。这个传统也保留在中学与大专华文教材里。不论古代文字或者现代文字的教材，

1　吕叔湘：关于语文教学的两点基本认识，见《吕叔湘自选集》，上海：上海教育出版社，2019，页 363、364。

2　吕叔湘：《吕叔湘论语文教育》，郑州：河南教育出版社，1995，页 5、6。

3　吕叔湘：普通话书面语的教学，见吕叔湘：《语文近著》，上海：上海教育出版社，1987。

都脱离不了选文。选文是否适当，除了从实用的角度、学生的兴趣以及其成熟程度考虑之外，一般更注重的是传统的范文。共同的范文，在华语区的华文教材里所占的比例相当高。这对于维系华语区之间的文化认同是有帮助的，但在面对全球化，强调语文的实用价值，华文教材这样的编选，是不是适当？怎样在文化认同与实用之间取得平衡？是必须考虑的。

（二）古文和现代文字，又被当作是两个没有什么关系的文字。在选文教材里，是各自独立的、分开选取的，编在一起却没有有机地结合起来。所以有人提议华文既然是训练现代汉语的读写能力，在华文教材里就应该减少文言的比例；更有人提议古文应该从以现代文选为主的华文教材里分出来。

在华语区的语文教学现况下，怎样处理古文和现代文字这个问题？

3.2　中华语文教学应该考虑将现代汉语和古汉语融合起来

现在是全球化的时代，学生要学习的知识比五十几年前更多，面对的问题更为复杂多样，而教育方面能分给语文的教学时间，恐怕更有限了。我从现代汉语和古汉语具有密切的关系，以及文化传承的需要这两个基点思考在全球化的新局面下，如何改变、解决中华语文古汉语的教学问题。我分两点来讨论：

3.2.1　阅读文选的内容决定了阅读课程是否具有挑战性，因此提议以内容为纲，结合古今中外的资料，重新给中小学和大专的华文教学定位

语言文史等各种知识，都应该跟阅读的选材配合，随阅读选材的需要进行教学，而不是成系统地教学。

李斯的《谏逐客书》，是华语区语文的共同教材，但它的时代

距离现在非常遥远，学生的阅读兴趣可能不高。我们可以用“外来人才”为课题，选取现代讨论外来人才的文章，结合现代各国的人才引进政策，以及阅读《谏逐客书》来进行教学，就能将古今中外结合起来。

《谏逐客书》可以只阅读最后一段，因为最后一段的“太山不让土壤，故能成其大；河海不择细流，故能成其深……”，已经成为现代汉语的一部分，阅读这一段，既可以增加学生的语言素养，也可以在共同的文化认同方面，起一些作用。这样的处理，比阅读全篇，更有深度，更具现代意义。

我们更可以将文章和现代的人事关系结合起来，引导学生思考。我们可以提示学生：

李斯是外国人，他要写一封和当时出现的政策相反的文章，他必须注意些什么？

写这样一篇文章，要不要注意秦始皇的性格？秦始皇是一个怎么样的人？

要不要注意文章的结构？文章哪些地方写得好？等等。

甚至可以让学生推测一下，李斯是通过怎样的人脉关系将这封信送到秦王手中。如果学生比较成熟，也可以让他们从网上找一些评价李斯的文章，作为课后阅读的材料[1]。

我们必须把文言的阅读教学和现代的需要结合起来，才能让教学更有意义。我们既然不培养学生书写文言文，那么，《谏逐客书》就没有必要阅读全文。《谏逐客书》前面的几段，如果需要，可以用白话翻译替代，让学生了解全文的结构。这样处理，学生的阅读

1　周清海：对大专院校中文教学的一些看法——在“大专中文教学与教材研讨会”上的演讲，《华文教学与研究》2011 年第 3 期。

负担也就减轻了许多。

写作训练，也可以在学生了解了外来人才问题的基础上进行。学生有了分析问题、解决问题、表达意见的基础，再写成论文、发言稿或者演讲稿，都可以，未必需要命题作文。写作的训练，应通过内容带动形式，因为内容远比形式更为重要。

吴楚材他们编《古文观止》的时代，文言是通行的语文，书写文言是当时必需的，因此必须阅读全文，甚至背诵全文。现在已经不同了。我们必须以现代的需要，从“古为今用”出发，重新考虑语文教材的问题。尤其是在知识近乎爆炸的时代，在全球化的年代，适当地减轻学生的语文和文化的负担，对于一个历史悠久的中国，这个问题是应该提到日程上来考虑的。

以课题为中心，我们也可以考虑以“人”为课题，选取讨论机器人、人的品格、人才选取，甚至是介绍北京人的文章。如果需要，更可以选读《论语》的一些章节，这样就能将古代、现代和文史知识结合起来。

《孟子·告子上》有一段这样的纪录：“孟子曰：有天爵者，有人爵者。仁义忠信，乐善不倦，此天爵也；公卿大夫，此人爵也。古之人修其天爵，而人爵从之。今之人修其天爵，以要人爵；既得人爵，而弃其天爵，则惑之甚者也，终亦必亡而已矣。”

这一段可以在以“人”为课题的篇目下选读。我曾说：“文化行为，是人的行为。中华民族的历史，记载了、表达了不少对人的行为的看法，比如对人才的分析以及对怎样选用人才，这些都不是只有西方才注重的。”[1]

---

1 周清海：社会变迁与文化交流，见周清海：《语言与语言教学论文集》，新加坡：泛太平洋出版社，2004。

《资治通鉴·周纪一》里也有一段讨论人才的论述，非常精彩、深入："是故才德全尽谓之圣人，才德兼亡谓之愚人，德胜才谓之君子，才胜德谓之小人。凡取人之术，苟不得圣人、君子而与之，与其得小人，不若得愚人。何则？君子挟才以为善，小人挟才以为恶。挟才以为善者，善无不至矣；挟才以为恶者，恶亦无不至矣。愚者虽欲为不善，智不能周，力不能胜，譬之乳狗搏人，人得而制之。小人智足以遂其奸，勇足以决其暴，是虎而翼者也，其为害岂不多哉！夫德者人之所严，而才者人之所爱。爱者易亲，严者易疏，是以察者多蔽于才而遗于德。自古昔以来，国之乱臣，家之败子，才有余而德不足，以至于颠覆者多矣，岂特智伯哉！故为国为家者，苟能审于才德之分而知所先后，又何失人之足患哉！"

这样精辟的论述，在现代讨论用人的参考资料里，引用得并不多。阅读这一段，就涉及介绍司马光、《资治通鉴》，这些都是文史知识，可以随机出现。

选用人才，是现代人所面对的大问题，也是讨论"人"的问题时要关注的。《史记·高祖本纪》有下面的一段，非常有意义：

"高祖置酒雒阳南宫。高祖曰：'列侯诸将无敢隐朕，皆言其情。吾所以有天下者何？项氏之所以失天下者何？'高起、王陵对曰：'陛下慢而侮人，项羽仁而爱人。然陛下使人攻城略地，所降下者因以予之，与天下同利也。项羽妒贤嫉能，有功者害之，贤者疑之，战胜而不予人功，得地而不予人利，此所以失天下也。'高祖曰：'公知其一，未知其二。夫运筹策帷帐之中，决胜于千里之外，吾不如子房。镇国家，抚百姓，给馈饷，不绝粮道，吾不如萧何。连百万之军，战必胜，攻必取，吾不如韩信。此三者，皆人杰也，吾能用之，此吾所以取天下也。项羽有一范增而不能用，此其所以为我擒也。’”

以“恋爱观”为课题，可以选取中外有关这个课题的文章，进而讨论现代男女的社交礼仪，并结合情诗欣赏，如崔护的《题都城南庄》：“去年今日此门中，人面桃花相映红。人面不知何处去，桃花依旧笑春风。”以及婚姻悲剧，如陆游的《钗头凤》等等。

“如果我们对自己的文化没有深入的了解，就可能出现文化虚无主义。如果缺乏对自己文化的肯定，不只不能保持自己的文化生命力，不能充分吸收各种适应时代要求的外来文化，也不能对人类文化的发展做出贡献，而更可悲的是将失去民族的自尊。”[1]

我认为，以内容为纲处理阅读教材，结合古代、现代、中外以及华语区共同的文化特点，这样将保持自己的文化生命力，使华文教学更具有现代性，更具有挑战性。为了减轻学习者的语言负担，放弃文言范文选读[2]，结合文化需要，重新安排教材，恐怕是我们在面对全球化、现代化的情况下，保留民族认同、语言认同、文化认同的唯一出路。

从上面的观点出发，华语区的文言教材也应该保留共同的特点。我们必须全面地了解华语区文言教材的现况，并在这个基础上，改进文言教学。

---

1 周清海：社会变迁与文化交流，见周清海：《语言与语言教学论文集》，新加坡：泛太平洋出版社，2004。

2 二十世纪四十年代，朱自清、叶圣陶和吕叔湘合编的《文言读本》，就已经率先放弃提供模范文给学习者模仿的做法。

3.2.2　教学文言文，应该以词汇为中心

王力先生表达了下面的意见："由于语法是比较稳固的，古今差别不大，只消知道几个粗线条，再学习一些古代虚词，也就差不多了。语法方面也应该着重在古代语法的常规，不适合一开始就去讲偏僻的虚词和虚词的特殊用法。总之，古汉语语法应该要重视一般的文言语言事实，扎扎实实地让学生掌握一般的东西。"[1]

"古代的语音、语法、词汇，三方面都要学。……这三方面的学习，为什么要以词汇为主呢？语音不是太重要的，因为除诗词歌赋外，古书上并没有语音问题。至于语法……古今相差不大，容易解决。问题在词汇，这必须花很大的力气。……古代汉语的问题，主要是词汇的问题。所以学习和研究的重点要放在词汇上。"[2]

词汇既然是学习的重点，那么，该学哪些词？哪些虚词？就应该多注意。王力主编的《古代汉语》，常用词部分共收了 1 087 个。王力先生更强调："如果说，寻求一种系统性的学习方法，使古书阅读的水平提高得更快，这种钥匙是有的，那就是掌握常用词的常用意义，这是一种以简驭繁的方法。"[3]"解决了词汇问题，古代汉语就解决了一大半问题了。"[4]祝敏彻认为"如果青年学者能重视古代汉语词汇的学习，能切实熟悉和掌握相当数量（1 000 个左右）的常用词，那读懂古书就不太难了，学习古代汉语就可以

1　王力：古代汉语的学习与教学，《光明日报》1961 年 12 月 16 日。

2　王力：谈谈学习古代汉语，见王力：《龙虫并雕斋文集》第三册，北京：中华书局，1982，页 402—405。

3　周清海：《人生记忆》，新加坡：世界科技出版公司，2011，页 139。

4　王力：关于古代汉语的学习和教学，见王力：《龙虫并雕斋文集》第三册，北京：中华书局，1982。

‘升堂入室’了”[1]。

香港教育大学的古代汉语语料库研究结论说：“如必须掌握前3 795个高频词，才可以达到80%覆盖；而如果希望达到90%的覆盖则必须学习12 425个高频词。”[2]无论是3 795，还是12 425的高频词，在中学的文言教学，都是不可能达到的。

中学语文教学里的文言常用词，应该多少才合适？我以为，这必须建立在教材选文的基础之上，不能以大专院校的古汉语常用词为准。

3.3　必须关心下面的几件事

在全球化的时代，古汉语教学的重点应该在文化的传承，因此必须关心下面的几件事：（一）尽量减轻学习者的语言、历史和文化负担，除了选材必须降低纯文艺作品的百分比之外，不选全篇也是减轻负担的原则之一。（二）共同的文言教材是保持华语区文化认同的重要条件。（三）联系现代汉语，以教学古代汉语。（四）我们应该给中学古汉语的常用词，建立语料库；更应该根据教材为古汉语教学列出词汇表。这也是在全球化局面下华语区保持文化认同必须做的事。

1　祝敏彻：谈谈学习古代汉语的重点与难点，见祝敏彻：《祝敏彻汉语史论文集》，北京：中华书局，2007。

2　朱庆之等：《基于语料库语言学的“古代汉语”科目教学内容研究》，见《中国语文教学初探》，香港：商务印书馆，2019。

十三、全球化环境下如何处理华语的规范问题*

不同的社会环境会对语言的趋异倾向产生不同的影响。语言的趋异是一种不自觉的行为。有些地区，为了创造自己的语言身份，故意让自己和别人不同，就是自觉的主动的行为。无论是自觉或不自觉，各地华语的趋异都是难以避免的。但是，各地区如果过分强调自己的自主性、自己的语言特色，不只妨碍国际的交流，也使自己陷于孤立。如何在交流和自主之间保持平衡，是各地区应该慎重考虑的。

随着中国整体国力的扩展，普通话的影响力越来越大，这将使各地华语相互靠拢，使华语原来具有的共同核心更加坚实。这对华语的发展应该说是非常有利的。但如果要这种趋同更显著，则华语区必须有更大的共识，因为趋同是一种被动的行为。以现在的情况来说，我们倡导"国际宽式汉语共同语"。汉语国际化之后，将来出现共同的华语也是必然的趋势。当然，这个影响应该是在交流中逐渐发生的，是沟通交流中自然取舍的结果，而不是强行统一的。

（一）

语言出现变异是免不了的，因此在语言的应用与推广方面，规范是必须的。当现代汉语只限于中国大陆，而以推广普通话为目的去考虑语言规范，当然可以不必顾及其他华语区。但在全球化的情况下，华语的规范，考虑的范围就更广了。要求我们有国际的视

* 发表于《国际中文教育学报》2017 年第 1 期。

野，既要注意交流的需要，也要顾及各个区域相对的自主性。

我在网上读到下面的句子：

> 只要不违反国家的根本大法，我们要容许各种不同的观点和意见得到充分的发表，不要扣帽子，不要上纲上线，也不要情绪化，有理不在声高[1]。

“上纲上线”，其他华语地区都不用。

这个词，《现代汉语词典》不收，但《现代汉语规范词典》[2]却都收了。“上纲上线”，中国当代的年轻人知道是什么意思吗？我问了从中国到新加坡来学习而且愿意留在这里从事华文教学工作的年轻人，他们都不用，也不很了解这个短语的意思。

> 这是表明了七十子的后学，在求学的态度上远不如其先师之有客观精神。（郭沫若《青铜时代·先秦天道观之进展》）

这个句子里的文言成分“其先师之有客观精神”，尤其是“之”作为主谓短语的标志，现在除了文史的学术著作之外，谁也不用了。

“马到功成”，大部分中国人都说成“马到成功”，就连微软的中文软件，短语也只有“马到成功”，没有“马到功成”。

---

1 沈家煊：对语言生活、语言规范的思考，2006 年 3 月 31 日在语言文字规范化工作学术研讨会开幕式上的发言。

2 李行健主编：《现代汉语规范词典》，北京：外语教学与研究出版社、语文出版社联合出版，2004。

他再过去，那才能收到马到成功的效果，不费力的便振作起家长的威风。（老舍《四世同堂》）

只要徐董事长出面，那一定马到成功。（周而复《生活的早晨》）

你这常胜将军亲自出马，必定会马到成功。（蒋子龙《乔厂长上任记》）

“马到成功”最早的用例见于薛仁贵杂剧。网上“马到成功”有27万例，而“马到功成”，却也只有8万例，大部分是中国媒体的例子。

其实，“马到功成”和“功成名就”“功成名遂”“功成身退”“水到渠成”之类的结构一样，都是并列了两个主谓结构：“马到”和“功成”，“功成”和“名就”，“水到”和“渠成”，等等，都是对仗得很好的。从成语的结构上说，“马到功成”显然比“马到成功”好；但从应用的历史和用例多少看，“马到功成”显然比不上“马到成功”。“成功”是常用词，记忆和听说“马到成功”当然比“马到功成”便利。

新加坡常用的是“马到功成”，用“马到成功”的只占少数，而且可能被当作错误。

动词加补语的结构，如“行得通”“见得着”等，肯定和否定提问时，普通话只说“见得着见不着”“行得通行不通”。新加坡华语将动词肯定和否定重叠，再加上补语，出现如下的说法：

明天见不见得着你？

这样做行不行得通？

现在，网上“行不行得通”有348万个用例，“行得通行不通”只有23万7千个用例；“用不用得着”有139万个用例，而“用得着用不着”只有29万2千个用例。这些用例绝大部分出自中国的媒体。

上面几个例子说明了一个事实：即使在中国强调规范的环境下，短期间内语言也出现了变异。

不同的社会环境会对语言的变异倾向产生不同的影响。因为不自觉地遵照自己的文化、语言习惯，在应用语言时会自然地出现变异，这种语言的趋异是一种不自觉的行为。我们举一些新马华语的例子：

脚：除了指接触地面，支撑身体的“脚”，也指整条腿。

假死：装蒜、假惺惺。

触电：除了《现代汉语词典》的两个意义之外，还有③被异性所吸引。

洗牌：①玩扑克牌时，收拾整理乱的扑克牌。②从新安排重要的人事职位。

有底：有基础。

有路：①有办好事情的关系。②有暧昧的男女关系。

有一手：①有办好事情的办法。②有暧昧的男女关系。

上面的词语，有的是普通话里有的，但词义和普通话略有差异；有的是用汉语的构词法构成的，普通话里所没有的词或短语。这些变异都是因为有表达的需要而不自觉地应用自己熟悉的语言转换成华语所导致的[1]。

---

1 周清海：语言变体产生的因素，见周清海：《全球化环境下的华语文与华语文教学》，新加坡：青年书局，2007。

如果有意识地维护自己的文化、语言习惯，人为地突出自己语言的特点，有意将这个特点发展为身份的象征，而使语言出现变异。这种语言的趋异就是自觉的、主动的行为。台湾地区这几年的语言走向，就是一种自觉的、主动的行为。

无论是不自觉的或是自觉的，各地华语的趋异都是难以避免的。但是，各地区如果过分强调自己的自主性、自己的语言特色，不只妨碍国际的交流，也让自己陷于孤立。

所以，谈论规范，既要注意交流的需要，也要尊重各个区域相对的自主性。从交流的需要说，华语必须保留共同的核心。各华语区，如何在交流和自主之间保持平衡，是必须慎重考虑的。

尽管华语的地区性变异不少，但只有维持华语的共同核心，向共同的核心靠拢，才有利于华语区之间的交际，也才有利于华语走向世界。

我曾说："有人担忧，语言方面维持共同的核心，会使自己失去特点。其实，这个担忧是没有必要的。我们向核心的华语靠拢，并没有使新加坡人失去自己的特点，也没有妨碍我们建立新加坡人彼此的认同。我们认为，只有学习这种具有共同核心的华语，才有助于我们和其他华语地区之间的交际，才不会让新加坡人浪费不必要的精力与时间。我们接受汉语拼音，接受简体字，都是基于这样的考虑。这些年来，我们并没有因为接受汉语拼音、简体字而失去我们的特点。"[1]

新加坡华语也有一些自己的特色[2]，例如：

1　周清海：华文教学里的教材与语言问题，见周清海：《全球化环境下的华语文与华语文教学》，新加坡：青年书局，2007。又见《华语文教学研究》2007年第一卷第一期。

2　新加坡华语的特点，可参考周清海编著：《新加坡华语词汇与语法》，南洋理工大学中华语言文化丛书，新加坡：玲子传媒，2002。

（1）首先，以个人来说，学习儒家伦理可以帮助我们了解做人的基本道理……

（2）其次，以社会和国家来说，学习儒家伦理，也有许多好处。

（3）但他却以孔子作为模范，立志要继承孔子的事业。

“以”是文言词，“来说”“作为”是现代汉语。现代汉语用“从……来看/看来/来说/看”“拿……来说”“把……作为”“以……为”“认为……是”“以……而论”[1]。在语文教材里以及传媒上，我们就以“从……来看/看来/来说/看”为推广的标准。这就是向核心靠拢。

新加坡华语的选择问句也用“抑或”“或/或者/或是”。陆俭明：“在中国普通话里，选择问句内的连接成分只用‘还是’，不用‘抑或’，也不用‘或/或者/或是’。换句话说，在中国普通话里，只有‘……，还是……’选择问句，没有‘……，抑或……？’和‘……，或/或者/或是……？’这两种选择问句式。‘抑或’是近代白话书面用语，现代普通话已不用。‘或/或者/或是’在中国普通话里只用于陈述句，不用于选择问句。”[2]我们就向“还是”靠拢，以“还是”为推广的标准。

“不管”后边不能用“如何、何、是否、与否”等文言色彩的

---

1 参考北京大学中文系1955、1957级语言班编：《现代汉语虚词例释》，北京：商务印书馆，1982，页127，以及吕叔湘主编：《现代汉语八百词》，北京：商务印书馆，1980，页538。

2 陆俭明：新加坡华语语法的特点，《南大语言文化学报》1995年第一卷第一期，页10—12。

字眼[1]。新加坡华语里“不管”后边也用“如何、何、是否、与否”等文言色彩的字眼。这是因为我们的书面语和口语，没有严格的区别（也就是说，新加坡的华语口语体并不成熟）。“否则”带有文言色彩，口语里用“要不”，但新加坡华语里多数用“否则”，而不用“要不”。书面语言用诸口语，使新加坡华语口语出现自己的特色。要改变口语的习惯，比改变书面语更难，需要更多的交流、更长时间的推广。

一个社群经常应用一种不十分正规的结构或者词汇，养成了习惯之后，就成为地区性的语言特点。新加坡华语有一些自己的特色，但无论在语言教学或者普及性的华语推广运动，或者传媒报章所应用的语言，我们都强调向普通话倾斜，以普通话为标准，因为我们知道华语的前景，不是由我们决定的。

在编撰《全球华语词典》的过程中，从所收集的各华语区的词条目录看来，新加坡华语和普通话有差异的特殊词汇，就比其他地区要少得多。这就是我们向普通话倾斜的结果。

尽管如此，新加坡华语仍然出现一些变异。但和其他华语区相比，新加坡华语还是最接近普通话的。

（二）

中国改革开放之后，因为交流的需要，和外面华语世界的语言接触愈发频繁，普通话和其他地区的华语差距正在逐渐拉近。各华语区的新词新语大量涌入普通话，新的表达方式逐渐出现在大陆的书面语中，这也使普通话出现新的面貌。频繁的交流使语言互相影

1　吕叔湘:《现代汉语八百词》，北京：商务印书馆，1980，页 79。

响，互相吸收，这和以前的相互隔离的局面，大不相同。普通话对各地华语的影响，也越来越大，这是交流中难以避免的。语言交流的结果，就会出现“你中有我，我中有你”的现象。

随着中国整体国力的扩展，普通话的影响力将越来越大，对各地华语的相互靠拢，使华语原来具有的共同核心更加坚实。这对华语的发展应该说是非常有利的。但如果要这种趋同更显著，则华语区必须有更大的共识，因为趋同是一种被动的行为。

语言里的语法，改变得比较缓慢，是共同核心最坚实的部分。语音和词汇，变异最大。

根据我们的经验，语音的规范与推广，是比词汇容易的。新加坡年轻人的华语语音，从规范与标准上说，远远超过我这一代，特殊的第五声基本不存在年轻人的口语里。我曾说：

> “《现代汉语词典》对新加坡华语的贡献很大。我常常在公开场合说：新加坡的华语是在没有普通话口语直接影响之下发展起来的。新加坡和中国没有外交关系相当久，新加坡华语在发音、构词和用法等方面，几乎都以《现代汉语词典》为依据。所以，新加坡华语是最接近普通话的语言。《现代汉语词典》在新加坡的销路很好，在维持华语核心的一致性方面，起了非常大的作用。”[1]

《现代汉语词典》语音规范的作用，远远超过词汇。

---

1 周清海：《现代汉语词典》和《全球华语词典》，见周清海：《全球化环境下的华语文与华语文教学》，新加坡：青年书局，2007。又见《汉语文走向世界》，新加坡：南洋理工大学中华语言文化中心出版，2006，页75—82。

从词汇上说，华语圈的词语可以分为“共同词语”“双区词语”（包括多区词语），和“单区词语”[1]。“共同词语”是华语共同的核心，这个核心不只应该保留，而且应该使它更加坚实。

“单区词语”，如果是当地的特殊事物，应该名从主人。如果不是当地的特有的事物，“单区词语”和“双区词语”（包括多区词语），可以在交流沟通的情况下，让她自然地淘汰、融合；也可以人为地向普通话靠拢。

语文教学、传媒所使用的词汇，我们尽量向普通话靠拢。对那些没有办法改变的词语，如果让她自然地淘汰、融合，也必须处理说明这些差距，才有助于彼此的交流。新加坡的语用习惯和中国有些差距，因此在新加坡，无论是课堂教学，或者编撰课本、词典，等等，我们都希望提供这些差异的信息。

“几岁”的“几”是询问“少于十的数目”，因此“几岁”只能用来问小孩的年龄。如果用来问年纪大的人，就显得没有礼貌。新加坡无论年龄大小，都用“几岁”，“多大年纪”和“高寿”反而少用。这个差异，就应该通过说明让新加坡人了解。

“几时”是书面语，苏轼的词“明月几时有，把酒问青天”。新加坡人受广东话的影响，书面语和口语都用“几时”询问时间，不用“什么时候”。

“翻云覆雨”，《现代汉语词典》说：“杜甫《贫交行》诗：‘翻手作云覆手雨，纷纷轻薄何须数。’后来‘翻云覆雨’比喻反复无常或玩弄手段。”这个成语和“云雨”（指男女合欢）毫无关系。但

1　汤志祥：《当代汉语词语的共时状况及其嬗变》，上海：复旦大学出版社，2001。

在新加坡华语里却和“云雨”挂上钩，而没有“反复无常或玩弄手段”的意思。

“倾巢而出”，《现代汉语词典》说：“‘倾巢’，巢里的鸟全部出来；比喻人员全部出动（多含贬义）”，在“倾巢出动”下说：“比喻全部出动”，可见“贬义”消失了。新加坡的“倾巢而出”就完全没有贬义。

“开房”在新加坡、香港地区都“特指男女幽会开房”。当中国某招商团说他们省的酒店开房率高达 90% 时，全场因此哄堂大笑起来。

“议”是一个语素，构成“商议、议论”等双音词，独用的“议”是古汉语。但普通话却说“这件事大家先议一议”。新加坡是不用“议”的，而用“讨论”或“商量”。现代汉语处处都有文言的痕迹。

普通话的“骨盘”，新加坡是“盘骨”；普通话常用“特”，如“特美”“特快”“特好”，华语区都用“特别”。近年来因为中国移民多了起来，新加坡人用“特”的也就多了起来。

至于像“榴梿、红毛丹、巴刹、德士、固本、亚细安、多多、罗杂英语”等译音词，以及“组屋、度岁金、民众联络所、阿兵哥”等，用汉语构词法构成的词，都是表示新加坡特殊事物的词语，都是普通话所没有的[1]。

这些词语，都应该名从主人。《现代汉语词典》收了“榴梿”，

1　关于新加坡的特有词语以及语法现象，可参考汪惠迪编著：《新加坡特有词语词典》，新加坡：联邦出版社，1999；周清海编著：《新加坡华语词汇与语法》，新加坡：玲子传媒，2002。

但作“榴莲”，便和名从主人的原则不符。

其他词语，如“电脑～计算机、光碟～光盘、管理层～领导班子、官式访问～正式访问、客工～外劳、老年～乐龄”等等，就是双区或多区词语，恐怕也只能期待在交流中融合了。

所以，从规范，既要注意交流的需要，也要尊重各个区域相对的自主性。看来，我们应该倡导“国际宽式汉语共同语”这个理念。“国际宽式汉语共同语”定义的是一套简单而且稳定的共同核心语言要素，它本身不是任何一种具体自然语言，而是一组语言特征，它存在于大同小异的各汉语变体之中，所有的汉语共同语区域变体一起组成一个没有家长的语言大家庭：北京汉语、广州汉语、上海汉语、台湾汉语、新加坡华语、纽约唐人街华语。既要维持大同，又要尊重小异，应该给予汉语共同语的各地特色以充分的地位和完整的尊严。要摆脱“中心”“一统”等过时观念的束缚[1]。

国际化之后，出现具有共同核心的华语是必然的趋势。华语区之间频繁的交流使语言互相影响，互相吸收，和以前的相互隔离的局面，大不相同。普通话对各地华语的影响，将越来越大，这是交流中难以避免的。其实，普通话扩大影响，对各地华语的相互靠拢，出现具有共同核心的华语，是非常有利的。当然，这个影响是在交流中逐渐发生的，在沟通交流中自然取舍的结果，而不是强行统一的。

1　徐杰：国际宽式汉语共同语的性质、标准与意义，2006 年 3 月 29 日，在绍兴文理学院举行的首届新时期汉语语言学理论建设与应用研究国际学术研讨会暨浙江省语言学会第十三届年会，会议上的发言大纲。

另一方面，各地区也不适宜过分强调地区的特殊性。如果过分强调自己的自主性、自己的语言特色，不只妨碍国际的交流，也让自己陷于孤立。

如果将这个信念付诸实行，我们最少得做以下的一些事情[1]：

（一）汉语的应用不限于中国，学习汉语也不全在中国，因此，编好结合当地社会情况与语言情况的汉语教材，就是必须的。向语言学习者提供足够的语言信息，也是必须的。

（二）结合学习者原有的语言背景，为他们编撰合适的汉外词典以及提供以地方华语和普通话对比信息的汉语词典。《现代汉语词典》是为以汉语为母语的人编的词典，目前以《现代汉语词典》为底本的汉外词典，或在各华语区改版的汉语词典，都不能符合新形势的要求。

对于《现代汉语词典》，我曾说：

> “《现代汉语词典》第五版在增收词条和增加词义方面，表现得相当雍容开放，没有了过去的政治气息，也没有强调人为规范的痕迹，相当程度地做到了既能满足查考的需要，也能对语言的正确使用起积极的指导作用。”

《现代汉语词典》是规范性的词典，要兼顾“满足查考的需要”，和“对语言的正确使用起到积极的指导作用”，是不容易的。过去偏重在“对语言的正确使用起到积极的指导作用”，也就是偏

---

1 参考周清海：语言变迁与语文教材，见周清海：《变动中的语言》，新加坡：玲子传媒，2009，页38—51。

重规范，曾起了非常大的作用[1]。

我希望《现代汉语词典》继续保持作为规范性的词典。在国际化的新环境下，词典的作用将愈来愈大。扮演好规范性词典的角色，是个不容轻视的任务。

（三）汉语学习者与汉语使用者，可能在不同的华语区工作或学习，以交流需要为主的《全球华语词典》应该尽早编成[2]。

《全球华语词典》提供交流参考的方便。词典的解释，用的应该是地道的现代汉语，并且以现代汉语为比较的标准，以显示地区性的差异。尤其是微小的，一般人难以察觉的差异。

（4）华语区之间的华语有差距，因此在汉语水平考试方面，我强调："应该注重华语里的共同性，减少区域性的特征，不管是普通话，台湾的'国语'，香港或者新加坡华语里的特殊成分，都不应该作为汉语水平测试的项目。也就是说，汉语水平测试，应以华语的共同核心为测试依据。"[3]

1　周清海：《现代汉语词典》和《全球华语词典》，见《汉语文走向世界》，新加坡：南洋理工大学中华语言文化中心出版，2006。

2　《全球华语词典》（2010）和《全球华语大词典》（2016）都已编成，由北京商务印书馆出版。

3　周清海：语文测试里的语言问题，《中国语文》2001 年第 1 期，又收于周清海：《语言与语言教学论文集》，新加坡：泛太平洋出版社，2004。

十四、全球化环境下怎样处理语言和语言教育问题
——以新加坡为例*

前言

在全球化的时代，掌握多种语言资源，是个人或者国家发展的重要前提。这是大家都能理解的。但处理语言问题、处理语言教育问题，关涉民族和谐、民族认同、国家战略等更高层面的问题，必须小心处理。

中国改革开放之后，汉语进入了大融合的时期。和谐融合关系到民族语言的健康发展，也关系到广大华语区华人之间的相互尊重。尊重华语之间存在的差异，并不意味着华语会发展成为多种语言变体。在交流之中，最多人使用的语言，必然占有优势，能起主导作用。所以在华语的应用和教学上，我提倡向普通话倾斜，让下一代能集中精力，学好华语[1]。

对于一些华语区的华人，华语只是华族认同的语言，常常不是所居地国家的高层语言。华人生活在不同的地区，不同的国度里，除了自己的民族母语之外，如果不能掌握该地区或者该国家的主要语言，自己或者整个族群都将被边缘化。因此，这些地区华人的语言和语言教育就面临第一语言和第二语言的选择问题。

新加坡也面临语言处理的难题，再加上我们是人口少，面积小

---

* 发表于《国际中文教育学报》2021 年第 10 期。

1 周清海：大华语与华文教学，《国际中文教育学报》2017 年第 1 期。

的多元民族城市化小国，处理语言问题就得非常小心。

三十多年前，我就认为，新加坡太小了，许多与华语或华语研究相关的事情，必须联合华语区，特别是中国来一起完成。

1994 年，南洋理工大学成立了中华语言文化中心，我就邀请中国学者到大学来，让本地的学者有机会和他们一起进行研究，也开始从中国招收研究生。现在，我看到《全球华语词典》《全球华语大词典》和《全球华语语法》(六卷)[1]陆续出版。同时，也让中国语言与语言教育界接受了"大华语"的观念(普通话是大华语的北京体)，更注意语言的和谐。这都是多年努力的结果。

语言研究和语言教育研究，必须联系语言的历史，语言应用的现况，以及语言的发展前景等情况来进行，不能孤立地做研究。这些年来，我的一些看法，能得到华语教学界和汉语语言研究界的支持，就是因为我结合了历史、区域、政治等因素，谈论语言问题。

这一节，将集中从地区、政治和历史的观点，谈论(一)新加坡的华文教学;(二)新加坡的华语研究;(三)在大华语下的词典编纂与华语语法研究等问题。这三方面都是我多年来用力最多的事。

(一)新加坡的华文教学

我和新加坡建国总理李光耀先生相处的四十几年里，除了一起学习华文之外，我们谈得最多的话题，就是新加坡的华文和华文教学的问题。

李先生无时无刻不关心新加坡的问题。华文是新加坡可贵的资

1　邢福义等主编:《全球华语语法》(共六卷：台湾、香港、澳门、新加坡、马来西亚、美国)，北京：商务印书馆，2021。

产，他当然也关心。中国改革开放之前，华文的实用价值不高，而英文却是国际语言，实用价值远远超过华文，并且是新加坡政府机构的行政语言，学校的教学媒介语。在这种对华文非常不利的社会环境下，怎样才能保留华文，普及华文，在需要的时候能够在这个基础上让华文继续往前发展？这是考虑新加坡华文教学的大前提。

在这个大前提下出台了许多措施：规定华文必须及格，才能进入本地的大学；检讨华文课程的程度以减轻学生的学习负担；注意华文报章的用词用语，避免使用太难、太古雅、太多本地化的词语，藉以降低大众阅读报章的困难，让学生更愿意阅读华文报；英文报章《海峡时报》设了中英双语版副刊，让受英文教育者和接受双语教育的学生，在阅读英文报时也能随时接触华文；后来又有双语版的《我报》，在地铁站里，免费让新加坡人取阅，让英文读者即使离开学校之后仍然有机会继续接触华文；推行讲华语运动，让新加坡华语向普通话靠拢，等等，都是在创造条件，让华文继续在新加坡留下来，以备将来发展的需要。

为了让华文报在新加坡能够继续生存下去，为了减少华文报之间的不良竞争，将《南洋商报》和《星洲日报》合并为《联合早报》，并与英文的《海峡时报》组成报业控股，以保证华文报工作人员的待遇和英文的《海峡时报》相当。这个调整，让新加坡的华文报业成为国家的事业，永远保存下来。

但在政策的制定和推行之间，负责执行的相关人员难免出现一些偏差，以致华社误解政策，以为政府想要消灭华文。比如鼓励用汉语拼音拼写新加坡华人的名字，当时负责这项工作的文化部兼教育部次长，对传媒交代得不清楚，就引起了华社的误解，以为政府要放弃学习汉字，只用汉语拼音。

在采取任何措施之前，李先生都广泛征求各方面的意见。我在华文教学方面，也提了许多建议。我的任何建议，都是经过周详的考虑，在热爱华文之外，也充分将国家当前和未来的需要放在心上，从不标新立异。我想，就因为我的慎重，李资政为我 65 岁生日写的贺词才说“周清海教授是华语文教学的先驱”[1]。2008 年教育部准备成立“华文教研中心”时，李先生也对时任教育部的高级政务部长说“中心主任的人选问题，应该征求周清海的意见”[2]。

我个人深切体味到在多元种族的社会里，只懂华文而被边缘化的痛苦。李先生曾对我说：“如果你的英文好，成就不会是这样的。”和我同一辈的华校生，没有掌握好英文，在新加坡多元种族的社会里缺乏竞争的条件，他们的发展处处受到语言的限制。新加坡的家长看到了这个现实，为了儿女的前途，都纷纷选择了英校。在这个大趋势下，只有规定在学校里就读的所有华族子弟，华文是他们必修的科目，才有可能保存华文，挽救华文。从这个角度观察，华文能在新加坡存留下来，恰恰是李先生决策的结果[3]。

李先生曾给我电邮说：“对于出身于英语家庭的学生来说，华语更像是外语。这种华文课程，应该注重听、说和阅读。应该有一批受过特别训练的教育工作者，用双语教学法，电脑科技来教导他们，让他们的学习更有效果，同时保持他们学习华文的兴趣。从趋势来看，这类学生会越来越多。”

从这个电邮来看，新加坡现在所谓的“双语并用教华文”，就

1　周清海：《人生记忆》，新加坡：世界科技出版公司，2011，页 221。

2　同 1，页 139。

3　周清海：《汉语融合与华文教学》，北京：社会科学文献出版社，2020，页 114—120。

是针对“英语家庭的学生”，而不是所有的学生；而担任这类课程的教师，必须经过特别的培训，而不是针对一般的教师。这是“双语并用教华文”的重点所在。任何无限制地扩大“双语并用教华文”，对新加坡的华文教学，恐怕都是弊多于利的。

在华文与华文教学方面，我曾向李先生表示了下面的看法：“我们只根据统计数字，而得到‘说英语的家庭’越来越多的结论，恐怕是不全面的。这些‘说英语的家庭’里头，有很多是说双语的。孩子的父母都是在我们双语教育制度下成长的。只是他们最有把握的语言是英语，并不是他们听不懂华语、完全不用华语。我们的社会也是一个双语的社会，提供了应用华语的大环境。某些人过度地夸大‘脱华入英’，过分地强调对这些学生‘华语更像是外语’，恐怕不是现在新加坡语言应用的全貌。更有人强调，对这些‘华语更像是外语’的学生，华文的文化成分应该减少，甚至放弃。教华文只是教语言，这更是我所不能同意的。我们更不应该不顾学生的语言背景、学习兴趣，过分地强调一种教学方法；应该尊重教师的专业判断，提供不同的教学方法，让华文教师选择。”

“通过自己熟悉的语言去学习另外一种语言，是语言学习者的普遍经验，这是有效果的，但也有局限性。这有助于阅读理解，可以提高阅读理解的效果，有助于从上下文理解词义，但对培养语文的应用能力帮助不大。过去，华校用华语教英语，结果华校毕业生只有看、写英文的能力，没有听和说英语的能力。现在，中国的学生学英语，英语说得不流利，听的能力也比较差，和中小学用华语教英语有密切的关系。教非华族学生华语，一定要通过英语。但英语的应用，必须在必要的时候。教华语时，多用英语，就减少华语的应用机会。过多地、没有必要地用英语教学华语，对学说、学听华语是没有帮助的。因此，我建议，语文课本对生词增加英语的说明，课堂教学里尽量减少用英语。课本里生词用英语注释，80年代就已经开始这样做了。”

我在2011年9月28书面向李资政提出了下面的看法：“新加坡的双语教育是成功的，没有双语政策，就没有今天的新加坡。但双语教育下的华文教学目前仍旧面临三大问题：

第一，华文师资的问题：过去的华文师资具有比较好的华文文化和语言基础，当中有不少华文作家、学者。这些华文教师是在50%到60%的全国学生的基础上产生的。无论智慧、语言、文化修养，都相当高，但大部分英文都很差。现在的华文师资普遍具有双语能力，但华语的语言文化能力却有待提高。

第二，华文课程的问题：学生的家庭语言背景影响语言的学习。对不同家庭语言背景的学生，用不同的课本，不同的教学方法，我们基本上做到了。华文课程分为：高级华文，华文，华文B，以及供非华族学生选修的华文（特别课程）。怎样让这些华文课程更有针对性，符合学生的能力，是目前应该重点关注的。这些不同课程所用的教材、读物等，在华文国际化的新局面下，应该考虑将我们的教材和读物向国际推广，让新加坡的华文教材、读物走出去。

第三，华文教学法问题：“因材施教”是强调根据学习者的程度和需要，采取适当的教学方法。因此，没有一套教学方法是绝对好的。引用“黑猫”和“白猫”的说法，只要能引起学习兴趣，达到学习目的的方法，就是好方法。双语并用教学华文，通过现代科技教学华文，用戏剧表演教学华文，通过唱流行歌曲教学华文，或者通过诗歌朗诵教学华文，等等，只要用得适当，都是好方法。任何一种方法，都有优点，也都有缺点。所以，不应该不顾学生的语言背景、学习兴趣，过分地强调一种方法；应该尊重教师的专业判断，提供不同的教学方法，让他们选择。

“新加坡的双语教育涉及各种问题，不是单靠教学法就能解决的。过分地夸大教学法的作用，尤其是单一的教学法的作用，对新加坡的华文教学的发展，是不利的。”

李先生是政治家，他是政策的制定者，却不是语言或者语言教学的研究人员。我们作为语言教育的从业人员，向李先生提出语言教育的意见，应该慎重，不能过于标新立异。

面对全球化的发展，只关注自己的国内现状，显然是不够的。我们更需要为将来的发展，打开学生的眼界[1]。

陈之权对新加坡华文教学的特点，也表示了非常可取的看法：“华文在新加坡这个华人人口占大多数的国家里是非主流语言，但却是一个通行的语言，因此，新加坡依然具备了学习华文的社会语言环境。在任何时候，新加坡都有三十余万在籍学生在学习不同程度的华文。特殊的语言环境致使新加坡不能直接采用由中华文化地区所编写的华文教材，也不能采用欧美地区开发的教材。新加坡需要自行编写在地化华文教材，以满足不同源流、不同背景学生的学习需要。”[2]

（二）新加坡的华语研究

李光耀资政于 1979 年发起了讲华语运动。新加坡人应该讲什

1 周清海：我寄希望于洪胜生先生，《联合早报》2020 年 10 月 31 日。又见洪胜生：《教之韵——洪胜生语文教学文集》，福州：福建教育出版社，2021，页 534—536。

2 陈之权：《聚焦新加坡——华文教学、课程与师资培训》，待出版。

么样的华语？应该以哪个地区的华语口语为标准？华语的标准问题引起了我的关注。

新加坡和中国是在 1990 年建交的。那是亚细安（东盟）里最后一个和中国建交的国家。1990 年之前，新加坡人很少到中国大陆，也很少听到普通话。回乡探亲的都是老一辈的华人，他们去的也都是中国南方的省份。

除了中国以外，新马、印尼以及其他华语区，都在没有普通话口语的基础上发展自己的华语口语。这就造成了华语区的华语深受南方方言的影响，而且书面语和口语不分，口语里常常用了书面语的词汇。我受教育时，字词的发音，都是根据词典里的注音符号注的音。词典注的都是“国语”的发音，而不是普通话的发音。

《现代汉语词典》在 1978 年正式发行第一版，当时在新加坡是看不到也买不到的。

《新华字典》也是很晚才能在新加坡翻版出售的。

我第一次到北京是在 1985 年，参加在北京香山举行的第一届国际汉语教学讨论会。在北京的几天交流里，我发现中国的普通话和新加坡的华语是有距离的，但距离在哪些方面？陆俭明教授对我说：“有必要了解新加坡华语的特点，发现这些特点，描写这些特点，以便为华语的规范化提供依据。”只有了解了新加坡华语的特点，在华语教学里，才能正确地对待、处理这些差距。这些都是我时时挂在心上的事。

从北京回来后，我向时任总理的李光耀先生建议，《联合早报》应该聘请一位了解普通话的学者担任语文顾问，专责审查记者们的用语。此外，我也在思考：新加坡华语必须完全以普通话为规范标准吗？

十年之后，即 1994 年，为了面对中国改革开放所可能给新加坡带来的影响，南洋理工大学有意成立中华语言文化中心，向大学的在籍学生提供语言、文化和历史的课程，并展开语言和文化、南洋史等方面的研究。我和云惟利先生负责筹建中心，并拟定研究计划。在语言研究方面，我们决定了三个研究方向：

第一，东南亚华人语言研究：这个研究能够发动本地和各华语区的宗乡团体、学术人员，组成联系网。当时参加研究的有香港、台湾、夏威夷的学者。研究的成果能让我们深入了解东南亚华人的语言现象，对华语的全球化，新加坡人向东南亚发展，也能提供可参考的讯息。了解各华语区的语情，能协调和解决华语区里的语言变体问题，能让汉语的融合过程更加顺利。

云惟利的《一种方言在两地三代间的变异》就是研究的成果之一。书中说“语言衰变的过程，可以从这三个场所来观察。……从衰弱到衰亡，这衰变的过程可以分为三个阶段：……第一阶段退出的场所通常是学校。……第二个退出的场所通常是工作场所。……第三个阶段……是连家庭这个场所也退出了。当一种方言到了无法在家庭生存的时候，便已接近消亡了。……文昌话在文莱，漳州话在马六甲，都相当衰弱。现在的少年很可能是最后一代会说文昌话和漳州话的人。到了他们的子女一代，文昌话和漳州话便成为绝响了”。这个叙述，在我们观察新加坡华语的应用走向时，值得参考。

在多语环境里生活的新加坡华人，在方言和华语之间，以华语替代方言，是必然的趋势。尤其在全球化的压力下，华人必须掌握当地的高层语言，掌握英语、华语，要再掌握自己的方言，困难非常大。方言退出教育、交际的场合，几乎是迟早的事，必然的事。

东南亚华人的语言研究，能为语言的相互影响提供无限的实例，能为华语的地区变体提供解释，也能充分显示华人的语言变化与语言选择的趋势，更能为逐渐消失的方言存档，这也是文化遗产的抢救工作[1]。

这方面的研究在我离开中华语言文化中心后，没有继续下去，所建立的联系网，也没有好好地维持，以致现在华语区的方言研究完全处在没有计划的状态，很多研究者都是孤军作战，面对的困难非常大。马来西亚的年轻学者邱克威对马来西亚华人的方言研究做了不少工作，希望在中国发展的大背景下，他的研究能得到有关研究机构的支持。

马来西亚的学者编辑了《马来西亚华语特有词语词典》。我为词典写的序言说："在推进华语国际化的进程上，《马来西亚华语特有词语词典》的出版，能对华语区之间的交流做出贡献，也让马来西亚的语言研究受到国际的注意，更能带动其他华语区编辑出版自己的华语特殊用词词典。"[2]

中国暨南大学的海外方言研究中心是发展这方面研究的合适单位，希望这个单位能领导和联系华语区的学者，做好东南亚华人语言研究这件事。

第二，新加坡华语与现代汉语标准语的比较研究：这项研究是我离开了中华语言文化中心之后，在中国学者的参与推动下陆续完成的。这部分的研究成果如下：

（1）陆俭明教授的研究报告《新加坡华语语法的特点》[3]，改变

1　详细的论述见周清海：海外汉语方言研究的意义，见周清海：《变动中的语言》，新加坡：玲子传媒，2009，页156—171。

2　王晓梅等编，待出版。

3　见《南大语言文化学报》第一卷第一期，1995。

了我一切以普通话为规范标准的看法，而强调新加坡华语的规范应该向普通话倾斜。陆教授的《新加坡华语语法》（北京商务印书馆，2018年），由南洋理工大学文学院和中华语言文化中心在华裔馆共同举行发布仪式。我为这本著作写了序言，说："本书特别适合作为本地报刊、传媒的从业员参考，作为大专学府里华文师资培训、中文系汉语科目以及语言比较的教材。……以一个一辈子关心新加坡的华文发展、应用，参与华语华文的推动工作，以及从事华文师资培训的前从业员，我认真地说：这是一个不小的印记。"

（2）我倡导并得到中国新闻出版总署和北京商务印书馆的支持，以李宇明教授为主编，编撰和出版了《全球华语词典》《全球华语大词典》；得到中国社科基金和华中师范大学语言研究所以及邢福义教授的支持，研究"全球华语语法"。从华语的全球化发展方向观察，《全球华语大词典》将比《现代汉语词典》更适合华语区应用。《全球华语大词典》收录了中国普通话里的大部分词汇，也收录了华语区的特殊词汇，是一部适合全球应用的华语词典。语法和词典的编撰，都是为了解决全球华语沟通中出现的问题。（详细的叙述，请看下一节）

"大华语"的概念，也是在陆俭明和李宇明两位的研究基础上产生的。随着"大华语"概念往下思考，语言教科书的在地化，就是必须注意的事。由中国编写语言教科书向国际推广，就不一定能符合各地语言学习的需要。

在编撰词典，进行全球华语语法研究中所组成的学术网络，应该继续维持下去。为"大华语"而编撰的词典和研究的学术成果，对于语言教学与汉语研究的影响，还没有完全被认识。

第三，新加坡华人语言运用研究。我关心新加坡华人对华语认同感的变化问题。我认为，如果我们没有办法做到让新加坡华人对华语和它所代表的文化具有认同感，让大家觉得学华语讲华语是天公地道的，觉得掌握双语是光荣的，那么，年轻人出现语言认同转移的可能性是存在的。过去受华文教育者对方言的认同感转移到华语上面来，他们不觉得放弃方言是可惜的。如果我们的年轻一代对语言的认同感转移了，他们也会认为放弃华语是不可惜的。因此，对我国华人的语言应用情况，语言认同等问题，应该加以观察和研究。

1996年，南大中华语言文化中心曾进行过这方面的研究，成果有陈松岑《新加坡华人的语言态度及其对语言能力和语言使用的影响》[1]，徐大明等《新加坡华社语言调查》[2]。但之后未见新的研究成果。近来，有人认为：现在新加坡的"讲华语的环境"，已经大不如当年的"讲华语的环境"。我就没有任何研究的根据可以回答这个问题。

观察今后新加坡的双语教育走向，人民语言态度的转变，以及语言教学方法的研究，等等，都需要教育部和大专机构的关心和注意。怎样在过去的基础上，往前看，往前发展，更是新加坡人应该关心和思考的。新加坡华人语言运用的研究，需要有计划地展开。

我认为，今后我们有必要做几件事：一、定期举办国际性的双语教育研讨会，总结我们的经验，加强和世界研究双语的教育机构的联系。通过研讨会，能更好地说清楚"新加坡的故事"。二、长期观察、研究我国今后的双语教育走向，人民语言态度的转变，语

1　陈章太等编：《世纪之交的中国应用语言学研究》，北京：华语教学出版社，1999。

2　徐大明：《新加坡华社语言调查》，南京：南京大学出版社，2005。

言教学方法以及语言的比较，等等。过去几次的华文教学检讨委员会曾经面对研究资料缺乏而需要委托私人调查研究机构临时进行调查研究，这样的局面就可以避免。三、李光耀双语教育基金，也应该用来鼓励双语的语言研究和教学研究。

（三）词典的编纂与全球华语语法研究

2002 年 6 月，中国社会科学院语言研究所为庆祝《中国语文》创刊 50 周年而在江西南昌大学举办国际学术研讨会。我在研讨会上发表的论文是《新加坡华语变异概说》[1]，文中提议中国的现代汉语应该吸收各地华语的词汇与用法，促进各华语区的交流，让华语的各种差异在交流中彼此融合，比人为的非我不容的做法要好[2]。在这样的观点下，我提议编撰《全球华语词典》《全球华语大词典》，也发起“全球华语语法研究”。这些提议，不只有益于新加坡华文的推广，有益于华语区之间的交流，而且开拓了新的研究领域，更影响了中国朋友对语言规范的看法。

《全球华语词典》《全球华语大词典》的主编李宇明先生说：“编纂华语词典的设想，起源于上世纪末本世纪初，由新加坡周清海教授所倡导。具有百年出版历史的商务印书馆，知早行快，酝酿谋定，即于 2004 年组建编纂团队，艰辛六载，纂成《全球华语词典》。2010 年 5 月 17 日，出版座谈会在人民大会堂举行，嘉宾云聚，李瑞环、李光耀、许嘉璐等贵驾莅临。会上，李光耀提议编纂词量更大的华语词典，李瑞环当即表示支持，全场报以热烈掌声。遵长

---

1 见《中国语文》2002 年第 6 期。

2 周清海：《人生记忆》，新加坡：世界科技出版公司，2011，页 69—110。

者善言，又历六载，成《全球华语大词典》。《全球华语大词典》是《全球华语词典》的升级版。”[1]

许嘉璐先生说：“《全球华语词典》的编纂和出版，就是为了消除因变异而形成的障碍。有了这样一本词典在手，首先是大陆、港、澳、台、新、马等地的华语在词语方面的差异就不成其为障碍了。……在华人交流畅通的基础上，一方面很有可能加快有些语词由异趋一的进度（有些则由一趋异），另一方面对各国学习华语者也是不小的帮助。起码，受它的启发，今后编写中华大词典一类的工具书时，会把港、澳、台、新、马等地的用语和语义都收进去并标以流行地区。这实际上是这部词典在为华语的进步、扩散、发展所做出的贡献。”[2]

章宜华批评《现代汉语词典》说：“国外辞书重视收录‘通用语言’的变体，如法语词典收录加拿大、瑞士或南非的法语变体，英语注意收录英国、美国、澳洲、爱尔兰、加拿大等地的英语变体；而我们似乎没有注意港台地区、新加坡等地的汉语变体。”[3]《全球华语词典》和《全球华语大词典》对中国今后辞书的编纂，相信能起推进的作用。从“一带一路”的发展趋势看来，中国必然需要加深对各华语区的了解，将来和各华语区的交流，也必然更加密

1 李宇明：华人智慧华人情怀——序《全球华语大词典》，见李宇明主编：《全球华语大词典》，北京：商务印书馆，2016。座谈会详情可参考周清海：《人生记忆》，新加坡：世界科技出版公司，2011，页89—110。

2 许嘉璐：《全球华语词典》序，见李宇明主编：《全球华语语典》，北京：商务印书馆，2010。

3 章宜华：国外词典学的发展对我国词典编纂的启示，见商务印书馆辞书研究中心编：《〈现代汉语词典〉学术研讨会论文集》（二），北京：商务印书馆，2009，页46—60。

切，因此中国的词典编纂，就不能忽略各华语区的用词。

全球华语语法的研究方面，邢福义教授曾对《湖北日报》的记者说：“从2009年开始，新加坡……周清海教授多次发来邮件，希望将全球华语语法的研究提上日程。这一倡议反映了世界华人的寄托和期待。于是经过两年多的准备，组织起一支内外结合、协同攻关的国际性研究团队。……对全球华语语法进行全面考察，无论在国内还是国际上都是首次。这意味着汉语语法研究迈上了一个新起点，将从语言研究的角度，对中华文化的弘扬起到有力的推动作用。”[1] 全球华语语法的首期研究成果，有6本报告，今年将由北京商务印书馆出版。

邢福义先生的序言说：“本项目是一项涉及面广、情况复杂、问题繁难的浩大学术工程。第一，华人遍及五大洲，华语通行全世界，如此广泛的地区分布，如此众多的使用人口，这是除英语之外的其他语言所难以相比的。第二，华语的使用情况十分复杂，在不同的华人社区，在不同的历史时期，由于政治、经济、文化等方面的制约和影响，表现出各不相同的形态。第三，世界华语的研究，涉及很多深难的问题。就语法来说，其差异不像语音和词汇那样较为容易发现和描写，往往需要在更深的层次上才能观察到内部的不同；还有，促成华语语法在不同区域形成变异的因素有哪些？如何消除歧异、使之逐渐趋于一致，以便于华人之间的相互交流与沟通？在华人交往日趋频繁的今天，华语语法将会如何发展？这些都是研究中将会触及并需做出回答的问题。”[2]

1　韩晓玲、郝静：汉语语法研究走向国际化《全球华语语法研究》正式立项，《湖北日报》2011年10月24日。

2　邢福义：《全球华语语法》序言，见邢福义等主编：《全球华语语法（香港卷）》，北京：商务印书馆，2021。

我也发现中国在近现代汉语新词汇的研究方面，有不足的地方。王力先生认为中国的现代词汇是通过日本进入中国的，比如"议会"，就是从日本传入的，因为早期很多知识分子是留日的。他把这些词称为"来自西洋，路过日本"的词[1]。其实，近现代汉语的新词有很多是传教士翻译的。传教士要把西方的地理知识、科学知识、政治知识、历史知识介绍到中国来，以期改变中国人以中国为世界中心的观念，不得不创造汉语新词。传教士的汉语翻译著作，有许多是在新加坡、马六甲印刷的，然后通过澳门进入中国。有一部分进入日本。我们对过去的了解不够，而误把很多新词的创造权归给了日本。我们对近现代汉语的研究，更应该有世界眼光。

庄钦永先生在近现代汉语新词方面做了很多工作，相信他的研究，能在汉语新词的研究方面，带动新的研究方向。

全球华语词典的编撰、全球华语语法研究以及近现代汉语新词的研究，都是今后应该继续做下去的事。

（四）结语

我一辈子从事华文教学，也曾为语言研究拟定计划，我对新加坡的华语教学与华语研究的总结是：新加坡太小了，我们的语言教学与语言研究必须联系其他华语区一起进行，而且研究也必须有计划地进行，才能产生深远的影响。2018 年 7 月 20 日，中国出版集团一行人访问新加坡，我安排他们和大专学术机构座谈，目的就是要促进联系，他们说："对新加坡有了深刻印象，也明白了新加坡在东南亚的龙头作用。希望我们能够做一些实实在在的事情"。我期

1　王力：《汉语史稿》，北京：中华书局，2001，页 517。

望从事华文教学与华文研究的新加坡朋友们能够继续推进新加坡的“龙头”作用。

这篇文章重点介绍了新加坡的经验，以及我们做了些什么。在中国发展的大背景下，华语文的应用与研究，必须具有国际眼光。中国只注重以自己的语言为中心，向外推广；在语文教育内容上，强调“原乡化”[1]，都是应该重新思考的。其他的华语区，也都应该从全球化的立场探讨和看待华文与华文研究的问题。只有教华文的教学人员，编教材的人员，以及研究者不全是中国人，华语文才真正达到国际化。

1　中原大学应用华语系编:《印尼华文教育与教学》，中原大学应用华语系，2006。

十五、从全球华语的发展趋势看华语区的语言问题

论文从全球华语的发展趋势讨论下列四个问题：(1) 大华语与语言融合；(2) 中国的发展给华语区带来的机遇和不同程度的语言压力；(3) 港台新马的语言调整；(4) 全面地调动华语区推广华语的积极作用。

(一) 大华语与语言融合

中国改革开放之后，汉语开始了大融合。从汉语走向世界这个新的视角观察，汉语的应用与规范问题，就不可能，也不应该只从中国国内的需要或者角度考虑。我们应该更注重华语区之间的交流，调动华语区对这个语言的爱护与热忱，共同推动汉语的全球化。就是在这样的看法下，我们发起编纂《全球华语词典》《全球华语大词典》，以首先解决华语区交流中出现的词汇问题[1]。

在编纂《全球华语词典》以及《全球华语大词典》的过程中，我们逐渐有了"大华语"的概念。李宇明先生"把'大华语'定义为'以普通话/国语为基础的全世界华人的共同语'。这是在多年探讨、多人研究的基础上得到的一个共识性表达"[2]。

提出"大华语"这个概念，是充分考虑了现代汉语和各地华语

1 周清海：编写与出版《全球华语词典》的意义，见周清海：《变动中的语言》，新加坡：玲子传媒，2009。

2 李宇明：大华语：全球华人的共同语，《语言文字应用》2017年第1期。

从相互隔离到现在的相互融合的情况，这种融合现在还没有完全稳定下来。各地华语因为与现代汉语长期的隔离，各自发展，不同地区都出现了自己的特点。这些特点，现在仍然保留着。

华语区之间的语言差距，不适合强行规范，强行统一，只能在交流中慢慢融合。在中国发展的大背景下，华语区之间频繁的交往，提供了语言融合的可能性。中国改革开放初期，从各华语区引入了不少词汇（包括旧国语词汇的回流），也引进了新的表达方式；现在，普通话逐渐从输入转为向华语输出。这个输出的局面，正在发展与形成中。

我们知道，最多人使用的语言，常常也是引导语言发展的原动力。华语区的语文教育，一向都注重统一的书面语，加上使用汉字记录语言的历史传统，华语在多数使用者的引导下重归统一，是可以预期的。

“大华语”的提出，就是强调语言的和谐，就像我们共同应用的汉字一样，大陆用的是简体字，台湾地区用的是繁体字，无论简体或者繁体，都是汉字。我们没有必要将华语和现代汉语对立起来。有意制造语言的对立，是将语言政治化。语言政治化，受伤害的是下一代。

（二）中国的发展给华语区带来的机遇和不同程度的语言压力

中国的发展给华语区带来机遇，同时也给华语区带来不同程度的语言压力。港台地区的语言问题，就是历史遗留下来的社会语言问题。

过去，台湾人为地强调闽南话（即所谓的“河洛话”），香港突出粤语的认同作用，都是增加社会成本与负担的做法，对港台年轻的下一代非常不利。

1968 年至 1970 年，我获得香港政府颁发的英联邦奖学金，在香港中文大学攻读硕士学位。当时香港邵氏公司的影片占据了所有的海外市场，凤凰和长城的影片只占少数。但是，这些影片公司的影片所用的语言都是国语。广东话影片在香港市场很小，也完全没有国际市场，被香港人戏称为“粤语残片”，只在半夜播放，让年老的观众观看。

七十年代之后，为了使粤语成为香港人认同的语言，香港的影片和传媒逐渐转为粤语，港式中文也逐渐出现了。现在的语言现实是“连着重语言文字规范的《大公报》都如此大篇幅地刊登港式中文，这种文体的广泛性可见一斑。”[1]

对港台地区的语言问题，已故李光耀先生的意见是：“台湾是故意要与中国大陆不同，香港也有特殊的粤语词汇，但没有意义。以前当家的英国殖民当局对此持放任态度，有他们的政治目的，这样可以使香港人与内地区别开来。今天的香港人也很坚持，很为自己的语言骄傲。但他们的词汇在中文字典里是找不到的，我认为这样很不智。”[2]

香港第一任特首董建华先生认为李光耀先生是一位伟大的人。李先生接受汤姆・普雷特的访问时说：“当他即将任职特首时，我人在香港。我对他说：你知道吗，你可以做的最重要的事是把教育搞好，因为英国人留给你——故意留给你的人民——粤语作为官方

1　田小琳：港式中文面面观，第十届两岸现代汉语问题学术研讨会，澳门大学，2017。

2　李光耀：《我一生的挑战——新加坡双语之路》(中文版)，新加坡：联合早报出版社，2011，页 239—240。

语言，而中上阶级的人懂得一些英语是为了与英国人保持关系。如果我是你，我会把重点放在汉语和英语；推行英语是因为你必须与世界接轨。”[1]从第一任特首到现在，香港都只能在“两文三语”中徘徊，谁也不敢尝试改变香港现在的语言现实。粤语成为香港语言政治化的工具，这种局面的持续，对香港的下一代是不利的。

台湾地区曾经大力推行闽南话，创造自己的拼音系统，提倡特点突出的台湾“国语”，但随着台湾青年受教育程度的提升，台湾“国语”逐渐向标准国语靠拢，也是不可避免的趋势。台语作为语言政治化的工具，已经逐渐消失了。

在中国的发展过程中，新加坡和马来西亚没有感受到语言压力，因为这两个地区的华语都尽量向普通话倾斜。香港和台湾地区所面对的语言问题和语言压力特别值得关注。

（三）港台新马的语言调整

对香港的语言问题，我一贯的看法是“香港的语言劣势是可以避免的。逆潮流，不能应变，可能被边缘化。……香港推广普通话时，没有说普通话大环境的支持，因此需要更注意制造说普通话的大环境，而不是提高说普通话的水准。……在教学上，必须建立说普通话的信心，因此说普通话的流利度比准确度更为重要。……但在大众传媒和教育方面，注意建立标准，是可行的”[2]。

1　汤姆·普雷特著，张立德译：《李光耀对话录》，北京：现代出版社，2011，页137。

2　周清海：多语环境里语言规划所思考的重点与面对的难题——兼谈香港可以接近些什么，见香港大学教育学院普通话培训测试中心编：《普通话教育的发展和推广国际研讨会（2002）论文集》，2003。又收于周清海：《全球化环境下的华语文与华语文教学》，新加坡：青年书局，2007，页105。

过去，香港和台湾地区在语言、教育和影视传媒上，对世界华人地区曾起着非常重要的作用。华人地区相互之间沟通也都用“国语”，只有少数情况下用方言。如果将沟通的语言转为“粤语”和“闽南话”，对香港和台湾地区是有利还是有害？在中国发展的大背景下，港台地区将来所起的作用，也和语言的选择密切相关。

香港地区的特殊书面语——港式书面语，也会在和中国大陆以及其他华语区的交流中，逐渐向汉语标准语靠拢。田小琳认为“港式中文要想有发展前途，要往通用中文方面靠拢”[1]是正确的分析。

新加坡《联合早报》受到华语区的欢迎，和我们在语言表达上向普通话倾斜，不特别制造新加坡式的华语书面语有密切的关系。

中国改革开放之前，所有的华人社区，包括欧美、东南亚、中国港澳等地，都和台湾地区有密切的关系。许多知识分子都在台湾受过高等教育。台湾应利用多年来建立的海外关系，以开放性的态度，从中华民族的立场，推广华语文教育，相信这样能得到海外更多的支持。这种不保守、开放的胸怀，将为中华民族的未来立下榜样。

如果为了制造台湾人彼此的认同特点，而人为地、刻意地扩大“国语”或者“闽南话”的用途，将“国语”用于广播传媒上，只有台湾的闽南人、懂闽南话的外省人，以及少数有闽南话背景的其他华语区的华人听得懂，这对台湾和国际接轨，不是好事。具有闽南话特点的“国语”，随着台湾人教育程度的提升，也会在国际交流中逐渐向标准国语靠拢。

我认为：有意地强调自己的语言特点，对地区自身的发展，是不利的。我特别强调：“在全球化的情况下，语言的规范就必须要

1　林明华：李光耀和陈六使，马来西亚《星洲日报》2011 年 11 月 30 日。

既注意交流的需要，也要顾及各个区域相对的自主性。过分强调现代汉语的规范性，将产生语言霸权的不良作用；过分强调自己的自主性、自己的语言特色，不只妨碍国际的交流，也使自己陷于孤立。如何在交流的需要和自主之间保持平衡，是各华语区应该慎重考虑的。”[1]

新加坡的经验与面对的难题：李光耀先生认为“我们可以让新加坡华人讲正确的华语，这就是吸纳新移民的优势。电视、电台不应该说不规范的语言，我在2010年5月到北京为周清海倡议的《全球华语词典》主持发布仪式，现在全世界都说华语，新马、港台地区词汇和短句的用法都不一样，这本词典当然有其作用。周清海认为，语言始终会有一个当地的版本，但必须向普通话倾斜。我的看法相反，为什么我们需要一个单独的语言？外界要理解你会变得困难，我不认为我们应该这样做。其他国家可以这样做，但我们只有300万华人，为什么我们要形成自己特色的‘方言’？我们应跟随13亿人正在使用的语言，制造自己的语言用法并没有为我们带来任何优势。”[2]

> “我们要跟着大国的（语言）标准，英国要跟美国较劲，输了，美国有3亿人。新加坡老一代学的是英国英语，我越来越多地听到播音讲美国英语，常听就不能分别了，就接受美国英语了，美国媒体是英国的十多倍。中国也是这样，最好的办

---

1 周清海：论全球化环境下华语的规范问题，《语言教学与研究》2007年第4期。

2 李光耀：《我一生的挑战——新加坡双语之路》（中文版），新加坡：联合早报出版社，2011，页239。

法是用法国的做法：减少差别。”[1]

“我们必须在日常生活中和在公共场合讲华语，以便全体新加坡华人都生活在讲华语的环境中。我们也必须努力促使3%，可能的话5%的华族双语者掌握高层次的华文能力，以便到中国做生意，以及为在新加坡营业的中国公司服务。最困难的挑战是培养掌握高级华文的那0.1%去培训华文教师。他们是新加坡华语文的监护人。他们的任务是发扬华语文并传授给下一代。但我们面对的问题是，大多数最杰出和最优秀的学生不选华文教学为职业。”[2]

面对新加坡华文人才的难题，解决的办法是输入外来人才。我们曾经为了推广英语，从不同的英语区聘请教学人员。在华语的推广方面，可能复制这个办法。

对于其他华语区的华人，汉语只是华族认同的语言，而不是所居地国家的高层语言。华人生活在不同的地区，不同的国家里，除了自己的民族母语之外，如果不能掌握该地区或者该国家的主要语言，自己或者整个族群都将被边缘化。保留民族认同的语言不应该以民族的边缘化为代价。

东南亚华人，特别是马来西亚华人，就面对这样的难题。如果期望维持与掌握自己民族认同的语言，并且语言程度要达到中国或者台湾、香港地区那样的水准，同时又要掌握该地区或者所属国

1　周清海：《人生记忆》，新加坡：世界科技出版公司，2011，页187—191。

2　李光耀：李光耀内阁资政致周清海教授贺词，见周清海：《人生记忆》，新加坡：世界科技出版公司，2011，页221—225。

家的高层语言，达到能与当地民族竞争的水准，是非常困难的。因此，马来西亚华人的语言和语言教育也就面对第一语言和第二语言的选择问题。人类的语言能力显示，只有少数人能掌握两种第一语言，能掌握三种第一语言的，更是微乎其微了。

如果只掌握华语第一语言，没掌握好当地的高层语言，到中国升学之后，就留在那里，只有小部分回到原居住地。语言教育里把民族认同的语言保留在高水准，而造成下一代的人口大迁移，也是不适当的。

华语区的青年，只有掌握不同程度的双语能力，才能有更多的选择。掌握原居住地的高层语言和国际语言（英语），是面对全球化的必要条件。这三种语言，应该如何抉择？如何处理？是马来西亚华人面对的语言和语言教育的现实问题。不能只把华文能比得上中国的程度，当作马来西亚华语学习的唯一目的，当作办校的唯一宗旨。

从全球的华文发展趋势来看，汉语如果有一天像英语一样，成为国际语言，在东南亚，汉语的学习也就有可能不再与民族情结紧密相连，就像今天学习英语一样。中国经济的发展，吸引了许多东南亚的非华族人民学习汉语，这个趋势如果顺利发展下去，用汉语的将不只是华人，教汉语的也将不全是华人，这对华语和当地的华文教育是绝对有利的。只有在华文成为国际语文时，东南亚国家内部华文所面对的难题，才能最终得到解决。

（四）全面地调动华语区推广华语的积极作用

汉语的国际推广，中国以往都没有充分考虑华语区的作用。无论是“请进来”或者“走出去”，都单独地从中国大陆或者中国台湾地区的角度考虑。我认为，我们应该更全面地调动华语区推广华语的积极作用，组织和带领各华语区参与华语的推广，这对华语的全球化是非常有利的。

从语言研究、教材编撰、读物编写到师资培训与认证，教学人员的交流，等等，都需要全面考虑。这里，我特别强调语言教学与出版的企业化，让企业家参与大华语的推广工作。最适合语言教学与出版企业化的地区，我认为是中国香港。香港是国际化开放的城市，和中国的澳门、台湾以及各华语区都有密切的联系。

汉语教材都在中国编写，在海外不一定适用，造成了大量的浪费。我们应该在当地领导组织编写小组，为当地提供合适的教材。北京商务印书馆如果能稍微调整业务，改变只偏重国内市场的做法，出来领导统筹这件事，就非常好。当然，商务印书馆或者也可以考虑在华语区之一的香港地区、马来西亚、新加坡等地寻找有潜能的出版社合作统筹；中国香港当然也适合带头做这件事。这是语文教学的企业化，同时也可以在编写的过程中培养华语教学与研究人才，建立团队[1]。

（五）结论

观察与分析“大华语”的发展趋势，我认为逐渐融合几乎是不可避免的。高度统一的书面语和正式的标准口语，以及采用汉字记录语言的传统，是汉语融合的坚实基础。随着中国整体国力的扩展，普通话的影响力将越来越大，这将使各地华语相互靠拢，使华

1　更详细的论述，请参考周清海：“大华语”与华文教学，《国际中文教育学报》总第一期。

语原来具有的共同核心更加坚实。但是，这个影响应该是在交流中逐渐发生的，而不是强行统一的。如果要这种趋同更显著，华语区之间就必须有更大的共识，必须积极进行引导的工作。

推广华语，是所有华语区的责任。从这个角度考虑，就必须在推广的做法上进行一些调整，组织与调动华语区的积极性，是今后必须重点进行的工作。

我们也应该充分考虑华语区之间的合作以及语文教育的企业化。更应该考虑通过语言学习，培养华语区年轻一代的人际关系；让年轻的华语区语言学习者通过语言学习了解不同华语区的状况，从新建立华语区年轻人的人际关系。分国开办语言班级，不如根据语言水准，多国合班；通过学分的安排，让语言学习者到不同的华语区学习华语，对建立华语区年轻人的人际关系，更为有利。上一代华人靠“乡情”建立的人际关系已经渐渐淡出历史舞台了。我们在处理华语区华人事务方面，应该更注意这个变化。

十六、华语文教育与区域发展的关系 *

本文将从华语文国际化发展的角度，讨论三方面的问题：一、面对华语文跨地区的应用，语言教育需要做的调整；二、区域发展与华语文教育；三、华语文教材的在地化编写。

（一）面对华语文跨地区的应用，语言教育需要做的调整

中国这二十几年来的迅速发展，让我们必须从中国和华语区之间关系的角度来考虑华语文的发展与推广的问题。过去单方面以中国为中心，考虑华语文推广的做法，已经不适合现代发展的需要。

我主张华语文的推广，应该是多中心的。这是华语文国际化的要求之一。因此，在语言的标准、推广的方式，教材和读物的选取、编撰，教学人员的培训等方面，都需要做一些调整。华语区之间的语言差异，词汇方面的变异更显著。因此，对词汇的规范与用法，也必须有更大的容忍度[1]。

1.1　2002 年我在《新加坡华语变异概说》一文里总结说："处在中国改革开放的年代，在面向世界的年代，我们对汉语应该有一个世界的观点。制定语言政策时，思考角度要宽广一些，要顾及世界各地区华人使用汉语的情况。中国的语言工作者、研究者也应该研究世界各地区的华语，了解它们在当地的使用情况，它们和大陆普通话有哪些变异和区别，在这方面应该做些什么有益的事情，等

---

*　发表于《华侨大学学报（哲学社会科学版）》2021 年第 5 期。

1　周清海：新加坡华语变异概说，《中国语文》2002 年第 6 期。

等，都应该提到日程上来了。”[1]

这二十几年来，我们的确做了不少有益的事情。李宇明主编的《全球华语词典》（2010 年）、《全球华语大词典》（2016 年）相继出版。在《全球华语大词典》的序里，李宇明说：“编辑华语词典的设想，起源于上世纪末本世纪初，由新加坡周清海教授所倡导。……华语内部在向着‘求同缩异’的方向发展，大华语在向着‘整合优化’的方向发展。在如此之大趋势下，集各华语社区的词语于一册，无疑会更方便华人社会的交流，促进大华语的整合优化。读《全球华语（大）词典》，不仅读到了一个个华语词汇，更读到了华人的智慧，读到了华人的情怀。”[2] 在了解华语词汇差异的基础上，学者们提出的“大华语”概念，也让各地的华语逐渐和谐地融合[3]。

不少学者也关注华语在各华语区的使用状况，如陆俭明、邢福义、李宇明、汪国胜、徐大明、田小琳、邓思颖、吴伟平、冯胜利、李如龙、周长楫、邵敬敏、刁宴斌、汪惠迪、郭熙、王晓梅、邱克威等人，他们都在华语词汇和语法，以及社区的语言应用等方面，做了不少的研究。

汪惠迪编的《新加坡特有词语词典》[4]（1999 年）是区域性用词词典的第一本著作。汪先生在《前言》里说：

---

1 周清海：新加坡华语变异概说，《中国语文》2002 年第 6 期。

2 李宇明主编：《全球华语大词典》，北京：商务印书馆，2016。

3 邹煜：华语词典的红酒缘，见邹煜编著：《家国情怀——语言生活派这十年》，北京：商务印书馆，2015，页 120—135。又见陆俭明：《话说汉语走向世界》，北京：商务印书馆，2019。

4 汪惠迪编著：《新加坡特有词语词典》，新加坡：联邦出版社，1999。

“南洋理工大学中华语言文化中心成立后，主持其事的周清海教授拟定了一系列跟本土有关的科研专题，在周教授的鼓励和推动下，笔者才下决心整理所搜集的资料，撰写论文，并编写了这本词典。”

从新加坡的特有词语开始，学者们也关心其他区域的华语词语。《全球华语大词典》（2016年）的《凡例》说：

“本词典是一部全面反映全球华人社区华语词汇面貌的大型华语辞书。主要华人社区包括中国大陆（内地）、中国港澳、中国台湾，新马印尼菲、泰国、越老柬缅文莱、东北亚，以及北美、欧洲、大洋洲等。”

除了各华语区的词汇之外，《全球华语大词典》（2016年）也收了《现代汉语词典》的大部分词语。如果我们根据全球华语的发展情况，在《全球华语大词典》（2016年）的基础之上，按期加以修订补充，增加收录各种区域性词典里的新词语，就能将《全球华语大词典》发展成为全球华语的代表性词典。《全球华语大词典》显然比《现代汉语词典》更能配合华语国际化的需要，必将成为世界性的华语词典。

1.2　尽管华语的国际推广越来越受重视，但大家的观点难免还有些局限。这些局限表现在下列几方面。

1.2.1　以中国为中心，看待华文教育，认为“华文教育是面向海外华侨华人开展的华语与中华文化教育”。在这个观点下，海外华人华侨到中国是为了学习华文华语，学习中华文化，因此中国编撰的语文教科书，都是固定在单一的地区——中国。语言的训练也集中在标准普通话。

中国国内自己的中小学语文教材，也只是关心中国国内的情况，缺少关注其他的华语区。

这和中国的发展严重脱节。现在的中国年轻人，特别是大城市的年轻人，向外发展的机会很多，他们需要了解中国以外的世界，特别是需要了解华语区。过去中苏关系密切的年代，语文教科书以认识苏联为中心的教材、课外读物不少。相比之下，现在中国忽略了面向华语区，面向世界的读物和教材。

如果我们考虑二三十年之后，汉语的运用将不只在中国，也包括广大的华语区，尤其是东南亚的华语区，那么关于语言交际的训练，国别化的教材，都需要进一步扩展。怎样推进中国的年轻人了解其他华语区，同时进一步让在中国学习汉语的学习者也了解华语区，并促进各华语区之间的相互了解，都是应该受到重视的。

我曾说："华人大都会里的语文教学所面对的是国际化、现代化、本土化和民族化的问题。在教学内容方面，将更突出国际化与现代化的重点。……但是，国际化和现代化必须以本土化为基础，因此加强民族传统文化教育……将更受重视，借以树立民族自尊、自信和自豪感。也就是说，在面对国际化和现代化，这些地区的教育将更重视价值的取向。

"在华语扩大它的用途时，华语区的语文教材容纳不同华语地区的作品也是必需的。各地不同的作品、语言现象，可以让语言学习者了解其他华语区的社会与语言，方便学习者以后与其他华语区交往。因此，我们的语文课程与教材，就不能只是考虑自己内部的需要，而必须从整个华语区的需要着眼。”[1]

马来西亚的马来学者达祖丁教授《在两个种族之间筑起一座文明的桥梁》一文里说了非常有意义的话：“最后，我想说的是，如果中国人可以在伟大的河流上筑起桥梁和水坝，在马来人之间筑起一座横跨知识、价值观和信仰的桥梁，对大马华裔来说肯定轻而易举。”[2]这正表达了海外友族有识之士的期望。

1.2.2　华语的国际推广，中国学者说出了“汉语国际推广”“汉语国际教育”“国际中文教育”等名称，虽然机构的名称也有“中国华文教育网”“华文学院”等。但因为传统上强调“中文”，因此，在语文教材方面，只由中国编写，再向世界推广。其实，这不是好的做法。

如果我们了解“华语”“华文”，各地都有一些差距，就应该进一步鼓励当地人，特别是华语区的教学人员参与教材的编纂，才能编出更切合当地需要的语文教材。这样做能更进一步培养当地的语文教学人才。中国也可以考虑资助华语区编写适合当地的教材与读物，再由中国统筹出版，可能是比较切实可行的做法。

要积极地带动华语区推广华语文，就不能只限制在中国本土一个中心。应该在有条件的地区，例如菲律宾、马来西亚、新加坡等地区发展和组织团队，为华语区提供教材和读物。特别是马来西亚，有许多这方面的人才，需要组织和带领。在中国之外，马来西亚也有条件发展成为另外一个华语文推广的中心。马来西亚的槟城，曾经在东南亚排斥华文的年代里，为东南亚的华人子弟提供了

1　周清海：从全球化的角度思考语文教学里的文化问题，见周清海：《汉语融合与华文教学》，北京：社会科学出版社，2020，页14—17。

2　见马来西亚《星洲日报》2021年2月6日。

华文教育。马来西亚如果能够发展成为另外一个华语文推广的中心，对马来西亚华社，对独立中学的发展，都是一剂强心针。

对新加坡来说，这就意味着，新加坡的华文教学与研究人员，不应该只专注新加坡。新加坡华文的标准，是“向普通话倾斜”，但同时也保留新加坡华语自身独特的地方。以新加坡为内容的教材，除了可以向华语区提供另一方面的社会认识，也向他们提供可预测的社会发展前景。华文的学习，也是知识的相互传播。华语文需要多中心推广，新加坡就是这样的中心之一。我提倡“大华语”，目的就是要建立一个多中心，更具包容性、更和谐的全球华语文推广、教学与学习的环境。

1.2.3 我们既看到世界各地的华语有共同的核心，也看到各地华语有自己的一些表达特点，因此只有把握“大华语”的概念，才有助于减少语言的矛盾，让语言和谐地融合[1]。我们不能以自己的语言标准，去要求其他的华语区。这会造成不必要的语言矛盾。因此，我强调，华语有共同的核心，应该向普通话倾斜[2]。这个观点，在我们的语文教学里是应该这样贯彻的：教学从严，评鉴从宽。也就是教学上尽量靠拢现代汉语，而在语言评鉴和应用上尽量从宽，容忍差异，承认差异。这个“大华语”的概念，还需要在教学和教材上不断地贯彻下去。

1.2.4 二三十年后，华语的应用将是跨地区的，更国际化的，没有掌握好华语，将面临语言交流的困难，自己也会失去不少的竞争优势。现在，有些地区人为地将语言政治化，比如一些香港

---

1 周清海：“大华语”的研究与发展趋势，《汉语学报》2016 年第 1 期。

2 周清海：论全球化环境下华语的规范问题，《语言教学与研究》2007 年第 4 期。

人，将粤语和普通话对立起来，拒绝学习普通话。这样做就让自己在交流中形成语言孤立，是非常不明智的。这种把语言文字政治化的结果，将使下一代受到伤害。当我看到香港特区政府和中联办的官员，在面对媒体时，除了用普通话之外，也用一些粤语：这是明智的做法——避免语言被政治化[1]。用粤语介绍大湾区的发展，能增加香港人的亲切感。同时，我们也应该引导香港的语言发展。1968年，我在香港生活了两年，那时香港人把回内地说成“返乡下”，这说明了现在整个香港都需要时间来适应内地发展的新局面。

早期的新加坡，方言是生活的语言，现在各民族之间的共同语却是英语。为了让年轻一代学好华文，我们对华文程度做出相应的调整。我们的华文教学口号，是不能失“底”，但也不会封“顶”。华文在新加坡这个华人人口占大多数的国家里虽然是非主流语言，但却是一个通行的语言。因此，新加坡依然具备了学习华文的社会语言环境。在任何时候，新加坡都有三十余万在籍学生在学习不同程度的华文[2]。

“特殊的语言环境致使新加坡不能直接采用由中华文化地区所编写的华文教材，也不能采用欧美地区开发的教材。新加坡需要自行编写在地化华文教材，以满足不同源流、不同背景学生的学习需要。”[3]

世界各地的华人有共同的语言，这是一个财富，应该继续爱护

1　周清海：从“大华语”的角度谈语言融合、语文政治化与语文教学，《中山大学学报（社会科学版）》2021年第3期。

2　周清海：聚焦新加坡——华文教学、课程与师资培训序，见陈之权：《聚焦新加坡——华文教学、课程与师资培训》，华侨大学丛书，待出版。

3　陈之权：《聚焦新加坡——华文教学、课程与师资培训》，华侨大学丛书，待出版。

和保留的财富。面对华语文跨地区的应用，如果要为将来出现的局面做好准备，有些地区的语文教育就不能不做一些调整。

1.2.5 吴伟平、冯胜利两位先生认为“不开设地方普通话教学的课程，同样既是我们的教学观念还比较保守的体现，也是缺乏主动利用汉语语言环境资源意识和行动的表现”，“以熟悉和听得懂地方普通话为教学目标，增强来华留学生用普通话或地方普通话与当地人沟通和交流的能力，提升和拓展来华生汉语适应和交际能力”[1]。

这些论述，充分说明了吴冯两位先生非常了解利用汉语语言环境资源的重要性，和我们所提倡的“大华语”概念是相符合的。在这个论述的基础上，可以进一步思考：将来学汉语的人，要在广大的华语区活动，就必须注意充分利用华语区的语言环境资源，更需要调动华语区的语言教学人员。华语学习者不只需要听得懂普通话、地方普通话，也需要听得懂华语区的华语。因此，扩大语言教学听说读写的训练范围，就是需要的。

吴伟平先生在给我的微信里也表达了下面的看法：“对海外华人来说，华语水平的高低，在某些情形下，其实决定了他们生活质量的高低”，“华语走向世界，职场华语教学这一块土地好像也值得开垦”。这些意见都是非常深刻的，有前瞻性的。发展职场华语，还没有受到华语文教学界的充分注意、充分关心。

印尼人、马来西亚人、菲律宾人学习华语，只以中国大陆的普通话或台湾地区的“国语”为标准，教的人也只限制在中国大陆或

---

1 周清海：语言学与华语教学：始于本体、学以致用、与时俱进序，见吴伟平、冯胜利编著：《语言学与华语教学：始于本体、学以致用、与时俱进》，香港：商务印书馆，2020。

者台湾地区外派的教师，显然是不适当的。如果能打破这个限制，就能让华语区的语文教学从长期困扰在普通话 /“国语”之间的困局里解脱出来，也能充分调动华语区推广华语的积极性。当我看到中国教育部中外语言交流合作中心 2021 年 5 月 21 日的“关于招聘国外本土中文教师的通知”时，心里是非常高兴的。这个通知说明了中国教育部也开始注意调动华语区的教学人员，让他们有机会参与华语文的推广工作。

王海峰也认为：语言教育的“本土化”或叫“当地化”“在地化”等，就是语言教育适应当地的国情、民情、地情和文化，最大程度地融入当地的教育体制，教材、教法、课程设置、教学管理和评价标准等符合当地的教育特点和要求，教学任务主要由当地中文教师完成，实现语言教育的自主化、主动化和本地化[1]。

我希望各华语区也能研究自己的华语，教学自己的华语。邓思颖认为：“汉语研究的范围，应放眼于全世界的华人群体。以这样宏观的角度，研究当前汉语的整体面貌，让我们对语言的本质会有更深刻的认识。全世界华人所使用的汉语，可称为‘全球华语’。全球华语研究的对象，就是包括全世界华人所听所说的汉语、华语，所读所写的中文、华文。全球华语的研究，对认识当前汉语的整体面貌，非常重要。”[2] 这些看法，我都是非常赞同的。

我给《马来西亚华语特有词语词典》[3] 写的序言里也说：“这部词典的出版，能带动马来西亚华语研究者对自己语言的研究兴趣，

1　王海峰：复杂形势下的中文教育国际化之路，《海外华文教育》2020 年第 5 期。

2　邓思颖：全球华语语法研究：以“扎根”为例，《中山大学学报（社会科学版）》2021 年第 3 期。

3　《马来西亚华语特有词语词典》（即将出版），吉隆坡：联营出版社。

摆脱一路来摇摆在'国语'和普通话之间的窘境。我更希望词典的出版，能引起马来西亚语言教学者与研究者的注意，对选词与词义解释等等，提出不同的看法。学术研究需要讨论，一片死寂，是不健康的。"

从调动华语区推广华语的积极性，以及华语的国际推广来看，如果中国孔子学院带动到各国访问交流的华语教学人员，也包括其他的华语区的本土华语教学人员，将带来更大的影响。其实，淡化孔子学院的官方色彩，对推广华语文可能更有利。

当然，也可以考虑另外成立世界性的华语文教学组织。这个建议在暨南大学华文学院、华侨大学华文教育学院联合主办的"第三届华文教育国际研讨会"（2018）上正式被提出来，也草拟了《全球华语文教育联合会章程》，供讨论。这一类的民间组织，更适合世界多变的局势[1]。

（二）区域发展与华语文教育

基于上面的分析，我们考虑华语文推广与华语文教育时，就应该打破过去的局限，不能只以中国为唯一的中心。

2.1 除了中国大陆、台湾和香港、澳门之外，新加坡、马来西亚、印尼、菲律宾等，更是独特的双语社会[2]，给华语学习者提供了运用华语的社会环境，也有足够的华语教学人员。我们应该进一步考虑，让在中国大陆、香港地区或者新马学习中文的人，也能到不同的华语区进行交流、浸濡，这对于扩大华语的运用，增进学习

1 贾益民：新时代世界华文教育发展大趋势，《世界华文教学》2019 年第 1 期。

2 王晓梅认为"马来西亚是多语社会，马来语和英语也是生活语言"。

者对这些地区的了解，将有更大的作用。华语文成为国际语言，其中一个显著的标志就是参与教学的不一定是说普通话的中国人。

我希望，新加坡也能发展成为另一个华语文教育的中心。我们需要思考如何发挥新加坡在国际华语文教学方面的作用，以我们良好的华语文学习环境与精通英语的能力，吸引世界各地的人士来新加坡学习华语、华文，英语、英文。在新加坡，课室里学习的中英两种语言，马上就能在社会上普遍应用。这是新加坡的特色，这是其他华语区所不具备的。因此我经常在强调，新加坡人必须要讲好新加坡的故事。

2.2 我们必须充分利用不同华语区的优势，做到优势互补。高等教育学术机构更应充分利用不同华语区的优势，让学习者在这些区域进行学习与交流。这样既可以学习语言，同时建立华语区彼此的了解，做到学习汉语不一定在中国大陆，或者在中国台湾。这样能扩大语言学习者的国际观，为他们建立国际联系，这是应该受到适当关注的。中国大湾区的发展，也可以和华语文的推展结合起来。大湾区的发展前景，也应该融入各地区的汉语学习教材，这对中国，对其他地区都是有利的。中国大陆、台湾和香港地区等都有一些基金会，可以设立交流奖学金之类以促进这件事。

过去，中国等地对东南亚或世界各地的华人所推行的“原乡化”[1]倾向的华语文学习，完全不能配合华语文的国际化发展，更可能带来原居地居民或政府的许多猜疑。“原乡化”的华语文学习，应该做一些调整。

1 中原大学应用华语文学系编:《印尼华文教育与教学》，中原大学应用华语文学系，2006。

2.3 将华文的学习与区域的发展联系起来，对中国自身的发展也是非常有利的。中国国内“在语文教材里容纳华语区的作品，对以华语文创作的写作人，是极大的鼓励。有计划地结合语文教学推动介绍各华语区的读物、教材，能促进华语区之间的了解，都是应该受到重视的。过去中苏关系密切时期，屠格涅夫的《麻雀》，高尔基的《海燕》，曾经作为语文教材，如果换成华语区的作品，将能让下一代熟悉华语区华人的生活”[1]。这是建立区域发展共同体所应该关注的。

教材内容的扩展之外，也应该逐渐做到教汉语的教师不一定是来自中国的；编教材和读物的也不一定是中国人。这才真正地做到汉语的国际化。

我曾说：“汉语教材都在中国大陆或者台湾地区编写，在海外不一定适用，造成了大量的浪费。如果我们能领导组织当地的编写小组，为当地提供合适的教材，就能占有华语教材的市场。

“要增加全球华人之间的了解，我们也可以考虑：（1）借鉴‘美国之音’（VOA）的做法，出版一本关于全球各地华人生活的网上中英杂志。杂志的文章应是真实语料，可以用作华语教材。（2）各地高等学府合作，根据这套教材制作一些教学配套。”[2]

（三）华语文教材的在地化编写

随着华语全球化的发展，华语文教材的编写，华语文的教学与研究需要放眼世界，借助整个大华语区的力量来进行。因此，华语

---

1 周清海：“大华语”与语言研究，《汉语学报》2017 年第 2 期。

2 周清海：“大华语”的研究和发展趋势，《汉语学报》2016 年第 1 期。

文教材的在地化编写，便是非重视不可的。

要编写出适合当地的华语文教材，就必须借助当地的人才，也必须了解在当地应用已久的教材情况。

3.1　冷战时期，北美的汉语教学特别发达。当时，大批语言和语言研究人员移民美国。香港澳门地区的华人移民到北美（包括加拿大）的，多集中在唐人街，广泛使用粤方言。中国改革开放之后，大陆移民逐渐增多。现在，北美汉语更像是一个汉语变体的大融合。对于北美，大学的汉语课程，可以从诸多的教材中，选取最受欢迎的，加以改编或出版。

北美中小学和周末学校，也需要教材，有很大的发展空间。他们也有一些用了新加坡小学的课本作为教材。

澳洲和欧洲的汉语教学没有北美的发达，大学的汉语教学，教材不统一，各大学用不同的汉语教科书。意大利有独立的华语学校，用自己的课本，但其他中小学没有适当的汉语教科书。这些语文教科书，都难免只集中在单一的中心——中国。有几所大学的汉语课本，增加了听力的训练。听力部分，有中央电视台的节目，也有台湾地区的节目，透露了“大华语”的概念。我曾经向主持欧美教材的编写学者建议，在听说的训练方面增加新马等地区的华语广播节目。

亚洲的情况比较多样化。新加坡教育部属下的课程组自编中小学教科书。马来西亚的华文独立中学也有自编的教科书。印尼方面，部分采用了新加坡的小学教科书。菲律宾也编了自己的教材和读物。这些教材和读物，都没有好好地向华语区推广。中印半岛诸国也需要本地化的汉语教科书。

我们应该考虑配合“一带一路”的发展而展开、引导编撰在地化的语文教科书和分级读物，也应该向不同的华语区推介其他地区的华语教材和读物。这是当前的急务。

3.2 编撰在地化教材，必须充分利用该地区的条件。

3.2.1 东南亚有些地区，老一代的华人仍在当地的校友会、华教团体担任要职，有一些也在学校里负担教学职责。他们和来自东南亚各地而毕业于暨大、华大、厦大等高校的留学生，都是编撰东南亚当地汉语课本的可选人才。但这些人才和其他地区也缺乏交流。在华语全球化发展的前提下，应该考虑拓宽他们的视野。

中国对在华的华语区学生，也应该增加他们彼此交流的机会。这些学生，是将来发展华语文教学的人力资源。

3.2.2 新加坡正规教育的语文课本，完全是官方编撰的，只有国际学校没有正式的、统一的语文教科书。新加坡的国际学校遍布亚洲各地，为这些国际学校编撰课本，是可行的。其他国家在各地也都办了国际学校或者自己国家的学校，这些学校开设的华语文课程都需要课本。

我们缺乏一个专门的机构来处理上面的这些问题。中国“一带一路”的策略应该考虑促成各华语区华语文研究与教学机构之间的合作。这是未来的大趋势。语言是一个纽带，应该充分受到注意。

3.2.3 美国大学有比较成熟的汉语教学，可以从他们的汉语课本中选出比较受欢迎的，加以改编，融入和“大华语”相关的教材。听力和阅读部分，也应该适当地照顾学习者到华语区工作交流的需要。

美国中小学和周日学校的教材，以前都是台湾地区协助编选或提供的。台湾地区的影响力已经逐渐衰微了。但台湾地区在侨教方面曾经做出贡献，我们为侨教提供适当的在地化教材时，应该考虑让他们参与。

3.2.4 根据可行性，语文教材和读物的编撰应该考虑：（1）为国际学校提供在地化教材和读物。（2）为所有的汉语学习者提供课外读物：中国的出版社可以根据各地语文课本的需要，编写课外读物，也可以和当地的语文教师或者出版社合作，进行编写。朗曼出版的英文分级读物，畅销全球，就是一个好例子。（3）我们应该在"大华语"的引导下，充分利用各地语料库的资料为各华语区的语言学习者编写"初阶"和"中阶"词典（包括汉外双语词典）。（4）充分利用科技的手段，让华语的学习和手机软件挂钩。（5）成立委员会，对现有的教材和读物进行评选。最好是分国评选，从中找出优秀的教材和编写者。

我们在编撰《全球华语词典》《全球华语大词典》、进行"全球华语语法研究"时，都组织和调动了世界各地的学者参与，编写华语文教材和读物，也可以成立类似的组织框架。

第四章　新加坡的华语教学问题

十七、李光耀资政与华文教学*

（一）为了生存，我们必须以英语为行政语言

李先生是爱护华文的，他并不反对华文。他是从新加坡国家的前途看待华文和华文教学，和一般华文教育拥护者只从华文的立场看问题，大不相同。有些人认为“李光耀是新加坡中华文化和华文教育的终结者”，“李光耀的历史地位，在政治上也许是褒多于贬；但在华教这一块，至少到今天为止，还是非常负面的。这恐怕会是他此生最大的遗憾”[1]。持这种观点的，都是纯华校出身的、和我同一个时代的人，尤其是马来西亚的华校生。但我认为这样的批评，是不全面的，是不公允的，也是偏激的、夸大其词的。

新加坡的华文比我做学生的时代，更为普及。人民行动党执政之前，有将近一半的华族学生在英校就读，他们不必修读华文，因此大部分是不懂华文的。人民行动党执政之后，实行了双语教育政策，才规定所有在校的华族学生，就读于华校的，必须修读英文；

---

*　本文曾收于杨振宁等:《学者谈李光耀》，新加坡：世界科技出版公司，2015，页 225—252。这里只节录全文的一部分。

1　林明华：李光耀和陈六使，马来西亚《星洲日报》2011 年 11 月 30 日。

而就读于英校的，必须修读华文。在双语教育政策下，年轻的新加坡人，都或多或少掌握了双语，也造就了今天华语的普及。新加坡成为双语社会，是新加坡的重要特点。其他的华语区，只是教育上用双语，而社会仍然是单语的。

至于中华文化，至今仍然存留在新加坡。一个民族的文化，尤其是多元种族社会里最大族群的文化，谁也终结不了。

华文教育，如果指的是以华文为教学媒介语的教育，那么华文教育的终结是因为新加坡华社的领导者太短视了。他们热爱自己的语言文化，以至没看到新加坡以英文作为行政语言的重要性。当时，华文教育者普遍把英文当作殖民地政府的语言，在反殖民统治的大浪潮之下，谁也没有把学好英文当一回事。当时的华族家长又大部分受教育不多，他们更不了解英语作为行政语言的重要性，而华社领导者也没有调整教育，没有能力应变，导致华校培养了一批又一批永远吃亏的纯华文受教育者。这些人都没掌握好英文，我就是这批纯华文受教育者之一。

我深切体会到在多元种族社会里，只懂华文而被边缘化的痛苦。李先生曾对我说："如果你的英文好，成就不会是这样的。"这一批批华校生不能在新加坡多元种族的社会里竞争，家长看到了这个现实，为了子女的前途，都纷纷选择英校，将子女送进英校。

在这个大趋势下，只有规定在学校里就读的所有华族子弟，华文是他们必修的科目，才有可能保存华文，挽救华文的命运。从这个角度观察，让华文在新加坡存留下来，而且普及，恰恰是李先生决策的结果。

对于华文教育支持者的看法，李先生认为他们不懂教育，更没有从新加坡建国的整体需要看待华文问题。李先生给我的电邮说：

"我们是处在东南亚的多元种族社会，不可能以华语为工作语言，只能是英语。英语成为我们的工作语言之后，其他的一切便随着发生了。"

"为了我们的生存，不只是经济的，也是作为一个国家国民的需要，我们做了十分重要的决定，以英语为工作语言，行政语言，虽然英语不是三大种族的母语。这个决定给我们带来了利益。……任何时候，一个人只能精通一种语言。他当然可以有不同程度的第二或者第三种语言。在新加坡，必须精通的语言就是英语。如果你接受这个现实。那么，母语就不可能成为新加坡人应该精通的语言。要华文的程度能和中国大陆、台湾、香港一样，是不现实的。马来西亚的华人，以华文为教学媒介语，在家里也用华文，华文才可能成为第一语文。……我们能做的就是给大部分的华族学生奠下坚实的基础，以备将来需要时，他们能在这个基础上往前发展。"

李先生上面的这些看法，都是紧紧联系着新加坡的社会现实的。如果你选择忽视这些社会现实，当然可以得出和李先生不同的结论。马来西亚的华人就有人认为"为了国家的繁荣而牺牲母语教育和方言，新加坡华人及其政府可谓'灭族求荣'。更可笑的是，新加坡华人自灭族语竟然毫无歉疚感。可耻可恶可怜可笑也"。

其实，新加坡独立之后，为了发展经济，为了国内各种族的和谐相处，不能不选英文作为行政语文，华文只能是第二语文。独立后，新加坡的发展，证明了这个决策是正确的。将这个决策说成"灭族求荣"，是何等的夸大，何等的冬烘。

即使在中国崛起之后，华文的用途越来越广之时，资政也认为：

“面对中国的不断崛起，新加坡可能必须在学校里提高华文程度，以照顾那些将来在中国工作或者在中国从事商业活动的学生的利益。即使中国的GDP（国内生产总值）超过美国，也不能提供我们所享有的现有生活水平，华文将始终保留第二语言的地位。中国只占有我们GDP（国内生产总值）的百分之二十。新加坡的繁荣是靠世界维持的——不只是美国，也包括英国、德国、法国、荷兰、澳洲等等。这些国家都以英语作为商业活动的语言，而不是华语。在将来的任何时候，考虑以华语作为工作语言，都是愚蠢的。更何况就是中国，从幼儿园到大学都积极地在学习英语。”[1]

（二）语言教育与文化的关系

新加坡的华文教学面对的另外一个难题，是少数从事华文教学和研究的人员，标新立异，他们认为华文教学应该“去文化化”，把华文教学向外语教学的方向推进。

我认为，“从母语教学的角度看，语言能力的问题和文化的问题，是同等重要的。将华文教学向外语教学的方向推，我认为这是非常危险的。这是在制造新型的海峡华人。旧的海峡华人是以马来语为主，人数也少。如果新加坡华人的语文认同转变了，所制造的将是大批以新加坡英语为主的新型的海峡华人。这样的取向，会让

1　Lee Kuan Yew *One Man's View of the world*, Strait Times Press, 2013. p. 73.

语文认同消失，也让民族逐渐消解”[1]。

2013年11月26日的《联合早报》新加坡新闻6版上，看到关于杜维明教授演讲的报道，和我的看法相同。转引如下：“而在文化认同里面，最难处理的是语言问题。杜维明说，我国把语言看得太简单，认为语言只是一种工具，一般的人只能掌握一种工具，只有头脑比较好的人才能掌握双语，如果只能掌握一种语言，那就应该以英语为主。他说：这无形中导致华语华文被边缘化，你的感情世界也会受到很大的创伤。”

语言和文化问题。1990年，李先生在为新加坡华文研究会举办的“世界华文教学研讨会”上的开幕致词里，就对语言和文化问题，说了下面的话：

> “新加坡的华人，由于情感上和文化上的需要，将会而且必须继续使用自己的语言来交谈、阅读和书写。这是认清自己民族特性和自尊的基本需要。特别是在这个由英语和美国文化通过印刷品和电子媒介所支配的世界里，这种需要特别强烈。……我们将能培养一批精通华文第一语文的学生，并且确保这批人能扮演教师、翻译员、外交官和商人等重要角色，通过报章、电视等途径，把华文传授给下一代。这些人将协助保留华文，使华文在新加坡社会里、文化里充满活力，成为不可缺少的一部分。”[2]

1 周清海：从全球化的角度思考语文教学里的文化问题，见周清海：《汉语融合与华文教学》，北京：社会科学文献出版社，2020，页14—17。

2 见新加坡华文研究会编《世界华文教学研讨会论文集》，页1。

李先生给我的电邮也说："为了让新加坡人民能够生活下去，我们以英语为工作语言。我们没有其他的选择。但我们必须尽可能维持华文，以支持我们的文化，以及和说华语的世界联系……"

新加坡当然也需要一群华文能力较强的学者、教师和媒体工作者，但这些人是少数，李先生认为大约是3%，可能的话5%[1]。同时，他也认为"我们必须在日常生活中和在公共场合讲华语，以便全体新加坡华人都生活在讲华语的环境中"。他主要的观点是：只要华语普及了，华语就会留下来。这是他发起讲华语运动的主要原因。他不止一次强调："我们必须确保华文存在，而且是新加坡社会的一部分。"[2]

"为了新加坡人的生存，我们必须以英语为行政语言，必须以英语为教学媒介语，华语只能是第二语言。"这样做，目的不是在终结华文教育，而是协助华文教育转型。年轻的新加坡人有了一定的华文程度，在需要时，就能在这个基础上发展起来。那些有华语语言天赋，并且准备投身于和华文有关的事业的，我们的教育制度也提供足够的条件，让他们发展，鼓励他们发展，使华语成为他们的第一语言。

李先生每一次到中国访问，见到在那里工作的年轻新加坡人，就要问起他们，在中国工作，华文有没有问题？当他得到的答案是，只要半年到一年，华文就能赶上来。李先生便觉得安慰。他不断向我强调：奠下适当的华文程度是非常关键的。

1　李光耀：李光耀资政致周清海教授贺词，见周清海：《人生记忆》，新加坡：世界科技出版社，2011，页221—225。

2　1989年12月26日，新加坡华文研究会主办"世界华文教学研讨会"开幕辞。

（三）讲华语运动是为了给华社一些安慰，才发起的？

讲华语运动之前，新加坡华族最普及的语言是汉语闽南话。如果闽南话广泛运用，留了下来，对新加坡是不利的。更何况新加坡的闽南话，是没有书面语支持的闽南话，和香港的粤方言不同。香港的粤方言，又称粤语，非常普及，即使粤方言不是教学媒介语，它也会永远留在香港的。香港的粤方言，也同时是大多数学校的教学媒介语，立法会的认同语言。香港成为中国“一国两制”下的特区后，香港人正面对学习普通话的难题。粤方言和普通话的选择，是香港人长期需要处理的问题。

如果没有讲华语运动有意创造、普及讲华语的大社会环境，以华语替代方言，并进一步支持学校里的华文教学；如果没有讲华语运动，新加坡社会上的华语不可能这样普及。普及的华语，是我们的社会资产。香港地区的普通话，如果要像我们那么普及，需要多年的努力才可能达到。我们所不足的是，华语的文化成分，显然太低了。如果和香港粤方言所带有的文化成分相比，我们需要相当时间的努力，才办得到。

李资政的《我一生的挑战——新加坡双语之路》里说：“那个报告书（指1979年的《吴庆瑞报告书》）指出，广泛应用方言是有效学习华语的障碍。讲华语运动就是这个发现的其中一个结果。”[1]

讲华语运动发起于1979年，南洋大学[2]在1980年并入新加坡大学，成为国立新加坡大学。因此，有人说，讲华语运动是为了给华

---

1 李光耀：《我一生的挑战——新加坡双语之路》（中文版），新加坡：联合早报出版社，2011，页172。

2 南洋大学，1955年由陈六使等人领导创立的华文大学，是为了解决冷战下东南亚华人青年的升学难题。

社一些安慰，才发起的。这样的评论，就是没有看清楚这个运动的社会意义。

李资政说："新加坡有 25% 的人口是非华人，政府不得不采用英语作为各族之间的共同语言。如果我们让方言普遍使用的情况继续存在，那么英语势必成为新加坡不同籍贯的华人之间的共同语。大家讲一种语言当然比讲两种语言方便，但是当时我们考量的重点不是方便不方便，而是怎样才能生存？怎样才能保存传统，让人民活得有尊严？"[1]

"如果我们让方言普遍使用的情况继续存在，那么英语势必成为新加坡不同籍贯的华人之间的共同语。"这才是发起讲华语运动的真正原因。另外，他进一步说："我们的关注点是这 20% 社会最底层的人，要让英语成为他们的日常用语……是永远做不到的事。既然他们只有掌握一种语文的能力，那么，与其让'粗糙'的福建话成为他们的日常用语，为什么不推广华语，使华语成为包括他们在内的全体新加坡华人的通用语呢？"[2]

其实，1979 年到 1990 年间，是新加坡教育大调整的年代。在双语教育的调整、大学教育的重组之外，语言的社会运动也在这个时候提出来。这是一个为了新加坡前途而进行的语言和教育的大调整。

李资政在晚年（89 岁），还再一次谈及华语和方言的问题，他说：

"有时候，当我对某些事情有强烈的意见时，我会将意见

1　李光耀:《我一生的挑战——新加坡双语之路》（中文版），新加坡：联合早报出版社，2011，页 143。

2　同 1。

告诉总理。当政府在考虑重新将方言节目在免费频道播放，就是一个例子。有建议说：‘华语已经在人民中间非常普及了，我们可以回到方言，让年老的可以观赏方言连续剧。’我反对。我指出，当我是总理时，禁止方言节目，鼓励人民说华语，是付出沉重的代价的。为什么要走回头路呢？我和华族整代人对抗：他们喜爱的方言节目被删掉了。李大傻是很有名的说书人，他在丽的呼声的节目就停止了。我为什么要让广东话和福建话去影响下一代？如果你恢复方言节目，你将会发现一部分年老的一代开始和他们的孩子或者孙子说方言。方言一定会逐渐恢复的。

每个国家都需要一种大家都懂得的语言。将英国留给我们的四种源流的学校综合起来，就是非常艰难的事。……使英语成为所有学校的教学语言，母语作为第二语言，我必须在不同的战线上作战。……最后，市场价值解决了这个难题。英语跟世界接轨，吸引国际机构；母语使我们跟中国、印度和印尼联系。这是关键性的。如果人民做不同的选择，新加坡就是死气沉沉。

……情感和实际的原因，我们需要华文第二语文。我们不需要方言。将我们用了那么多时间、精力和政治代价才达到的——将方言从媒体中除去——取消，将是愚蠢的。”[1]

新加坡在短短的四五十年内改变了社会的用语习惯，从华人之间在公共场合讲汉语闽南话，不同种族之间讲通俗的马来语，到广

1 Lee Kuan Yew *One Man's View of the world*, Strait Times Press, 2013. p. 296–298.

泛采用英语，华人之间用华语沟通，并且建立了双语教育制度，使新加坡成为双语社会，这些都是李资政的贡献。

（四）双语教育的推行不是一帆风顺的

双语教育的推行也不是一帆风顺的，李先生说，“40年前，新加坡推行了一个具有前瞻性，但却不讨好的双语教育政策”。他把推行双语教育政策，当作他一生的挑战。有一次，李先生也对我提及一个部长的孩子，因为华文不及格，必须把孩子送到外国读大学。他说，“我们不能因为一小部分人觉得华文难学而放弃双语政策”，“规定华文达到一定的标准才能升大学，是要付政治代价的”。

二十世纪八九十年代，华文的学习价值还没有显现出来，那时，李资政担心新加坡两份华文报相互恶性竞争，将对华文报的生存造成威胁，因此，他将《南洋商报》和《星洲日报》合并为《联合早报》，并且和英文的《海峡时报》组成了新加坡报业控股，让华文报工作人员的待遇和英文报一样。这样做，保证了华文报的生存。合并后，华文报的名称开始时用的是《南洋·星洲 联合早报》，李先生对这个命名，是颇有微词的。

对于华文报，李先生除了要求语言正确，尽量向普通话靠拢之外，也接受我的建议，要《联合早报》从海外聘请专门人员，专责监督记者们的用语。同时，为了减轻年轻人读报的负担，吸引他们读华文报，他也要求《联合早报》用词尽量浅白。

有一位新加坡的知名教育者说：“单从港人的华文阅读水平来说，他们比我国人民高，我们只需看香港中文报章的遣词用字，与本地华文报章一比，便知本地读者的水平低，如在戴安娜王妃去世后一天，《明报》的封面大标题是‘戴安娜魂断夜巴黎’，多么有诗意的句子；而《联合早报》的同日标题是‘戴安娜与男友撞车惨死’，是一个平淡而缺乏感情的句子。戴妃葬礼举行后的9月7日《明报》标题是‘宠爱留身后，伊人遗心愿’与‘哀歌悠悠，港人同伤感’等动人的字句，相比之下，《早报》则是‘戴安娜长眠故乡’一个平铺直叙的标题。”

这位知名的教育者所说的是事实，但在华文没有实用价值而又要鼓励学生读报，要求报章用词浅近，是不得不行的。记得多年前，我作为大学的校外考委，考核印度政府派到本地来学习华文的外交官，就发现他们读得懂《人民日报》，却读不懂我们的《南洋商报》和《星洲日报》。当时我们的报章保留了一九四九年以前的语文应用习惯，和香港报章的用词相同，阅读困难很大。就以戴安娜葬礼，《明报》的报道“伊人遗心愿”为例，什么是“伊人”？《现代汉语词典》说：“〈书〉那个人（多指女性）。”其实，《现代汉语词典》的释义并不完整。“伊人”出自《诗经·蒹葭》：“所谓伊人，在水一方”（整部《诗经》只有《蒹葭》用了三次“伊人”）。这首诗一般认为是情诗，“伊人”是所想念的情人，因此具有“那个人”以外的其他意义。具有“那个美丽的人、可爱的人、令人喜欢的人”等等附加意义。“伊人”这个词是一个书面词汇，不是一般人能懂得的。

这位知名的教育者接着说：“华校结束以后，我国的华文程度低落，读华文的年轻学子，离开学校后，大多只会讲华语，而不会读华文报，因此本地报章也只能以最浅白最通俗的文字去迎合他们了。”[1] 这是事实，但不是报章主动迎合，而是李先生对华文报章的要求。只有这样，才能让年轻人亲近华文报，看得懂华文报。

1　刘蕙霞：香港的双语教育值得我们参考，见刘蕙霞：《刘蕙霞文集》，新加坡：文艺协会出版社，2013，页19。

后来，李先生也要求英文报——《海峡时报》，设立双语版，让《海峡时报》的受英文教育者有机会继续接触华文。这个版位的第一任编辑，就是我的博士生吴元华博士。《联合早报》后来也出版了《我报》，是一份语言比较简易，新闻内容也压缩了的双语报刊，可以免费在地铁站取得。这份报刊，也是在李先生的建议下出版的，目的是让新加坡人继续接触华文。

李资政设法保留华文，给大众提供接触华文的机会，用心良苦。

中国改革开放之前，华文在新加坡没有太大经济价值。华文能在新加坡留下来，是李先生决策的贡献。所以，他反复强调“每一个新加坡人必须掌握不同程度的英语，以便在新加坡谋生，也必须掌握他们能力能及的母语”，“关键是双语。工作上需要英语，保留传统文化需要母语。不容易”。

对于我国的双语教育政策，我在1998年就评价说：“我国的双语教育政策，不只解决了母语的政治问题，解决了我国成长时代就业不平等的社会问题，也将不同的、两极化华英校学生，拉近了距离，而且在建国过程中，为母语提供了一个浮台，让母语保留了下来，更加普及化，并对我国的发展做出了贡献。虽然，我们的母语程度稍微降低了，但这样的牺牲也是无可奈何的事。李光耀资政非常关心母语教育，认为只要我们能将母语保留在适当的程度上，将来有机会发展时，就能够在这个基础上往前发展。今天我们能够面对新的挑战，就是这个政策的贡献。在评价一项政策时，必须客观，不能感情用事。”[1]

1 吴元华:《务实的决策——新加坡政府华语文政策研究》，北京：当代世界出版社，2008，页 xii。

十八、新加坡的华文教学与华文研究

这一节将集中谈论（一）我对新加坡华文教学的一些看法。这些看法以前都没写成文章。（二）我对新加坡的华语研究，以及（三）词典的编纂与全球华语语法研究等问题的意见。这三方面都是我用力最多的事。

（一）新加坡的华文教学

我和新加坡建国总理李光耀先生相处的四十几年里，除了一起学习华文之外，我们谈得最多的话题，就是新加坡的华文和华文教学的问题。

李先生无时无刻不关心新加坡的问题。华文是新加坡可贵的资产，他当然也关心。中国改革开放之前，华文的实用价值不高，而英文却是国际语言，实用价值远远超过华文。英文是新加坡政府机构的行政语言，也是学校的教学媒介语。在这种对华文非常不利的社会环境下，怎样才能保留华文，普及华文，在需要的时候能够在这个基础上让华文继续往前发展？这是考虑新加坡华文教学的大前提。许多措施，都是在这个大前提下出台的：规定华文必须及格，才能进入本地的大学；检讨华文课程的程度以减轻学生学习的负担；注意华文报章的用词用语，避免使用太多本地化的词语，以降低大众阅读报章的困难，让学生更愿意阅读华文报；英文报章设了中英双语版，后来又有双语的《我报》，在地铁站里，免费让新加坡人取阅，让英文读者即使离开学校之后仍然有机会继续接触华文；推行讲华语运动，让新加坡华语向普通话靠拢，等等，都是在创造条件，让华文继续在新加坡留下来。

为了让华文报在新加坡能够生存下去，为了减少华文报之间的不良竞争，将《南洋商报》和《星洲日报》合并为《联合早报》，并与英文的《海峡时报》组成报业控股，以保证华文报工作人员的待遇和英文的《海峡时报》相当。这个调整，让新加坡的华文报业成为国家的事业，永远保存下来。

但在政策的制定和推行之间，负责执行的相关人员难免出现一些偏差。比如鼓励用汉语拼音拼写新加坡华人的名字，当时负责这项工作的文化部兼教育部次长，对传媒交代得不清楚，引起了华社的误解，以为政府要放弃学习汉字，只用汉语拼音。当天，我们上课时，我就反映了华社的担忧。李先生当时非常生气，就马上打电话给这位次长。

在采取任何措施之前，李先生都征求各方面的意见。我在华文教学方面，也提了许多建议。我的任何建议，都是经过周详的考虑，在热爱华文之外，也充分将国家当前和未来的需要放在心上，从来不标新立异。我想，就因为我的慎重，李资政为我 65 岁生日写的贺词才说“周清海教授是华语文教学的先驱”。2008 年教育部准备成立“华文教研中心”时，他才会对时任教育部的高级政务部长说“中心主任的人选问题，应该征求周清海的意见”[1]。

我个人深切体味到在多元种族社会里，只懂华文而被边缘化的痛苦。李先生曾对我说：“如果你的英文好，成就不会是这样的。”和我同一辈的华校生，没有掌握好英文，不能在新加坡多元种族的

1　周清海：《人生记忆》，新加坡：世界科技出版公司，2011，页 139。

社会里竞争，他们的发展就受到语言的限制。新加坡家长看到了这个现实，为了儿女的前途，最终选择了英校。在这个大趋势下，只有规定在学校里就读的所有华族子弟，华文是他们必修的科目，才有可能保存华文，挽救华文的命运。从这个角度观察，华文能在新加坡存留下来，恰恰是李先生决策的结果。

李先生曾给我电邮说："对于出身于英语家庭的学生来说，华语更像是外语。这种华文课程，应该注重听、说和阅读。应该有一批受过特别训练的教育工作者，用双语教学法，电脑科技来教导他们，让他们的学习更有效果，同时保持他们学习华文的兴趣。从趋势来看，这类的学生会越来越多。"

从这个电邮来看，现在所谓的"双语并用教华文"，就是针对"英语家庭的学生"，而不是所有的学生；而担任这类课程的教师，必须经过特别的培训，而不是针对一般的教师。这是"双语并用教华文"的重点所在。任何无限制地扩大"双语并用教华文"，对新加坡的华文教学，恐怕是不利的。

在华文与华文教学方面，我曾向李先生表示了下面的看法："我们只根据统计数字，而得到'说英语的家庭'越来越多的结论，恐怕是不全面的。这些'说英语的家庭'里头，有很多是说双语的。孩子的父母都是在我们双语教育制度下成长的。只是他们最有把握的语言是英语，并不是他们听不懂华语，完全不用华语。我们的社会也是一个双语的社会，提供了应用华语的大环境。某些人过度地夸大'脱华入英'，过分地强调对这些学生'华语更像是外语'，恐怕不是现在新加坡语言应用的全貌。更有人强调，对这些'华语更像是外语'的学生，华文的文化成分应该减少，甚至放弃。教华文只是教语言。这更是我所不能同意的。我们更不应该不顾学生的语言背景、学习兴趣，过分地强调一种教学方法；应该尊重教师的专业判断，提供不同的教学方法，让华文教师选择。”

“通过自己熟悉的语言去学习另外一种语言，是语言学习者的普遍经验，这是有效果的，但也有局限性。这有助于阅读理解，可以提高阅读理解的效果，有助于从上下文理解词义，但对培养语文的应用能力帮助不大。过去，华校用华语教英语，结果华校毕业生只有看、写英文的能力，没有听和说英语的能力。现在，中国的学生学英语，英语说得不流利，听的能力也比较差，和中小学用华语教英语有密切的关系。教非华族学生华语，一定要通过英语。但英语的应用，必须在必要的时候。教华语时，多用英语，就减少华语的应用机会。过多地、没有必要地用英语教学华语，对学说、学听华语是没有帮助的。因此，我建议，语文课本对生词增加英语的说明，课堂教学里尽量减少用英语。课本里生词用英语注释，80 年代就已经开始这样做了。”

我在 2011 年 9 月 28 日书面向李资政提出了下面的看法，新加坡的双语教育是成功的，没有双语政策，就没有今天的新加坡。但双语教育下的华文教学目前仍旧面临三大问题：

一、华文师资的问题：过去的华文师资具有比较好的华文文化和语言基础，当中有不少华文作家、学者。这些华文教师是在 50% 到 60% 的全国学生的基础上产生的。无论智慧、语言、文化修养，都相当高，但大部分英文都很差。现在的华文师资普遍具有双语能力，但华语的语言文化能力却有待提高。

二、华文课程的问题：学生的家庭语言背景影响语言的学习。对不同家庭语言背景的学生，用不同的课本，不同的教学方法，我们基本上做到了。华文课程分为：高级华文，华文，华文 B，以及供非华族学生选修的华文（特别课程）。怎样让这些华文课程更有针对性，符合学生的能力，是目前应该重点关注的。这些不同课程所用的教材、读物等，在华文国际化的新局面下，也应该考虑将我们的教材和读物向国际推广。

三、华文教学法问题："因材施教"是强调根据学习者的程度和需要，采取适当的教学方法。因此，没有一套教学方法是绝对好的。引用"黑猫"和"白猫"的说法，只要能引起学习兴趣，达到学习目的的方法，就是好方法。双语并用教学华文，通过现代科技教学华文，用戏剧表演教学华文，通过唱流行歌曲教学华文或者通过诗歌朗诵教学华文，等等，只要用得适当，都是好方法。任何一种方法，都有优点，也都有缺点。所以，不应该不顾学生的语言背景、学习兴趣，过分地强调一种方法；应该尊重教师的专业判断，提供不同的教学方法，让他们选择。

新加坡的双语教育涉及各种问题，不是单靠教学法就能解决的。过分地夸大教学法的作用，尤其是单一的教学法的作用，对新加坡的华文教学的发展，是不利的。

李先生是政治家，他是政策的制定者，却不是语言或者语言教学的研究人员。我们作为语言教育的从业员，向李先生提供的意见，应该慎重，不能过于标新立异。

（二）新加坡的华语研究

李光耀资政于1979年发起了讲华语运动。新加坡人应该讲什么样的华语？应该以哪个地区的华语口语为标准？华语的标准问题引起了我的关注。

新加坡和中国是在1990年建交的。那是亚细安（东盟）里最后一个和中国建交的国家。1979 年以前到 1990 年之间，新加坡人很少到中国大陆，也很少听到普通话。回乡探亲的都是老一辈的华人，他们去的也都是中国南方的省份。

除了中国以外，新马、印度尼西亚以及其他华语区，都是在没有普通话口语的基础上发展自己的华语口语。这就造成了华语区的华语深受汉语南方方言的影响，而且书面语和口语不分，口语里常常用了书面语的词汇。我受教育时，字的发音，都是根据字典里的注音符号注的音。字典注的都是"国语"的发音，而不是普通话的发音。

《现代汉语词典》在 1978 年正式发行第一版，当时在新加坡是看不到也买不到的。《新华字典》也是很晚才能在新加坡翻版出售的。这是因为当时中国出版的字典和词典，在词语解释的用词方面都带上政治色彩，不合适在新加坡出售。

我第一次到北京是在 1985 年，参加在北京香山举行的第一届国际汉语教学讨论会。在北京的几天交流里，我发现中国的普通话和新加坡的华语是有距离的，但距离在哪些方面？陆俭明教授对我说："有必要了解新加坡华语的特点，发现这些特点，描写这些特点，以便为华语的规范化提供依据。"只有了解了新加坡华语的特点，在华语教学里，才能正确地对待、处理这些差距。这些都是我时时挂在心上的事。

从北京回来后，我向时任总理的李光耀先生建议，《联合早报》应该聘请一位了解普通话的学者担任语文顾问，专责审查记者们的用语。此外，我也在思考：新加坡华语必须完全以普通话为规范标准吗？

十年之后，即 1994 年，为了面对中国改革开放所可能给新加坡带来的影响，南洋理工大学有意成立中华语言文化中心，向大学的在籍学生提供语言、文化和历史的课程，并展开语言和文化、南洋史等方面的研究。我和云惟利先生负责筹建中心，并拟定研究计划。在语言研究方面，我们决定了三个研究方向：第一，东南亚华人语言研究，第二，新加坡华语与现代汉语标准语的比较研究，第三，新加坡华人语言运用研究。

第一，东南亚华人语言研究。这个研究能够发动本地和华语区的宗乡团体、学术人员，组成联系网。当时参加研究的有中国香港、中国台湾和夏威夷的学者。研究的成果能让我们深入了解东南亚华人的语言现象，对华语的全球化，新加坡人向东南亚发展，能提供可参考的讯息。

云惟利的《一种方言在两地三代间的变异》（厦门大学出版社，2004）就是研究的成果之一。书中说“语言衰变的过程，可以从这三个场所来观察。……从衰弱到衰亡，这衰变的过程可以分为三个阶段：……第一阶段退出的场所通常是学校。……第二个退出的场所通常是工作场所。……第三个阶段……是连家庭这个场所也退出了。当一种方言到了无法在家庭生存的时候，便已接近消亡了。……文昌话在文莱，漳州话在马六甲，都相当衰弱。现在的少年很可能是最后一代会说文昌话和漳州话的人。到了他们的子女一代，文昌话和漳州话便成为绝响了”。这个叙述，在我们观察新加坡华语的应用走向时，值得参考。

在多语环境里生活的华人，在方言和华语之间，以华语替代方言，是必然的趋势。尤其在全球化的压力下，华人必须掌握当地的高层语言，掌握英语、华语，要再掌握自己的方言，困难非常大。方言退出教育、交际的场合，几乎是迟早的事，必然的事。

东南亚华人的语言研究，能为语言的相互影响提供无限的实例，能为华语的地区变体提供解释，也能充分显示华人的语言变化与语言选择的趋势，更能为逐渐消失的方言存档，这也是文化遗产的抢救工作[1]。

可惜这方面的研究，在我离开了中华语言文化中心之后，没有继续下去，所建立的联系网，也没有好好地维持，以致现在华语区的方言研究完全处在没有计划的状态，很多研究者都是孤军作战，面对的困难非常大。马来西亚的年轻学者邱克威对马来西亚华人的方言研究做了不少工作，希望在中国发展的大背景下，他的研究能得到有关研究机构的支持。中国暨南大学的海外方言研究中心是发展这方面研究的合适单位，更希望这个单位能领导做好这件事。

第二，新加坡华语与现代汉语标准语的比较研究。这项研究是我离开了中华语言文化中心之后，在中国学者的参与推动下陆续完成的。这部分的研究成果如下：

1. 陆俭明教授的研究报告《新加坡华语语法的特点》，改变了我一切以普通话为规范标准的看法，而强调新加坡华语的规范应该向普通话倾斜。他的《新加坡华语语法》（北京商务印书馆，2018年），由南洋理工大学文学院和中华语言文化中心在华裔馆共同举行发布仪式。我为这本著作写了序言，说："本书特别适合作为本地报刊、传媒的从业员参考，作为大专学府里华文师资培训、中文系汉语科目以及语言比较的教材。……以一个一辈子关心新加坡的华文发展、应用，参与华语华文的推动工作，以及从事华文师资培训

1　详细的论述见周清海：海外汉语方言研究的意义，见周清海：《变动中的语言》，新加坡：玲子传媒，2009，页156—171。

的前从业员，我认真地说：这是一个不小的印记。”

2. 我倡导并得到中国新闻出版总署和北京商务印书馆的支持，以李宇明教授为主编，编撰和出版了《全球华语词典》《全球华语大词典》；得到中国社科基金和华中师范大学语言研究所以及邢福义教授的支持，研究“全球华语语法”。从华语的全球化发展方向观察，《全球华语大词典》将比《现代汉语词典》更适合华语区应用。语法和词典的编撰，都是为了解决全球华语沟通中出现的问题。（详见下节“词典的编纂与全球华语语法研究”）

“大华语”的概念，也是在陆俭明和李宇明两位的研究基础上产生的。随着“大华语”概念往下思考，语言教科书的在地化，就是必须注意的事。由中国编写语言教科书再向国际推广，就不一定能符合各地语言学习的需要。

在编撰词典，进行全球华语语法研究中所组成的学术网络，应该继续维持下去。为“大华语”而编撰的词典和研究的学术成果对于语言教学的影响，还没有完全被认识。

第三，新加坡华人语言运用研究。我关心新加坡华人对华语认同感的变化问题。我认为，如果我们没有办法做到让新加坡华人对华语和它所代表的文化具有认同感，觉得学华语讲华语是天公地道的，觉得掌握双语是光荣的，那么，年轻人出现语言认同转移的可能性是存在的。过去受华文教育者对方言的认同感转移到华语上面来，他们不觉得放弃方言是可惜的。如果我们的年轻一代对语言的认同感转移了，他们也会认为放弃华语是不可惜的。因此，对我国华人的语言应用情况，语言认同等问题，应该加以观察和研究。

1996 年，南洋理工大学中华语言文化中心曾进行过研究，成果有陈松岑《新加坡华人的语言态度及其对语言能力和语言使用的影响》，陈章太等编《世纪之交的中国应用语言学研究》（华语教学出版社，1999），徐大明等《新加坡华社语言调查》（南京大学出版社，2005）。但之后未见新的研究成果。近来，有人认为：现在新加坡的"讲华语的环境"，已经大不如当年的"讲华语的环境"。我就没有任何研究的根据可以回答这个问题。

观察今后新加坡的双语教育走向，人民语言态度的转变，以及语言教学方法的研究，等等，都需要教育部和大专机构的关心和注意。怎样在过去的基础上，往前看，往前发展，更是新加坡人应该关心和思考的。新加坡华人语言运用的研究，需要有计划地展开。我认为，今后我们有必要做几件事：一、定期举办国际性的双语教育研讨会，总结我们的经验，加强和世界研究双语的教育机构的联系。通过研讨会，能更好地说清楚"新加坡的故事"。二、长期观察、研究我国今后的双语教育走向，人民语言态度的转变，语言教学方法以及语言的比较，等等。过去几次的华文教学检讨委员会曾经面对研究资料缺乏而需要委托私人调查研究机构临时进行调查研究，有了观察研究，这样的局面就可以避免。三、李光耀双语教育基金，也应该用来鼓励双语的语言研究和教学研究。

（三）词典的编纂与全球华语语法研究

2002年6月，为庆祝《中国语文》创刊50周年而在江西南昌大学举办国际学术研讨会。在研讨会上，我提议中国的现代汉语应该吸收各地的词汇与用法，促进各华语区的交流，让华语的各种差异在交流中彼此融合，比人为的非我不容的做法要好[1]。在这样的观

1　周清海：《人生记忆》，新加坡：世界科技出版公司，2011，页69—110。

点下，我提议编撰《全球华语词典》《全球华语大词典》，也发起“全球华语语法研究”。这些提议，不只有益于新加坡华文的推广，有益于华语区之间的交流，而且开拓了新的研究领域，也影响了中国朋友对语言规范的看法。

词典主编李宇明先生说：“编纂华语词典的设想，起源于上世纪末本世纪初，由新加坡周清海教授所倡导。具有百年出版历史的商务印书馆，知早行快，酝酿谋定，即于 2004 年组建编纂团队，艰辛六载，纂成《全球华语词典》。2010 年 5 月 17 日，出版座谈会在人民大会堂举行，嘉宾云聚，李瑞环、李光耀、许嘉璐等贵驾莅临。会上，李光耀提议编纂词量更大的华语词典，李瑞环当即表示支持，全场报以热烈掌声。遵长者善言，又历六载，成《全球华语大词典》。《全球华语大词典》是《全球华语词典》的升级版。”[1]

许嘉璐先生说：“《全球华语词典》的编纂和出版，就是为了消除因变异而形成的障碍。有了这样一本词典在手，首先是（中国）大陆、港、澳、台、新、马等地的华语在词语方面的差异就不成其为障碍了。……在华人交流畅通的基础上，一方面很有可能加快有些语词由异趋一的进度（有些则由一趋异），另一方面对各国学习华语者也是不小的帮助。起码，受它的启发，今后编写中华大词典一类的工具书时，会把港、澳、台、新、马等地的用语和语义都收进去并标以流行地区。这实际上是这部词典在为华语的进步、扩散、发展所做出的贡献。”[2]

---

1 李宇明：华人智慧华人情怀——序《全球华语大词典》，见李宇明主编：《全球华语大词典》，北京：商务印书馆，2016。

2 许嘉璐：全球华语词典 · 序，见李宇明主编：《全球华语词典》，北京：商务印书馆，2010。

章宜华批评《现代汉语词典》说："国外辞书重视收录'通用语言'的变体，如法语词典收录加拿大、瑞士或南非的法语变体，英语注意收录英国、美国、澳洲、爱尔兰、加拿大等地的英语变体；而我们似乎没有注意港台地区、新加坡等地的汉语变体。"[1]《全球华语词典》和《全球华语大词典》对中国今后辞书的编纂，相信能起推进的作用。从"一带一路"的发展趋势看来，中国必然需要加深对各华语区的了解，将来和各华语区的交流，也必然更加密切，因此中国的词典编纂，就不能忽略各华语区的用词。

关于全球华语语法研究，邢福义教授曾对《湖北日报》的记者说："从 2009 年开始，新加坡……周清海教授多次发来邮件，希望将全球华语语法的研究提上日程。这一倡议反映了世界华人的寄托和期待。于是经过两年多的准备，组织起一支内外结合、协同攻关的国际性研究团队。……对全球华语语法进行全面考察，无论在国内还是国际上都是首次。这意味着汉语语法研究迈上了一个新起点，将从语言研究的角度，对中华文化的弘扬起到有力的推动作用。"[2]第一期研究成果的六本著作，将由商务印书馆出版。

我也发现中国在近现代汉语新词汇的研究方面，有不足的地方。王力先生认为中国的现代词汇是通过日本进入中国的，比如"议会"，就是从日本传入的，因为早期很多知识分子是留日的。他把这些词称为"来自西洋，路过日本"的词[3]。其实，近现代汉语的

1　章宜华：国外词典学的发展对我国词典编纂的启示，见商务印书馆辞书研究中心编：《现代汉语词典学术研讨会论文集》（二），北京：商务印书馆，2009，页 46—60。

2　韩晓玲、郝静：汉语语法研究走向国际化《全球华语语法研究》正式立项，《湖北日报》2011 年 10 月 24 日。

3　王力：《汉语史稿》，北京：中华书局，2001，页 517。

新词有很多是传教士翻译的。传教士要把西方的地理知识、科学知识、政治知识、历史知识介绍到中国来，以期改变中国人以中国为世界中心的观念，不得不创造汉语新词。传教士的汉语翻译著作，有许多是在新加坡、马六甲印刷的，然后通过澳门进入中国。有一部分进入日本。我们对过去的了解不够，而误把很多新词的创造权归给了日本。我们对近现代汉语的研究，更应该有世界眼光。

庄钦永先生在近现代汉语新词方面做了很多工作，相信他的研究，能在汉语新词的研究方面，带动新的研究方向。

《全球华语词典》的编撰、全球华语语法研究以及近现代汉语新词的研究，都是今后应该继续做下去的事。

（四）结语

我一辈子从事华文教学，也曾为语言研究拟定计划，我对新加坡的华语教学与华语研究的总结是：新加坡太小了，我们的语言教学与语言研究必须联系其他华语区一起进行，而且研究也必须有计划地进行，才能产生深远的影响。2018 年 7 月 20 日，中国出版集团一行人访问新加坡，我安排他们和大专学术机构座谈，目的就是要促进联系。周洪波对我说："对新加坡有了深刻印象，也明白了新加坡在东南亚的龙头作用。希望我们能够做一些实实在在的事情。"我期望从事华文教学与华文研究的新加坡朋友们能够继续推进新加坡的"龙头"作用。

我是新加坡纯华校出身的华文研究与华文教学从业员，在特殊的时机里，能为华文的教学与研究做些力所能及的事，感到特别满足。能完成这些工作，靠的就是新中和海外朋友的信任和支持，这些朋友包括新加坡的前同事云惟利、陈照明、陈之权、陈志锐、胡月宝、徐峰、李子玲、潘秋平等人，中国和海外的陆俭明、邢福义、李宇明、周洪波、贾益民、汪国胜、汪惠迪、郭熙、徐大明、李英哲、董鹏程、田小琳、施仲谋、张连航、邓思颖、王晓梅、邱克威等人。我常常抱着“无伐善，无施劳”（无伐善，不夸耀自己的好，不总是把自己为别人做了什么挂在嘴上；不施劳——不把那些劳苦的事情推给别人去做[1]）的态度和他们相处。我所完成的事，没有他们的参与和协助，是完成不了的。

1　叶嘉莹教授对于“施劳”的说法是可信的。这里就采用她的说法。见叶嘉莹：《中国古典诗歌的美感特质与吟诵》，台北：大块文化出版股份有限公司，2013，页17—18。

十九、新加坡的华文教学的回顾与前瞻*

这一节将从新加坡的双语政策与中国发展的角度回顾华文教学，并展望将来。内容包括（一）回顾过去：从双语教育政策下的华文教学定位，总结过去新加坡的成就与缺失。（二）展望将来：在大华语的框架下，新加坡应该怎样回应中国的发展？怎样和华语区配合，将新加坡建立成为世界性的华文中心？为了照应中国的发展，新加坡正规教育方面应做怎样的调整？

（一）回顾过去

1.1　推行双语教育政策的背景：新加坡人都接受双语教育政策，语文问题不再是新加坡的社会问题。从这个角度看，新加坡的双语教育政策是非常成功的。

新加坡已故李光耀资政说："我们是处在东南亚的多元种族社会，不可能以华语为工作语言，只能是英语。英语成为我们的工作语言之后，其他的一切便随着发生了。"

"为了我们的生存，不只是经济的，也是作为一个国家国民的需要，我们做了十分重要的决定，以英语为工作语言，行政语言，虽然英语不是三大种族的母语。这个决定给我们带来了利益。……任何时候，一个人只能精通一种语言。他当然可以有不同程度的第二或者第三种语言。在新加坡，必须精通的语言就是英语。如果你接受

---

*　本文是根据2018年9月12日至13日，新加坡华文教研中心在新达城新加坡国际会议展览中心主办的"华文第二语文国际研讨会"的主题演讲改写的。

这个现实。那么，母语就不可能成为新加坡人应该精通的语言。要华文的程度能和中国大陆、台湾地区、香港地区一样，是不现实的。马来西亚的华人，以华文为教学媒介语，在家里也用华文，华文才可能成为第一语文。……我们能做的就是给大部分的华族学生奠下坚实的基础，以备将来需要时，他们能在这个基础上往前发展。”[1]

对李先生的看法，我是完全支持的。所以我说：“李先生是爱护华文的，他并不反对华文。他是从新加坡国家的前途看待华文和华文教学，和一般华文教育拥护者只从华文的立场看问题，大不相同。”[2]

1.2　双语教育政策对新加坡的贡献：1999 年，我给《联合早报》副总编辑吴元华博士的著作《务实的决策——人民行动党与政府的华文政策研究》写的序文里，做了下面的评论：

> “我国的双语教育政策，不只解决了母语的政治问题，解决了我国成长时代就业不平等的社会问题，也将不同的、两极化的华英校学生，拉近了距离，而且在建国过程中，为母语提供了一个浮台，让母语保留了下来，更加普及化，并对我国的发展做出了贡献。虽然，我们母语的程度稍为降低了，但这样的牺牲也是无可奈何的事。”[3]

1　周清海：李光耀先生与华文教学，见杨振宁等:《学者谈李光耀》，新加坡：世界科技出版公司，2015，页 225—252。

2　本文曾收于杨振宁等:《学者谈李光耀》，新加坡：世界科技出版公司，2015，页 225—252。这里只节录全文的一部分。

3　我为吴元华《务实的决策——人民行动党与政府的华文政策研究》写的序文，新加坡：联邦出版社，1999。该书 2008 年由当代世界出版社再版。序文也收于周清海:《全球化环境下的华语文与华语文教学》，新加坡：青年书局，2007，页 225。

1.3　双语教育与文化认同：新加坡成功地让新加坡人接受英语作为各民族之间交流的共同语言，行政的语言，国家现代化的语言。新加坡强调英语的学习重在实用，母语的学习重在文化的传递。

但是，因为英语是“顶层语言”，是学校的主要教学媒介语，而母语能力的低落，就会助长对英语的语言认同。这是语言应用的趋势。如果新加坡的年轻一代对语言的认同感转移了，他们就会认为放弃华语是不可惜的[1]。这是我过去担忧的事。

所以，我一直强调，谈及语文程度、语文学习负担时，我们也应该了解在双语的环境里，适当的母语程度是保持语文和文化认同所不可或缺的。

此外，华语文同时也是一些华人社区的“顶层语言”。华语在经济上、教育上、科技上和外交上的实用价值，是可能改变的。这些可能的改变，将使华语在新加坡更具有实用价值。新加坡的双语教育政策，就为国民提供应付这个可能改变的应变能力。只要随时注意调整执行双语教育政策时所出现的偏差，新加坡就有能力应付未来的变化。

1.4　华文教学所达至的目标：新加坡的华文老师，华文教学工作者，在英文第一语文的语言压力下，要完成华文的语言和文化的教学任务，是非常艰巨的。过去新加坡华文课程的几次检讨，语文教科书的改编，师资的在职培训，新的教学法的尝试，等等，华文教学工作者和研究者都付出了无限的精力，做出了很大的贡献。

1　周清海：英语可能成为新加坡人的母语吗？，《联合早报》2013 年 8 月 23 日。又见周清海：《汉语融合与华文教学》，北京：社科文献出版社，2020。

在双语教育制度下以华文作为第二语言，不是在终结华文教育，而是协助华文教育转型。新加坡要达至的目标是：

第一，为年轻的新加坡人奠下一定的华文基础，以备需要时，能在这个基础上往前继续发展。

这个目标，我们达到了。李光耀先生生前总结说："无论如何，我们成功地维持了一个说华语的环境，虽然水平较低些。此外，我们还有素质良好的平面和电子华文媒体；在一小批热心者的支持下，中华艺术、音乐和书法活动也朝气蓬勃。

"让我们跟中国大陆和台湾地区做个比较，以说明我国双语政策的可观成果。中国也要他们的人民掌握以华文为第一语文、英文为第二语文的双语能力。不过，至今它们只在城市学校里教导一些学生学基本英文，以及在大学里教导一些学生程度稍高的英文，而且学生的读写能力往往比听说能力强；只有少数人能够说流利的英语，原因是中国大陆和台湾地区的人民从来就没有讲英语的环境。假如新加坡原本就没有讲华语的环境，50 年代开始推行的双语政策就不可能取得成功。那个时候已经存在了一个讲英语和一个讲华语的环境。

"万一我们失去这个讲华语的环境，就算并非不可能，也将很难再造这样的环境。"[1]

第二，那些有华语语言天赋，并且准备投身于和华文有关的事业的，新加坡的教育制度也应该提供足够的条件，让他们发展，鼓

1　李光耀：李光耀内阁资政致周清海教授贺词，见周清海：《全球化环境下的华语文与华语文教学》，新加坡：青年书局，2007，页 251—258。又收于周清海：《人生记忆》，新加坡：世界科技出版公司，2011，页 221—225。

励他们发展，使华语成为他们的第一语言[1]。

这个目标，仍旧是新加坡所面对的、需要解决的难题。也就是说，华文的“保底”，新加坡还做得不错，至于“不封顶”，要面对中国崛起以后二三十年后的华语文应用局面，新加坡仍需继续努力。

1.5　在双语教育制度下，新加坡推行了五六十年的华文第二语文教学，有哪些缺失呢？过去，缺乏华语文作为第二语文教学的可供参考经验，因此，几十年来新加坡的教育工作者都在摸索中前进。他们难免走了许多弯路。我以为下面的几点是今后应该继续注意的：

（1）在语文程度上，新加坡教育部曾经摇摆过。现在提出的“保底不封顶”是一个政策上的决定，但专业上应该如何加以落实，仍值得教育工作者继续探讨。对“底”和“顶”都应该有清晰的概念，才不至于让“保底不封顶”沦为动听的口号。

比如，新加坡中学和初级学院的高级华文，是不是需要根据学生将来的专业需求，进一步分科？大专院校的中文系是培养华文精英的场所，课程应该怎样配置？新加坡大学和南洋理工大学的中文系与国际接轨，显然和其他院系不一样，是不是需要根据国家的需要，在关键位置上配置足够的本地华文精英？只有本地的华文精英才能深入了解国家发展的需要，并确实地为国家的需要考虑。

（2）在教学方法上，新加坡曾不止一次地强调单一的教学方法，如“句型教学”“以英语教学华文”等等，对华文老师的专业

1　周清海：李光耀先生与华文教学，见杨振宁等:《学者谈李光耀》，新加坡：世界科技出版公司，2015，页225—252。

判断，不够尊重，以至于约束了教师的创造性。其实，无论是教材的选取、教材的编制，还是教学法的创新等方面，都应该鼓励教师参与，并发挥积极的作用。

（3）“掌握高层次的华文能力”的人才，他们的培养和就业安排，都需要我们关心。过去在完整的华文教育体系下培养出来的华文精英，都是我这样的年纪，逐渐在消失中。这是新加坡所面对的重要难题。新加坡需要更现实、更具体、更完善的华文精英培养计划。

李光耀先生曾说：“因此，我们的大学、理工学院、学校代代需要华文教师，我们也需要具备华文第一语文水平的人掌管我们的平面和电子媒体。我们必须鼓励一些最杰出和最优秀的人从事这两个行业。我们也必须努力促使3%，可能的话5%的华族双语者掌握高层次的华文能力，以便到中国做生意，以及为在新加坡营业的中国公司服务。最困难的挑战是培养掌握高级华文的那0. 1%去培训华文教师。他们是新加坡华语文的监护人。他们的任务是发扬华语文并传授给下一代。”[1]这些仍旧是新加坡作为国际化小国所面对的困境。

《联合早报》前总编辑林任君先生给该报副总编辑兼联合早报网（中国）主编韩咏红的《中国你好》一书写的序文也说：“像咏红这样土生土长的年轻一代新加坡人，能有这样的见识、素质、火候、深度，对中文又掌握到如此挥洒自如，以致在面对并身处已然崛起成为巨人的文化母国时，充满自信，巍然不动，安详自若地体现新加坡的价值，确实难能可贵，让人引以为傲。但咏红这一代过

1　见李光耀资政致周清海教授贺词。

后呢？新加坡的体制和环境能够继续培养出这样的人吗？我们当然不能够奢望‘前仆后继’，但也总不能后继无人吧？不要忘了，《联合早报》是‘新加坡的国家事业，全国上下必须尽力推广它’——建国总理李光耀说的。”[1]

（4）在双语教育制度下教学与推广华文，新加坡有五六十年的经验。这些经验都可以向国际推介。过去新加坡太关注自己的难题，而没有充分注意国际推广的问题。

2008 年 6 月 10 日，李光耀资政给我的电邮，提及“新加坡华文教研中心”。他说：华文教研中心将为新加坡在职的华文教师提供华文教学进修课程，研究新的教学专业理论与技能，并以此吸收区域和世界以英语为第一语言的人到来学习新的华文教学法。

这个电邮具体地说明了新加坡华文教研中心的两个主要任务：提供进修课程以及对和华文教学有关的课题进行研究。中心自 2009 年成立以来，就紧紧地把握住这两个任务。但在华语文教学与研究的国际推广上，新加坡还可以扮演“龙头”的角色，这样的作用还没有充分发挥出来，显然需要继续努力。

（二）展望将来

新加坡是一个多种族、多语言的国际化城市，同时也是一个小国家。语言和种族问题，是新加坡应该小心处理的问题。国际化的小国家，意味着人才的吸引和培养，随时都得注意调整。在中国发展的大背景下，新加坡的华文和华文教学应如何应变？在大华语的框架下怎样回应中国的发展？怎样和华语区配合，将新加坡建立成

1　见《联合早报》2018 年 5 月 28 日。

世界性的华文中心？在正规教育方面新加坡应做怎样的调整以便更好地培养华文人才？这些问题，在展望将来时，都是新加坡应该深入思考的。

2.1　语言是在应用中发展变化的，语言教育也是如此。我先谈语言的问题：大华语的问题。

我们知道，除了中国大陆之外，世界各华语区的华语口语，都是在没有真实的口语基础上发展起来的。对各地华语，无论词汇或语法现象，无论书面语或口语，都研究得很不足够。只有彻底了解语言的变异现象，语言的不稳定状况，才有可能根据这些了解，为华语第二语言或外语的学习者，编撰教材、汉外词典、学习词典或者现代汉语和华语的对接词典。在这样的局面下，华语的推广，就需要各地区华语研究和教学人员的参与，在语言教材方面，更需要在地化。由中国编撰教材，向世界推广的做法，是欠周详的。

1949 年之前，中国有很多知识分子通过中印半岛往南迁移，他们之中不少到了东南亚——特别是新马，就留了下来。也有不少知识分子由广州到香港、澳门，之后就留在香港、澳门，或者通过香港到了世界其他地方去。更有一大批知识分子从上海、南京、福建等地移去台湾。华人大迁移所带去的“国语”和“国文”，在所居地发展而形成了当地华人的“华语”“华文”。

有一段时期，中国大陆发展的现代汉语，完全没有机会向华语区传播。中国改革开放之前，和海外华语区的交流非常少。后来，中国的现代汉语出现了自己的显著特点。中国现代汉语和各地的“华语”“华文”的差距相当明显，尤其是词汇方面。这是汉语的分裂时期。

中国改革开放之后，随着和华语区的频繁交往，以及中国传媒和网络影响力的扩大，现代汉语由华语区输入的局面（尤其是词汇的输入）正在逐渐转变为向华语区输出。现在，我们正处于汉语的大融合时期。这个大融合的局面还没有固定下来。这个大融合给汉语研究和汉语教学研究提供了更大的平台，要求我们以更大的、更宽阔的视野，去看待语言研究和语言教学问题。

我认为，从华语走向世界这个新的视角观察，华语的应用与规范问题，就不可能，也不应该只从中国国内的需要或角度考虑。我们应该更注重华语区之间的交流，让华语在交流中融合。这就是我提出编纂《全球华语词典》《全球华语大词典》，以及研究“全球华语语法”的原因。

中国现代汉语和各地“华语”“华文”，差距相当明显，口语的差距更大。所以，华语区之间，语言的和谐与沟通，是非常重要的。目前，尽管现代汉语的输入局面逐渐转为向华语输出，但促进语言和谐与沟通仍旧是我们的主要任务[1]。

在大华语的概念下，新加坡具有充分的条件做下面的事：

第一，应该在这个认识的基础上，考虑研究华语语言，编撰新加坡的华语教材、华语区的华语教材、华语读物，以及华语学习词典，等等。这些方面，我们能起更大的“龙头”作用。我们的华文教材，也应该关注其他华语区，让年轻的语文学习者熟悉其他华语区，应该受到重视。

第二，编撰《全球华语词典》《全球华语大词典》，进行“全球

---

1 关于“大华语”的论述，可参看周清海：“大华语”的研究和发展趋势，《汉语学报》2016 年第 1 期；“大华语”与语言研究，《汉语学报》2017 年第 2 期；“大华语”与华文教学，《国际中文教育学报》2017 年第 1 期。

华语语法研究”，都组织和调动了世界各地的学者参与，这个组织框架应继续保留下来，继续发挥作用。

新加坡的华语研究和教学机构，应该考虑怎样在这个基础上，联合其他华语区的研究与出版机构，共同为华语的推广发挥更大的作用。

2.2　中国强调的汉语传播，一向都是以中国为中心。中国编写的汉语课本，无论课文的内容，词语的用法，都是以“认识中国”“说好中国故事”为核心。这从全球化华文教学发展的角度看，显然是不全面的。

新加坡具有多种语言的应用环境，而且是国际化的城市。新加坡的华文教师充分了解语言学习的局限，学习第二语言的困难。这些了解，保证了我们双语政策的成功。除了关注自己国内的需要之外，新加坡也应该为其他华语区提供语言学习课程，向华语区说好“新加坡的故事”。

二三十年之后，华语区之间的相互了解、交往将随华语应用的扩大而更为密切、频密。

2.3　我们预测，华语文在国际上的应用空间将越来越大，新加坡人的华语文程度自然需要随应用的需求而提高，而发展。新加坡就必须考虑用什么办法培养自己的华文精英，提高目前华文精英的语言文化程度和水平。李光耀资政生前曾指出：“我们面对的问题是，大多数最杰出和最优秀的学生不选华文教学为职业。周清海教授是华语文教学的先驱，可惜很少人愿意步他的后尘。”[1] “我们也

1　周清海：从全球化的角度思考语文教学里的文化问题，见周清海：《汉语融合与华文教学》，北京：社会科学文献出版社，2020，页14—17。

需要具备华文第一语文水平的人掌管我们的平面和电子媒体。我们必须鼓励一些最杰出和最优秀的人从事这两个行业。”[1]除了李先生所说的之外，我们应该更具体地了解国家的需要，拟出具体可行的办法。

对华文教师、中学华文第一语文课程学生的培养等等，都需要从语文应用和文化了解的角度进行检讨。我们也应该继续鼓励华文教师进修，参加研究。

新加坡华文教研中心，除了教学方法、教学研究之外，也应该在提高华文教师的语言能力方面，多提供一些课程。目前中心只提供 10% 的语言能力培训课程，显然是不够的。李光耀资政生前就指出“身为新加坡华语文的监护人，新一代的华语文教授和教师必须提升自己，在中华语文与文学方面达到很高的水平”[2]。南洋理工大学国立教育学院培训华文教师的课程，也应做适当的调整，增加专业教育课程的华文讲授时间，让华文教师具有用华文讨论教育专业问题的能力。这种能力，是越来越需要的。

下面提出一些具体的建议，让大家考虑：

第一，新加坡华文教研中心前院长陈之权博士曾提及设立“语言学院”的事，他认为，“语言学院，可以培养多语人才。语言人才，世界各地都缺乏，各个行业都需要，而新加坡具备培育多语人才（如精通华英双语，兼通第三种语言）的社会环境和教育体制”[3]。这个“语言学院”也能为其他华语区培养中英双语人

---

1 李光耀:《我一生的挑战——新加坡双语之路》(中文版)，新加坡：联合早报出版社，2011，页 172。

2 李光耀:《回忆录》下册，新加坡：联合早报出版社，2000，页 172。

3 陈之权博士给我的电邮。

才，为跨国公司到中国发展培训语言人才。这和将新加坡发展成为世界的教育中心的目标是一致的。陈之权博士的提议值得考虑，值得深入探讨。

第二，新加坡华文教研中心应该和新加坡国立大学中文系、南洋理工大学中文系、国立教育学院中文系建立更密切的合作关系。如果能通过集体讨论，取得共识，并向教育部提出具体的建议，相信对新加坡高端华语人才的培养，会带来更大的好处。

关心新加坡华文教学的相关社会团体和企业，包括宗乡商业团体，华语推广委员会、华文报集团、通商中国等等，应该更积极地参与，更有计划地合作，以推进华文的学习。

当然，如果能在国家的层面，成立委员会，提出可行的建议或者报告书，将能取得更大的推进效果。

第三，对“保底不封顶”的理解：对“底”和“顶”应该有清晰的概念。有人认为：现在新加坡的“讲华语的环境”，已经大不如当年的“讲华语的环境”。如何才能力挽狂澜，需加讨论。因此，对新加坡华人的语言应用情况，语言认同等问题，应该加以观察和研究。1996 年，南洋理工大学中华语言文化中心曾进行过研究，但之后未见新的研究成果[1]。

第四，新加坡也应该思考和各华语区华文研究与教学机构之间的合作问题。语言研究与语言教学，特别是在中国“一带一路”的策略下，新加坡应该利用自己的特殊位置和教学经验，加强和东南

1　陈松岑：新加坡华人的语言态度及其对语言能力和语言使用的影响，见陈章太等编：《世纪之交的中国应用语言学研究》，北京：华语教学出版社，1999；徐大明等：《新加坡华社语言调查》，南京：南京大学出版社，2005。

亚华语人才的交流与引进，探讨为华语区华文教学人员提供专业培训和专业认证的可能性。这是未来的大趋势。

2.4 新加坡过去的精英分子，将子女送进英校，成为各种专业人才，负担国家建设的重要任务，而不一定需要华文。这种局面，将随着华文应用价值的提高而改变，将来新加坡的精英就更需要双语了。英语将仍旧是国际语言，也是新加坡国内不可或缺的语言。但我们可以预测，二三十年之后，华文将不只是不可或缺，而且对新加坡的某些国人，某些行业，可能必须有第一语文的水准。这种可能的变化，需要让新加坡的家长们认识。新加坡的中英文媒体也需要向大众传达这些信息。

我的预测是，将来新加坡也有可能让某些学校成为华文第一语文，英文第二语文的学校[1]。对这种可能的转变，新加坡人民应该有充分认识。

1 周清海：《华语文在新加坡的现状与前景》序，见吴元华：《华语文在新加坡的现状与前景》，新加坡：创意圈出版社，2004。

后　　记

这本书收集了我 2009 年退休以后到 2021 年间所写的论文。这些论文，有的曾在不同的学报上发表过，有的是未发表的。论文谈及的课题包括华语的国际化、语言选择、语言规划、语言教育和古今汉语的关系等等。

老朋友陆俭明教授细心地阅读了这些论文，从内容上做了详细的归类，并且说："因此，《大华语与语文教育》一书很值得从事汉语 / 华文教学与汉语 / 华语研究的学者认真阅读与努力吸收。"

好朋友、老朋友，都能为对方做一切办得到的事。2019 年，在南京，我们为了能多聚几天，特地在国际研讨会结束之后，一起游了明孝陵、夫子庙、秦淮河畔。我在秦淮河畔走不动了，坐在轮椅上，就是陆教授推着的。"相知无远近，万里尚为邻"，"海内存知己，天涯若比邻"，这些千古名句，为后人所传诵。我和陆教授的交情，就是如此。

李宇明教授也是老朋友、好朋友。他的序写了很多过去的事。我对有些事的回忆，还是他的序唤起的。这二十几年来的交情细节，让我回忆了过去，内心是暖乎乎的；也让我觉得，对华文，我是尽心尽力了。他告诉我，他有写日记的习惯。

和李宇明相处，我常常会想起《孟子・告子上》的一段记录："孟子曰：有天爵者，有人爵者。仁义忠信，乐善不倦，此天爵也；

公卿大夫，此人爵也。古之人修其天爵，而人爵从之。今之人修其天爵，以要人爵，既得人爵，而弃其天爵，则惑之甚者也，终亦必亡而已矣。”能够“天爵”和“人爵”兼有的现代知识分子，唯李宇明君乎！

陆俭明、李宇明和我所完成的事，全都是在“人和”的情况下完成的。我受到他们的启发，才有更深入的思考，就以这本书，纪念我们的交情。

周清海

2019年12月20日